Titelbild:
Blick über den Tegernsee von Nordosten, im Vordergrund Gmund,
im Hintergrund die schneebedeckten Blauberge
Fotograf: Jörg Bodenbender

Vignette (umseitig):
August Macke, Ansicht vom Tegernsee (1910)

2014
Copyright © Verlag Kiebitz Buch
84137 Vilsbiburg

ISBN 978-3-9812136-8-3

Typographie: Matthias Liesendahl

Druck: Erhardi Druck Regensburg

Nachdruck und Vervielfältigung von Texten und Bildern
nur mit Genehmigung des Verlags

Der Tegernsee

Herausgegeben von Annette Lehmeier und Dieter Vogel

Kiebitz Buch

Themen und Autoren

GESCHICHTE DES TEGERNSEER TALS

14 **Essay – Der Tegernsee** Michael Heim

18 **Geologische Streifzüge – Urmeer und Eiszeit: Eine Landschaft entsteht** Robert Darga

23 *Tegernseer Marmor* Roland Götz

24 **Das Kloster Tegernsee** Roland Götz

33 *Hilfe für die Bedürftigen*

34 **Die Klosterkirche St. Quirinus** Roland Götz

37 *Der heilige Quirinus von Tegernsee*

38 **Tegernseer Wein aus der Wachau und Südtirol** Annette Lehmeier

40 **Vom Kloster zum Schloss: Die Wittelsbacher am Tegernsee** Roland Götz

45 **Villa Frankenburg – Eine Liebe am See** Leonhard & Rositha Brenner

46 **Gut Kaltenbrunn** Egon Johannes Greipl

48 **Schloss Ringberg** Sonja Still

50 **»Lago di Bonzo« und die Rettung der »Lazarettstadt Tegernseer Tal«** Michael Heim

55 *Das Gymnasium Tegernsee* Werner Oberholzner

TEGERNSEER LAND – BAUERNLAND

56 **Almen und Almwirtschaft** Alfred Ringler

62 **Wild, Wald und Wildschützen** Michael Heim

66 **Max Obermayer und das Simmentaler Fleckvieh** Beni Eisenburg

68 **Das Bauernhaus: Gebautes Wissen damals und heute** Thomas Lauer

71 **Von Lichtmess bis Dreikönig: Bäuerliches Brauchtum durchs Jahr** Alexandra Korimorth

74 **Die Gebirgsschützen im Oberland** Annette Lehmeier

76 **Die Kreuther Leonhardifahrt: Legende und Kult des »altbayerischen Herrgotts«** Stefan Hirsch

79 **Der Rosstag zu Rottach-Egern** Hans Sollacher

80 **Die »Heumilchrebellen« und die Naturkäserei TegernseerLand eG** Annette Lehmeier

LEBEN IM UND AM SEE

82 **Der Tegernsee und seine Fische** Peter Wißmath

90 **Die Tegernseer Ringkanalisation – eine Weltpremiere**

91 **Land unter am Tegernsee – Überlegungen zum Hochwasserschutz** Hans-Ulrich Werner

92 **Industriestandort Mangfall – Papiere von Weltrang** Alexandra Korimorth

94 **Raritäten aus dem Fotoschatz von Georg Hofmann**

96 **Die Tier- und Pflanzenwelt** Christine Miller

100 **Weißach, Rottach, Söllbach & Co – Vom Wildwasser zur Wasserstraße und zurück** Annette Lehmeier

104 **Die Weißachau – Außergewöhnliche Allianz von Mensch und Natur** Annette Lehmeier

Themen und Autoren

DIE TOURISTEN KOMMEN

108	**Der Beginn des Fremdenverkehrs – Wie das Tal »fashionabel« wurde**	
111	*Der Zug zum See* Michael Heim	
112	**Der Tegernsee und seine Berge** Michael Pause	
120	**Bad Wiessees Heilquellen – Gesundheit aus der Tiefe** Alexandra Korimorth	
124	**Kräuter- und Molkekuren in Wildbad Kreuth** Annette Lehmeier	
125	*Wildbad Kreuth heute: Bildungszentrum der Hanns-Seidel-Stiftung* Hubertus Klingsbögl	
126	**Die Spielbank von Bad Wiessee** Alexandra Korimorth	
127	*Europas erste Schönheitsfarm* Annette Lehmeier	

KUNST UND KULTUR

130	**Das Tal im Spiegel der Literatur** Sonja Still
134	**Ludwig Thoma und sein Haus auf der Tuften** Hans Kratzer
138	**Das Tal und seine Künstler**
140	**Olaf Gulbransson – Der norwegische Bayer vom Schererhof** Sandra Spiegler
142	**Das Olaf-Gulbransson-Museum** Sandra Spiegler
143	*Sep Ruf: Architekt und Designer im Tegernseer Tal*
144	**Das Museum Tegernseer Tal** Roland Götz
146	**Tegernseer Volkstheater & Ludwig-Thoma-Bühne**
147	**Der Tegernseer Tal Verlag als kulturelles Gedächtnis des Tals** Michael Heim
148	**Das Tal als Wiege der Volksmusikpflege** Birgit Halmbacher-Höplinger
152	**Tegernseer Trachtenlandschaft** Beni Eisenburg
156	**Altes Handwerk – junge Meister**
158	**Die Tegernseer Waldfeste** Annette Lehmeier
160	**Das Herzogliche Brauhaus Tegernsee**
161	*Das Tegernseer Bräustüberl*

DIE GEMEINDEN DES TEGERNSEER TALS

162	**Stadt Tegernsee**
164	**Bad Wiessee**
166	**Gmund**
168	**Kreuth**
170	**Rottach-Egern**
173	**Die Autoren**
174	**Bildnachweis**
176	**Register**

Der Tegernsee
Am Anfang waren vom Wasser der Zauber, die Kraft und die Mythen

Michael Heim

Der Tegernsee hat sich aus einem Urmeer erhoben, dem die Göttin Tethys den Namen gegeben hatte. Tethys war Schwester und Gattin des Gottes Okeanus, sie gebar die Quellen, Bäche und Brunnen und wurde auch als Mutter der Wolken verehrt. Als nach der Auffaltung der Alpen aus den Meeresböden der Tethys die Gletscher über die Berge kamen, haben sie auf ihrem Weg nach Norden erst den Achensee aus dem Untergrund des Ur-Ozeans herausgefräst, dann den Tegernsee – den Achensee in der treibenden Wucht der Eisströme, tief eingeschnitten wie einen Fjord. Mit verebbender Kraft modellierten sie das Tegernseer Tal in sanften Bögen.

Im Schriftgut aus dem Kloster Tegernsee findet sich ein mittelalterlicher Hymnus, der in freiem Gedankenflug zurückführt zur Göttin Tethys, die Gewässer auch durch unterirdische Zuflüsse miteinander vernetzte – vielleicht auch den Tegernsee, unter den Bergen hindurch, mit dem Schliersee.

Der Hymnus besagt weiter, dass das Kloster Tegernsee an einem Felsen erbaut wurde, der sich im Schmerz über den Tod Christi gespalten hatte: »*Der fels hat oben ein schüt / er selbs unter dem wasser ist. / Der fels was sich des fleißen / in der marter Christi was er sich zerreißen. / Er ist noch zerkloben also ser / gar bis an den Schlierser see…*« Dies also wäre der Tegernseer Mythos von den Wassern unter der Erde. Der Hymnus erzählt auch vom Mirakel beim Bau der Tegernseer Urkirche, die die Reliquien des römischen Märtyrers Quirinus aufnehmen sollte: Tauben brachten als Weisung für die Bauleute Halme herbei und legten sie neben dem gespaltenen Felsen ringförmig aus – so entstand die Tegernseer Urkirche als Rundbau, eine der ältesten

Am Anfang waren …
vom Wasser die Mythen,
die Kraft und der Zauber,
vom Licht über dem See das
Mirakel und der Segen des
heiligen Quirinus … sie haben
geholfen, zum Wohle
der Menschheit.
Bis in unsere Tage.

Der Blankenstein
Der schroffe Blankenstein-Gipfel – ein Berg, der bei der Geburt der Alpen aus dem Urmeer Tethys emporgehoben wurde – im Licht der aufgehenden Sonne.

Nachbildungen der Grabeskirche von Jerusalem nördlich der Alpen; ihre mächtigen Fundamente wurden 1839 beim Bau des Tegernseer »Sommerkellers« entdeckt.

Während der Überführung der Quirinus-Reliquien, so berichtet die Überlieferung, kam es zu einem Wasserwunder, als die Fuhrknechte bei St. Quirin noch einmal rasteten und unter dem Fuhrwerk mit dem Sarkophag des Heiligen ein Heilbrünnlein entsprang. Quellenwunder und Quellenzauber sollte es fortan rund um den See geben. Genannt seien hier: Der »Schwefelbrunnen« am Schwaighof, die Quelle zum Heiligen Kreuz in Wildbad Kreuth mit dem kleinen Badehaus der Mönche, die Schwefelquelle im, *vulgo,* Stinkergraben in den Wiesseer Bergen und die in unseren Tagen entdeckten stärksten Jod-Schwefelquellen Deutschlands am Wiesseer Ufer, allesamt sind es aufsteigende Gesundbrunnen mit Wirkstoffen aus dem Urmeer Tethys.

Die ersten Menschen, die den See erblickten, waren Jäger und Sammler

Welch phantastische Vorstellung, sich einmal in den Moment versenken zu können, als erstmals Menschen den See erblickten – vor dem ersten Axthieb zur Rodung der Bergwälder, die auf Fußbreit an die Ufer herandrängten. Es werden Jäger und Sammler gewesen sein, die die Vorberge durchstreiften; sie könnten aber auch als Händler von Süden gekommen sein, auf Seitenpfaden jener vorgeschichtlichen Wege, die aus dem Mittelmeerraum über die Alpen führten, wie ein Quellenheiligtum mit etruskischen Schriftzeichen südlich der Blauberge und zwei bronzezeitliche Kultstätten in den Tegernseer und Kreuther Bergen bezeugen.

Stürme und kurze böse Wellenschläge forderten ihre Opfer

Der Tegernseer Bergwind kommt wie ein Silberschmied über den See und ziseliert seinen Spiegel. Wenn er über das Wasser streicht, verwandelt sich das Wellengekräusel im Gegenlicht in flirrendes Filigranwerk, in geometrische Muster, die über die Seefläche laufen, aufblitzen und verlöschen. Die Schmelzwasser aus den Bergen, die Spiegelungen des Himmels mit seinen Wolkenschiffen, die auf dem Wasser dahintreiben, das einsame Boot, das in der Abendsonne goldene Spuren über den See legt … es sind Farbenspiele und Wandlungen in einer Endlosschleife der Schöpfung.

Bergumkränzte Eisarena
Wenn sich früher das Eis erwärmte, dann lag es vielleicht am Charme dieser beiden Grazien – heute ist es der Klimawandel. Ja, es gab Winter, bis in die 1960er Jahre, da präsentierte sich der Tegernsee als bergumkränzte Eisarena, sogar für Pferderennen und Motorjöring.

Dabei ist der See auch ein Doppelwesen: Wenn Wolkenwände über den Wiesseer Bergen aufziehen, gibt er sich unversehens der Windsbraut hin, die in bösen, kurzen Wellenschlägen gegen Boote, Ufer und die Menschen anrennt und so manchen von ihnen geholt hat: die Hochzeitsgesellschaft, an die nahe der Point noch die Tuffsteinkreuze aus dem Jahr 1544 erinnern, Fischer, Ausflügler, Kirchgänger, auch Namenlose oder jenen Sänger Fritz Sturmfels, der im August 1913 mit dem Segelboot »Sturmvogel« des Heldentenors Leo Slezak vom Sturm überrascht wurde und ertrank.

Eisige Zeiten und ihre Vergnügungen

Es gab Zeiten, da wurde im Winter das Wasser des Tegernsees zum tragenden Element. Die Eisdecke überbrückte die Mühsal des Landwegs rund um den See, brachte die bäuerlichen Sippschaften an den Ufern einander näher, zum Tarocken wie zum Kirchgang, und die Wiesseer, die bis zum Jahr 1926 ohne Kirche und Friedhof waren, konnten ihre Toten auf Pferdeschlitten zum Begräbnis nach Tegernsee bringen. In den unbeschwerten Zeiten vor dem Ersten Weltkrieg und einige Male danach trug und ertrug der Tegernsee die großen Eis-Redouten, Pferderennen, sogar Autorallyes, Skijörings hinterm Motorrad und natürlich das Völkchen der Boaschlittenfahrer, die mit gespaltenen Hirschknochen an den Kufen und zugespitzten Stangen über den See staksten. Nicht so edel wie das Hirschgebein waren die Schlittschuhe und Kufen aus Schweinsknochen, aber sie verhalfen immerhin dem »Eisbein« zu seinem Namen.

Für die Bierkeller, in denen die Wirte ihr Bier bis zum Sommer kühlen konnten, wurde das Eis in Blöcken aus dem See herausgesägt – mit den großen Wiegsägen, die bei der Holzarbeit von zwei Mann am Baumstamm angelegt und hin und hergezogen werden. Für das Eissägen im senkrechten Auf und Ab genügten ein Mann auf dem Eis und ein Gewicht unter dem Eis, das die Säge im Rhythmus nach unten zog. »Mann, ist das nicht sehr anstrengend«, soll ein Zuschauer aus nördlichen Gefilden einen Tegernseer Eissäger gefragt haben, der ihn aber beruhigen konnte: »Oben geht's ja, aber der Kamerad unten, der muss ganz schön schwitzen.«

Der Blick der Taucher in die Tiefe der *Aquae incognitae*

Mehr Durchblick haben da schon die Taucher, vor allem im Winter – denn je kälter das Wasser, desto geringer das Mikroleben im See und damit desto größer die Sichtweite. Es gibt Wintertage, da können sie, bei einem Tauchgang himmelwärts gewandt, noch aus 40 bis 50 Metern Tiefe das Wellenspiel sehen. Im Sommer liegt der »Sichtkorridor« bei acht bis zwölf Metern, darunter beginnen die *Aquae incognitae*. Am Tegernseer Ufer findet sich hin und wieder noch mittelalterlicher Hausrat im Schlick, vor der Alpbachmündung liegen aneinander gekuschelt ein Lastschiff (seltsamerweise vom Typ Plätte, am Tegernsee ansonsten unbekannt) und ein Fährboot. Die Taucher lassen sie in Frieden ruhen. Dafür holten sie im August 2007 als Trophäe das Fahrwerk einer »Rempler-Taube« ans Licht, die im August 1919 auf dem Tegernsee heftige Wasserberührung hatte. Geflogen wurde sie vom Befehlshaber der einstigen »Bayerisch königlichen Fliegertruppe«, Ritter von Greim, in einem Schau-Luftkampf gegen das Flieger-Genie Ernst Udet. Greim übersah eine Hochspannungsleitung, die beim Hotel »Überfahrt« über die Egerner Bucht gespannt war, touchierte, ging samt »Taube« baden, wurde aber gerettet. Sein stolzer Vogel hatte sich das Fahrwerk abgerissen, das aber, den Tauchern sei Dank, noch im Deutschen Museum in München landen konnte.

Der Tegernsee hat einen eigenen Berg, der den nahe liegenden Namen »Seeberg« trägt und sich in der Höhe der Ortschaft Holz, einige hundert Meter vom Ufer entfernt Richtung Gmunder Kirche erhebt, vom Seegrund aus bis etwa fünf Meter unter die Wasseroberfläche. Ein seltsames Gebilde, das so kurz unterhalb des Seespiegels innehielt und nicht mehr weiter wachsen wollte. Mit seiner abgerundeten weißen Kuppe gleicht er ein wenig dem Auge eines Riesenkraken.

Pilgerscharen suchten Heilung beim Wunderöl *Oleum Sancti Quirini*

Im Jahr 1441 bemerkte ein Tegernseer Mönch, der in St. Quirin die Messe gelesen hatte, am jenseitigen Ufer ein halluzinatorisches Flirren. Er ruderte hinüber und stieß auf fluoreszierende und irisierende Schlieren: Es war Steinöl, das unterhalb des Robogner-Hofes ans Licht trat und in einem Bach zum See lief. Weil krankes Wild an der Steinölquelle Heilung suchte, nahm sich der Klosterapotheker des Remediums an, das dann als wunderkräftiges *Oleum Sancti Quirini* Tausende von Pilgern ins Tal führte.

In den Tagen der Aufklärung und Säkularisierung wurde das wundertätige Quirinus-Öl respektlos als Petroleum klassifiziert und als darauf der Holländer Adrian Stoop mit der Konzession zur Erdölförderung bohrte, stieß er 1909 auf die stärksten Jod-Schwefelquellen Deutschlands.

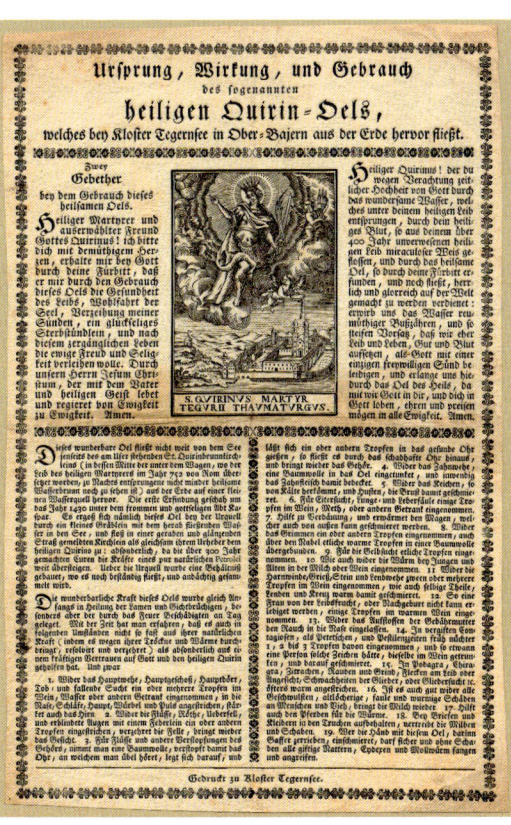

Wunderkräftiges »Oleum Sancti Quirini«
Im 15. Jahrhundert entdeckte ein Tegernseer Mönch unterhalb des Robogner-Hofes beim heutigen Bad Wiessee eine Quelle, aus der das wunderkräftige »Oleum Sancti Quirini« geschöpft wurde, das Tausende von Pilgern ins Tal führte. Die »wunderbarliche Kraft dieses Öls«, die wider das Hauptwehe half, bei erblindeten Augen (»so mit einem Federlein eingestrichen«), gegen Stein und Lendenwehe ... sie wurde nicht nur aus der Quirinus-Quelle am Wiesseer Ufer geschöpft, sondern auch aus dem Vertrauen auf Gott und seinen Heiligen.

Urmeer und Eiszeit
Eine Landschaft entsteht

Robert Darga

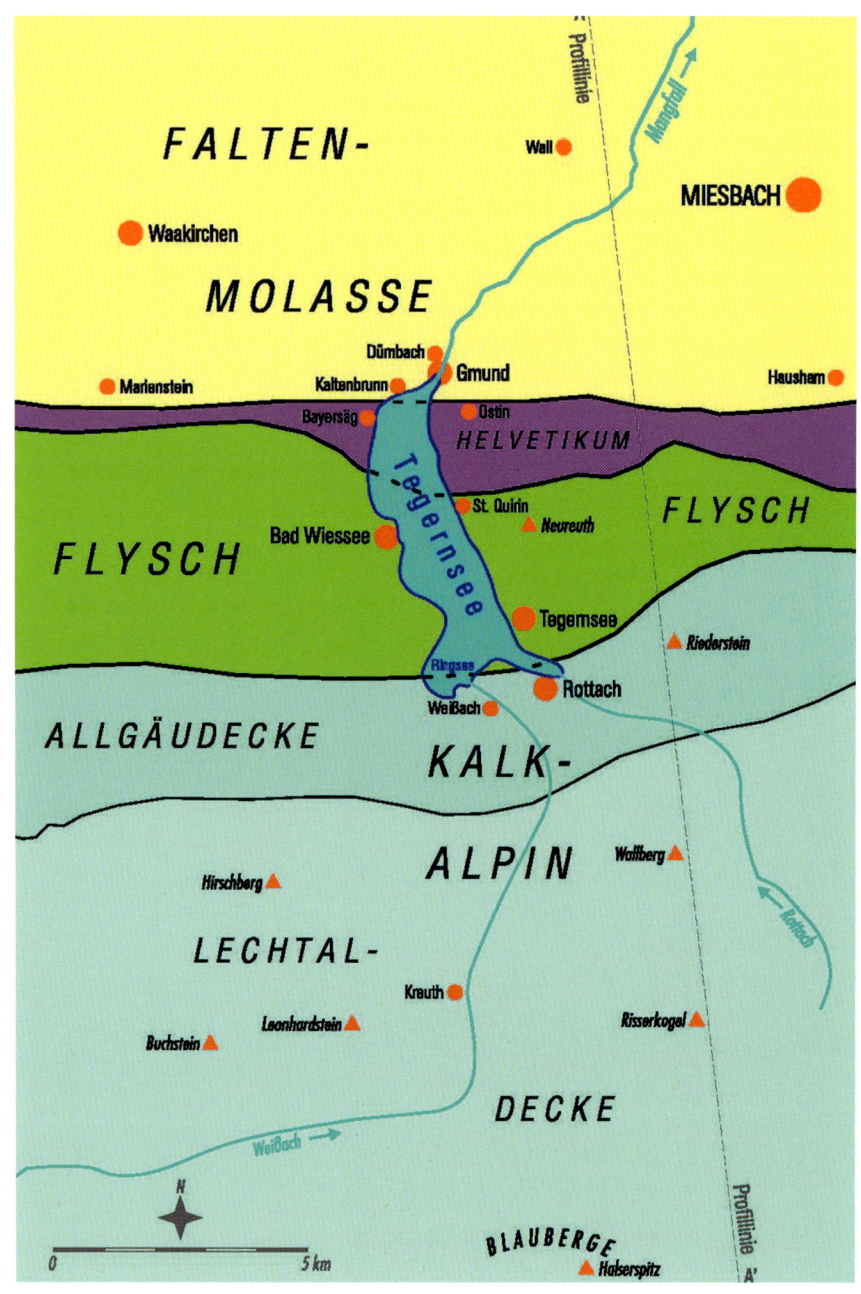

Geologische Übersicht der Region Tegernsee. Allgäu- und Lechtal-Decke gehören zu den Kalkalpen. Flvetikum und Molasse stellen die Voralpen dar.

Das Tegernseer Tal ist eine der landschaftlichen Perlen am Nordrand der Alpen. Mit den anderen Perlen hat es naturgemäß den geologischen Grundaufbau und die eiszeitliche Überformung der Landschaft gemein. Die lokalen Gegebenheiten um den Tegernsee zeichnen jedoch trotzdem ein ganz individuelles Bild.

Das eiszeitliche Erbe

Von Norden kommend nähert man sich dem Tegernseer Tal auf einer Schotterebene, die vom Schmelzwasser des Tegernsee-Gletschers aufgeschüttet wurde. Vor ungefähr 20 000 Jahren, auf dem Höhepunkt der Würm-Eiszeit, hatte der Tegernsee-Gletscher seine größte Ausdehnung, seine Stirn lag damals bei Gmund. Das Gletschereis kam aus dem Inntal, in erster Linie über die Achensee-Furche, aber auch über das Tal der Weißen Valepp. Dabei gelangten Gesteine ins Tegernseer Tal und ins Alpenvorland, die hier nicht am Gebirgsaufbau beteiligt sind. Die bekanntesten dieser meist unter dem Namen »Findlinge« bekannten Fremdgesteine sind Granite und Gneise, gefolgt von Quarz, Serpentin und Amphibolit – allesamt aus dem Herzen der Zentralalpen.

Während der Maximalvereisung spiegelte das Gletschereis rund um die Blauberge auf einer Höhe von ca. 1500 Metern. Über den Passhöhen lag also 500 Meter dickes Gletschereis, das mit einem Gefälle von ca. vier Prozent gemächlich Richtung Tegernsee floss. Eingefroren in das Eis wurde mit dem Gletscherstrom Gesteinsschutt jeder Größe transportiert. Das in den Eiszeitsommern in gewaltigen Massen entstehende Schmelzwasser transportierte den Gesteinsschutt aber viel schneller als das Eis und formte die ursprünglich kantigen Schuttstücke schnell zu Kies. Am Ende des Gletschers spülte ihn das Schmelzwasser ins Vorland, wodurch die Kiesebene von Dürnbach entstand.

Fährt man von Dürnbach weiter in Richtung Gmund, bekommt die Bundesstraße an einem Geländeknick ein imposantes Gefälle. Der »Gmunder Berg« ist in mehrfacher Hinsicht bedeutsam. Zum einen überquert man mit ihm die Endmoräne des einstigen Gletschers. Zum anderen liegt an seinem Fuß, unten an der Mangfallbrücke, die tiefste Stelle im Geländeprofil. Hier entwässert die Mangfall als einziger Ausfluss den Tegernsee. Von diesem tiefsten Punkt aus führt die Bundesstraße in Richtung Süden wieder ein Stück hinauf, um am Innenrand der Seitenmoränen auf halbwegs gleich bleibender Höhe den Weg nach Tegernsee zu nehmen.

Weiter südlich, im Tegernseer Tal und auch im Gebirge, entstanden auch eiszeitliche Ablagerungen. Da ist z.B. die späteiszeitliche Schotterebene von Rottach, die vom Schmelzwasser der bereits bis ins Weißach- und Rottachtal zurück geschmolzenen Eismassen aufgeschüttet wurde. Während die Schotter bei Buchleiten zwischen Gmund und Dürnbach auf einer Meereshöhe von ca. 755 Metern liegen, bringt es die Kiesebene bei Schorn am Südende des Tegernsees auf ca. 728 Meter. Die beiden Schottervorkommen wurden also zu verschiedenen Zeiten abgelagert: die von Dürnbach während der Maximalvereisung, als das Tegernseer Tal noch vollständig von Eis ausgefüllt war, die Schotter von Rottach-Egern, als das Seebecken schon eisfrei war, aber die Eismassen noch teilweise das Weißach- und das Rottachtal bedeckten und mit ihrem Geschiebe die Talböden auffüllten.

Eine andere, weit verbreitete Eiszeitbildung sind die Moränen. Am deutlichsten erkennt man den Moränenwall von Gmund und Kaltenbrunn, weil er weitgehend waldfrei und nach Norden hin über den See uneingeschränkt einsehbar ist. Ähnlich eindrucksvoll sind die Moränen südlich von Gmund, die zwischen Seeglas und Ostin eine ganze Staffel von bis zu sieben Wallmoränen zeigen, die eine phasenhafte Klimaerwärmung, die vor ca. 20 000 Jahren einsetzte, belegen. Von Kaltenbrunn bis Ringsee säumen die Seitenmoränen das Westufer des Tegernsees. Am Ostufer ist nur noch ein kleiner Rest der Seitenmoräne im höher gelegenen Teil der Stadt Tegernsee erhalten (sichtbar an der Schießstätte). Im Gebirge findet man Moränenablagerungen auch weit über 1000 Meter Meereshöhe, die dort die ehemalige Präsenz von Eismassen belegen.

Die Bauelemente des Tegernseer Tals

Die eiszeitlichen und nacheiszeitlichen Ablagerungen (z.B. Schuttkegel wie die von Tegernsee oder Bad Wiessee) sind flächenmäßig verbreitet, decken die »eigentliche« Geologie aber nur unzureichend zu. Unter den nur wenige 10 000 Jahre alten Eiszeitbildungen bauen vier verschiedene geologische Bauelemente das Gebirge auf.

Die Molasse

Nördlich der Linie Marienstein – Ostin – Hausham liegen die Gesteine der Molasse im Untergrund. Die Molasse besteht aus dem Abtragungsschutt der jungen, aufsteigenden

Geologischer Lehrgarten
Einen Überblick über den Grundaufbau der Landschaft des Tegernseer Tals vermittelt der Gesteinsgarten im Park des Gymnasiums Tegernsee auf der Südseite der ehemaligen Benediktinerabtei. Hier kann man sich auf kleinem Raum die wichtigsten geologischen Bauelemente des Tegernseer Tals ansehen. Die wesentlichen Eigenschaften der 26 Gesteinsarten sind auf Tafeln beschrieben. Die Präsentation der Gesteine spiegelt deren Vorkommen und räumliche Verbreitung in der Natur wider.

Alpen. Daher sind die ältesten Molasse-Gesteine maximal auch »nur« 40 Millionen Jahre alt. Die Ablagerung der Molasse endete vor ca. zehn Millionen Jahren. Es handelt sich dabei in erster Linie um Sandsteine und Mergel (ein Mischgestein aus Kalk und Ton). Kalke und Konglomerate (also verfestigter Kies) sind eher untergeordnet. Da die in Entstehung begriffenen Alpen durch die Kontinentaldrift nach Norden geschoben wurden, senkte sich der europäische Südrand langsam über 30 Millionen Jahre lang ab. Dabei konnte der Abtragungsschutt der jungen Alpen an deren Nordrand gleich wieder abgelagert werden.

Weil sich die Alpen aber immer weiter nach Norden schoben, kollidierten sie mit den

schnellen Überdeckung und Versenkung nicht verwesen konnte und zu Kohle umgewandelt wurde. Solche Kohlevorkommen wurden 167 Jahre lang bis 1966 in bis über 1000 Metern Tiefe im Bergwerk Hausham abgebaut. Von 1852 bis 1962 wurde auch im Bergwerk Marienstein zwischen Gmund und Waakirchen Kohle abgebaut. Die Fördermenge betrug zwischen 1904 und 1962 vier Millionen Tonnen. Heute ist von diesem Bergbau bis auf wenige Denkmäler kaum mehr etwas zu sehen. Die Tradition der Bergleute gewinnt jedoch wieder an Bedeutung. Bei Deisenried, zwischen Bad Feilbach und Hausham, wird der stillgelegte Bewetterungsstollen des Haushamer Bergwerks wieder aufgemacht und es soll hier ein Besucherbergwerk entstehen.

Geologischer Profilschnitt
Der geologische Profilschnitt zeigt, wie die geologischen Baueinheiten im Tegernseer Tal in der Erdkruste liegen.

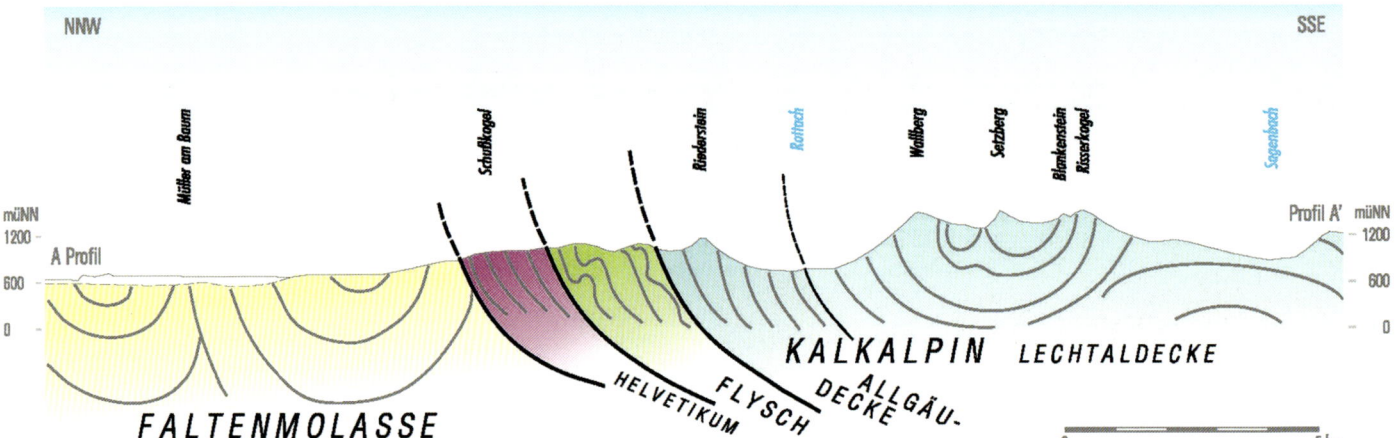

Molasse-Ablagerungen, überfuhren sie mehrere Zehnerkilometer weit und legten die Molasse an der Erdoberfläche wie in einer Knautschzone in Falten. Würde man bei Gmund bohren, würde man erst nach ca. fünf Kilometern die Molasse-Ablagerungen durchstoßen und auf die Gesteine treffen, die schon hier lagen, als die Alpen noch weit im Süden wuchsen. Und wenn man durch den Wallberg bohrte, träfe man unter den Gesteinen der Kalkalpen (in noch größerer Tiefe) auch wieder auf Molasse.

Während der Molassebildung herrschten tropische Klimabedingungen in unseren Breiten, und in den Sümpfen des absinkenden Alpenvorlandes sammelte sich massenhaft pflanzliches Material an, das infolge der

Das Helvetikum

Das Helvetikum (benannt nach der Schweiz, lateinisch: *Helvetia*) ist die Gesteinsfolge, die sich auf dem südlichen Kontinentalrand Europas vor der Kollision mit den Alpen gebildet hat. Aber genau wie später bei der Molasse haben die Alpen zuerst die südlichen Teile des Helvetikums überfahren und dabei einige Teile davon wie Hobelspäne abgeschert und aus dem Süden nach Norden bis an die heutige Lagerstätte geschoben und die Schichten steil gestellt oder verbogen.

Am Bahnübergang bei St. Quirin und am westlichen Seeufer bei Bayersäg treten unscheinbare Felsen zu Tage, die man dem Helvetikum zurechnet. Größere Vorkommen, die aber kaum zugänglich sind, bauen den Gaßler Berg und den Öder Kogel südlich Ostin auf. Gesteine des Helvetikums sind andernorts meist reich an augenfälligen Fossilien. Im Bereich des Tegernseer Tals führen sie fast ausnahmslos Mikrofossilien. In den Felsen der Schrattenkalke an der Bayersäge kann man schon mit einer zehnfach vergrößernden Lupe solche Winzlinge in einem frischen Anbruch des Schrattenkalks erkennen. Die Winzlinge sind andernorts so zahlreich, dass sie ganze Schichten aufbauen können. Dieser Kalk wurde für den Ausbau der Tegernsee-Uferstraße verwendet.

untermeerische Lawine, die sich Hunderte von Kilometern weit bewegen konnte. So entstanden Hunderte und Tausende einzelner Sandsteinbänke, die in ihrer Summe einen Großteil der Flyschberge aufbauen.

Zwischen Bayersäg und Weißach auf der Westseite des Sees und zwischen St. Quirin und Rottach auf der Ostseite beherrschen dicht bewaldete, hohe und Ost-West ausgerichtete Hügelketten das Landschaftsbild. Diese Erscheinung ist eine Eigenart des Flyschs, des dritten geologischen Bau-

Fossilienfund bei Valepp
Wenn irgendwo ein Felssturz niedergeht, eine Mure zu Tal gerissen wird, sich ein Bach bei einem Unwetter neue Ufer macht, oder der Mensch bei Baumaßnahmen den Untergrund freilegt, besteht die Möglichkeit, in vorher verborgene Teile des Gebirges zu schauen. Manchmal treten dabei echte Schätze zutage wie dieser Ammonit in Rotkalk des Unteren Jura bei Valepp.

Der Flysch

In dem Ozean zwischen Europa und den aus dem Süden herannahenden Alpenmassen existierte eine Tiefseerinne, in die sich von Europa und vor allem von Süden aus große Schuttmengen ergossen. Diese Sand- und auch Kiesmassen sammelten sich vor den Mündungen der großen Flüsse von einer Größenordnung vergleichbar der Donaumündung in das Schwarze Meer. Durch Erdbeben oder ganz einfach wegen Überschreitung eines Stabilitätsfaktors gerieten sie ins Rutschen. Das abgleitende Material wurde aufgewirbelt, und es entwickelte sich eine

elements. Geologen nennen diese für den Flysch so typischen Berge scherzhaft »Spinatberge«, weil das bis auf die Hügelkuppen reichende Tannengrün der dichten Wälder aus der Ferne wie gekochter Spinat anmutet. Der Grund für den üppigen Baumwuchs und das trotz der nicht unerheblichen Berghöhen Fehlen von Felsgipfeln liegt in der Zusammensetzung der Gesteine: Oft herrschen tonige Gesteine vor, die sich leicht zersetzen und einen tiefgründigen und stark Wasser bindenden Verwitterungsboden liefern. Wer Flysch-Gesteine betrachten will, ist daher auf die größeren Bachläufe angewiesen, die den

Verwitterungsschutt schnell entfernen. Eine Ausnahme macht der Reiselsberger Sandstein mit seinen extrem massigen, bis zu mehreren Metern dicken Schichten. Am Franzosenwald am nördlichen Ortsende von Bad Wiessee schneidet die Bundesstraße 318 den Reiselsberger Sandstein an.

Die Kalkalpen

Südlich der Linie Rottach-Weißach schließen sich als viertes geologisches Bauelement die Kalkalpen an. Sie verleihen dem südlichen Teil des Tegernseer Tals einen alpinen, in höheren Lagen sogar hochalpinen Charakter. Die Kalkalpen sind derjenige Teil der Alpen, der nacheinander die Flysch-Gesteine, dann das Helvetikum und schließlich die Molasse-Gesteine, die heute an der Erdoberfläche zugänglich sind, überfahren und nach Norden geschoben hat.

Im Zeitraum von 250 bis ca. 100 Millionen Jahren waren diese Schichten der Kalkalpen bis über 1000 Kilometer weiter im Süden als Meeresböden mit entsprechenden Versteinerungen abgelagert worden. Die Meeresböden kann man gelegentlich förmlich sehen, wenn Versteinerungen wie Korallen und Muscheln, Schnecken und Ammonshörner im Gestein stecken. Bergstöcke wie der Ross- und der Buchstein, der Leonhardstein, der Daffenstein und der Blankenstein gehören zu einer Ost-West verlaufenden Schicht, die steil im Gebirge steht und gar nicht selten versteinerte Korallen aufweist; oder die praktisch gleich alten Kössener Schichten, deren Muschelreichtum legendär ist.

Gerade diese auffallenden Bildungen haben es möglich gemacht, den geologischen Bau der Kalkalpen zu erkennen. Es sind weit gespannte Mulden wie die Wallberg-Risserkogel-Doppelmulde, die von den einengenden Kräften der Gebirgsbildung aus den ehemals flach liegend abgelagerten Meeresböden gepresst wurden. Nur dort, wo die mit geschätzt einem Zentimeter pro Jahr dahin gleitenden Kalkalpen auf ihrer Unterlage rutschten, wurden die Schichten stärker gequetscht und ausgewalzt. Ein solches Gestein ist der »Tegernseer Marmor« (s. folgende Seite). Ein ehemals wahrscheinlich wunderbar fester, aber gebankter Oberjurakalk der Allgäu-Decke geriet an die Basis der Lechtal-Decke, als sich die Kalkalpen über den Flysch schoben. Das Ergebnis kann sich sehen lassen – wie eben auch das Tegernseer Tal.

Versteinerte Korallen

Versteinerte Korallen in den Rätkalken – wie hier am Weg zum Rossstein – belegen, dass sich diese Gesteine in Meerwasser gebildet haben. Wenn die bis zu fassgroßen, strauchförmigen Skelette der Koralle Retiophyllia clathrata in Wuchsrichtung angeschnitten werden, ergeben sich parallelstängelige Muster (links außen). Wenn der Schnitt senkrecht zur Wuchsrichtung verläuft, erscheinen Punktmuster auf der Felsoberfläche (Bildmitte).

Tegernseer Marmor

Roland Götz

Wer die Pfarrkirchen von Egern oder Tegernsee besucht, wer durch die Nibelungensäle der Münchner Residenz oder den Großen Saal von Schloss Schleißheim schreitet, der blickt zumeist nach oben und beachtet nicht, worauf er geht. Es würde sich aber lohnen. Denn hier ist »Tegernseer Marmor« verarbeitet – entstanden während der Auffaltung der Alpen vor rund 100 Millionen Jahren. Als sich einstiger Meeresboden zu Bergstöcken anhob, wurden darunter liegende dünnere Gesteinsschichten zermalmt und zerrissen. Die Geologen sprechen von »gequältem Gestein«.

Das optische Ergebnis dieses geologischen Dramas ist ausgesprochen attraktiv: Die ehemaligen dünnen Sedimentschichten in Farbtönen zwischen dunkelrot, blaugrau und grün-gelblich sind in wilden Knicken durcheinander gemischt. Der Kalkspat ergibt dazwischen weiße Adern. Schön marmoriert sieht das aus und heißt seit rund 300 Jahren »Tegernseer Marmor«, obwohl es sich – streng geologisch gesehen – nicht um Marmor, sondern »nur« um alpinen Muschelkalk handelt.

Um 1680 machte der Klosterjäger Albert Bierbichler den Tegernseer Abt Bernhard Wenzl darauf aufmerksam, dass es in den eigenen Bergen ebenso schöne Steine gebe wie man sie bisher um teures Geld aus Salzburg liefern ließ. Der Abt ordnete die Erschließung des Vorkommens an und richtete am Fuß des Ringbergs bei Enterbach eine klostereigene Steinmetzhütte ein. Seitdem wurde dieses in poliertem Zustand so ansprechende Gestein bei vielen Bauten des Klosters verwendet – zuvörderst natürlich in der Klosterkirche: Hier sind große Marmorsäulen schon am Portal und in der Vorhalle zu bewundern, fast der gesamte Fußboden besteht aus heimischen Marmorplatten, und nicht weniger als fünf große Altäre sind in delikater Farbabstimmung aus den verschiedenen Varianten des Tegernseer Marmors zusammengesetzt. Auch die übrigen Teile des Klosterkomplexes und die Kirchenbauten in der Umgebung bekamen etwas ab. Und man exportierte in die Landeshauptstadt, wo allerdings – auch wenn man es immer wieder falsch lesen kann – ausgerechnet die Mariensäule nicht aus Tegernseer Marmor ist, und über Bayern hinaus bis an den Hof des Kurfürsten von Köln.

Nach der Säkularisation gab König Max I. Joseph »diese unbenützten Schätze der Kunst und dem Vaterlande wieder«. So ließ er es stolz in einer Inschrift auf grauem Marmor verewigen. Königliche Bauten wurden mit Marmor aus Enterbach ausgestattet – von der Münchner Residenz bis zu Walhalla und Befreiungshalle. Die 1930er Jahre brachten erneuten, wenngleich zweifelhaften Ruhm: Das NS-Regime förderte aus ideologischen Gründen die Verwendung heimischer Baumaterialien. Im Haus der Kunst in München sind Portale und Pfeiler der ehemaligen »Ehrenhalle« (heutiger Kassenraum) mit dunkelrotem Tegernseer Marmor verkleidet.

Mit dem Zweiten Weltkrieg kam der Enterbacher Steinbruchbetrieb zum Erliegen.

Schätze aus dem Enterbacher Steinbruch
Beim Tegernseer Marmor handelt es sich geologisch gesehen um alpinen Muschelkalk. Das optisch äußerst attraktive Gestein ziert Pfeiler, Portale und Böden zahlreicher Kirchen und repräsentativer Bauten Bayerns wie der Münchner Residenz, der Walhalla und des Großen Saals von Schloss Schleißheim.

Der Tegernsee auf einem Stich von Matthäus Merian
Die älteste Ansicht des Tals ist von 1644 und präsentiert den See samt Insel und Schilfzonen recht treffend, während die umgebenden Berge nur summarisch dargestellt sind. In den Ecken zeigen vier Detailansichten die Klosteranlage aus verschiedenen Perspektiven.

Das Kloster Tegernsee

Roland Götz

Unübersehbar ist der gelb gestrichene Komplex für jeden, der nach Tegernsee kommt – ob nur auf der Durchfahrt oder vielleicht zum Besuch des weitberühmten Tegernseer Bräustüberls. So imposant der Dreiklang aus Kirche, Brauhaus und Gymnasium auch wirken mag: Es sind nur die verbliebenen Gebäudeteile der ehemaligen Benediktinerabtei Tegernsee, des einst wohl bedeutendsten Klosters im alten Bayern.

Um die Mitte des 8. Jahrhunderts haben es zwei adelige Brüder, Adalbert und Otkar, gegründet, der Haustradition nach im Jahr 746. Den Klostergründern begegnet jeder bereits, wenn er auf die Kirchenfassade zugeht: 1690, bei der Barockisierung der Klosterkirche, hat man über das Kirchenportal die Reliefplatte aus dem Jahr 1457 gesetzt, die zuvor das Grab der Stifter in der Kirche deckte. Im Mönchsgewand sind sie hier dargestellt, denn beide sind selbst in das von ihnen gestiftete Kloster eingetreten. Adalbert wurde erster Abt.

Dank ihrer Großzügigkeit (und wohl auch der des bayerischen Herzogs) war Tegernsee von Anfang an ein begütertes Kloster: Ihm gehörte der ganze Tegernseer Winkel, von der Tiroler Grenze im Süden bis hinaus nach Warngau und Holzkirchen, dazu Güter bei Freising und Rosenheim sowie Salzpfannen in Reichenhall. Vieles kam im Lauf der Jahrhunderte durch Rodung, Schenkungen und Kauf noch dazu, darunter Weingüter in Südtirol und in der Wachau. So wundert es nicht, dass Tegernsee schon im Jahr 817 unter den reichsten Klöstern im Reich Kaiser Ludwigs des Frommen genannt wird wie sonst aus dem alten Herzogtum Bayern nur noch das Kloster Mondsee.

Die Klostergründer bekamen vom Papst die Reliquien des hl. Quirinus

Die Klostergründer sorgten sich auch um einen heiligen Schutzpatron für ihr Kloster. Die Gründungslegende erzählt, dass die beiden nach Rom pilgerten und dort vom Papst die Reliquien des Märtyrers Quirinus erhielten. Die sterblichen Überreste wurden über die Alpen an den Tegernsee gebracht und dort am 16. Juni 804 in der Klosterkirche beigesetzt. Bis heute wird der 16. Juni von den Tegernseern als ihr Kirchenpatrozinium gefeiert (s.a. S. 37).

Über die Tegernseer Frühzeit wissen wir nicht sehr viel, denn im 10. Jahrhundert suchten die Ungarn ganz Süddeutschland heim und Herzog Arnulf zog Klostergüter ein, um damit den Abwehrkampf zu finanzieren. So verlor auch Tegernsee den Großteil seines Besitzes. Das Mönchsleben erlosch völlig. Um 970 brannten auch noch die Klostergebäude nieder; viele Geschichtszeugnisse sind uns damit verloren gegangen. Pater Nonnosus Pämer, der zur Tausendjahrfeier 1746 eine Klostergeschichte in lateinischen Versen verfasste, gab ihr den bildhaften Titel »Der aus der Asche wiedererstandene Phönix« und deutete damit an, dass Tegernsee mehrfach in seiner Geschichte am Ende schien, dass es aber jedes Mal doch wieder einen neuen Anfang gab.

Diesmal sorgte Kaiser Otto II. für den Neubeginn: 978 rief er Mönche aus Trier nach Bayern und begründete Tegernsee wieder, als Reichskloster unter königlichem Schutz, mit der Garantie der freien Abtwahl und der Zollfreiheit für die klösterlichen Transporte. Damit begann eine Blütezeit: Kirche und Klosterbauten wurden neu errichtet. Durch reiche Güterschenkungen festigten sich die Wirtschaftsverhältnisse wieder. Das Ordensleben war so vorbildlich, dass Tegernseer Mönche ihrerseits die verödeten Klöster Feuchtwangen und Benediktbeuern sowie die Neugründung St. Ulrich und Afra in Augsburg besiedelten.

Überragende Bedeutung hatte Tegernsee zu dieser Zeit als künstlerisches Zentrum, vor allem durch seine Schreib- und Malschule.

Die barocke Klosteranlage

Der bekannte Kupferstich von Michael Wening, erstmals veröffentlicht 1701, zeigt eine Idealansicht der Klosteranlage, deren Errichtung 1678 begonnen wurde und bis etwa 1770 dauerte. Die barocken Türme der Klosterkirche – hier deutlich überdimensioniert – kamen nie zur Ausführung. Obwohl das Kloster fast ein Jahrhundert lang aus einer Kombination von alten und neuen Bauteilen bestand, war man offenbar darauf bedacht, dass vom Baubeginn an nur mehr Ansichten der vollendeten Anlage publiziert wurden. Links oben das Wappen des Klosters, im Herzschild das persönliche Wappen des Abtes Bernhard Wenzl, der den Neubau in Angriff genommen hatte.

Die Klostergeschichte aus dem 12. Jahrhundert
»O flos purpureus, tu rosa nobilis – O purpurne Blüte, du edle Rose.« Mit dem Lobpreis des Klosterpatrons beginnen die »Quirinalia« des Metellus von Tegernsee. Der Dichtermönch beschrieb im 12. Jahrhundert die Geschichte des Klosters und seines Schutzheiligen in 107 kunstvollen Gedichten nach antiken Versmaßen. Aus der Initiale grüßt der heilige Quirinus den Leser.

Froumund († 1006/12), Schreiber und Lehrer im Kloster, hinterließ neben Abschriften antiker Klassiker auch eine Sammlung selbstverfasster lateinischer Gedichte und Briefe. Sie ermöglichen uns einen ungewöhnlich genauen Einblick in den keineswegs romantischen mittelalterlichen Klosteralltag.

Friedrich Barbarossa ließ in Tegernsee Prachthandschriften fertigen

Ellinger, ein Schüler Froumunds, führte als Schreiber und als Abt (1017–1026 und 1031–1041) die Tegernseer Buchmalerei zu ihrem Höhepunkt. Die Kaiser Heinrich III. und Friedrich Barbarossa ließen hier Prachthandschriften fertigen. Zahlreiche Tegernseer Handschriften gehören heute zu den Kostbarkeiten der Bayerischen Staatsbibliothek. Darüber hinaus wurden im Kloster Erzguss und Glasmalerei betrieben, und seit den jüngsten Grabungen kennen wir wenigstens die Reste des Mosaikfußbodens, mit dem Abt Eberhard II. (1068–1091) am Ende des 11. Jahrhunderts den Chor seiner Klosterkirche schmückte (s. Abb. S. 29).

Die Literaturgeschichte kennt aus Tegernsee den ersten deutschen Roman, der im 11. Jahrhundert in lateinischen Versen abgefasst wurde und heute nach seinem Helden »Ruodlieb« benannt ist. Der Dichtermönch Metellus beschrieb im 12. Jahrhundert die Geschichte des Klosters und seines Schutzheiligen in 107 kunstvollen Gedichten nach antiken Versmaßen. Schließlich hat allein eine Tegernseer Handschrift eines der bekanntesten Werke mittelalterlicher Dichtung bewahrt – das grandiose Endzeitdrama vom Antichrist. Und in fast jedem Schul-Lesebuch steht der in einer Tegernseer Handschrift überlieferte Liebesgruß:

Du bist min. Ih bin din.
Des solt du gewis sin.
Du bist beslossen in minem herzen.
Verlorn ist daz sluzzelin.
Du muost och immer dar inne sin.

Hinter der kulturellen Bedeutung Tegernsees stand seine wirtschaftliche und politische nicht zurück. Das Reichskloster erhielt kaiserliche Privilegien, und wenn auch die Bemühungen um völlige Reichsunmittelbarkeit nie ganz Erfolg hatten, so durfte das Kloster seit 1321 für den Bereich des Tegernseer Tals doch die niedere Gerichtsbarkeit ausüben. Kriege, die Lockerung der Ordensdisziplin und Misswirtschaft führten jedoch im 14. Jahrhundert zu einem Niedergang. Wie ein Symbol dafür wirkt es, dass 1424 der Chor der Klosterkirche einstürzte.

Kaspar Aindorfer und der kulturelle und wirtschaftliche Aufschwung

Wieder war ein Neuanfang vonnöten. Er kam mit brüderlicher Hilfe aus dem Benediktinerorden: Eine bischöfliche Kommission führte 1426 die Reform des Ordenslebens ein, die im österreichischen Kloster Melk ihren Ausgang genommen hatte. Das Kloster wurde nun auch für Bürgerliche geöffnet,

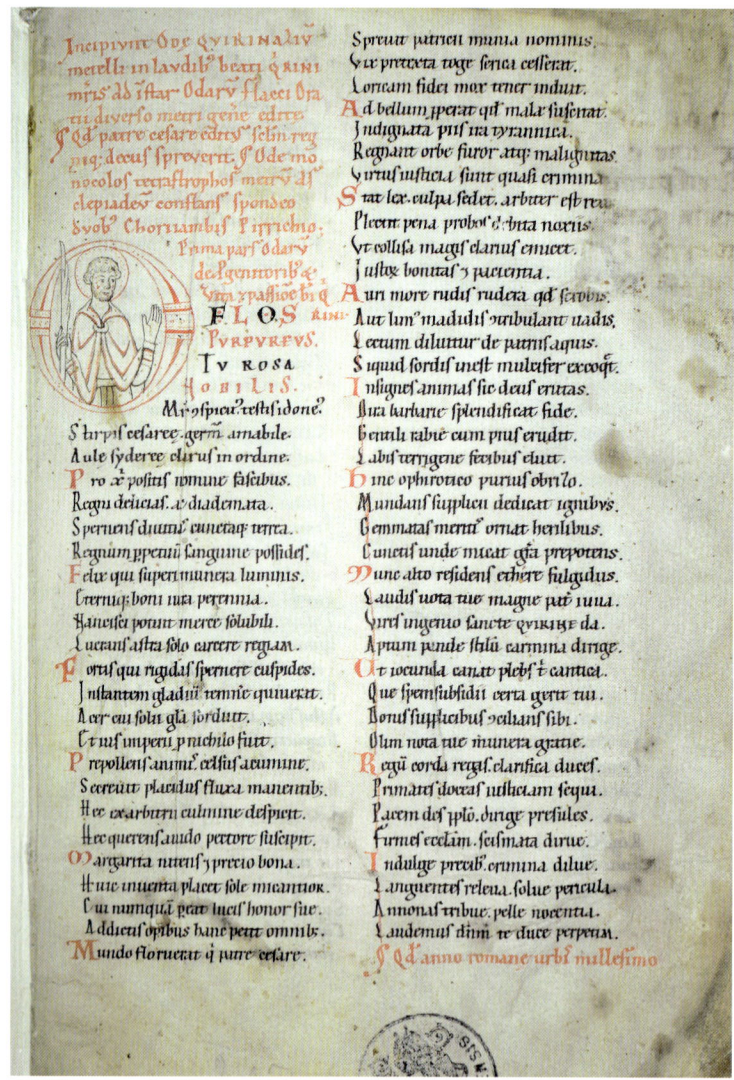

Mosaikfußboden
Bei Grabungen im Zuge der jüngsten Renovierung der Klosterkirche wurden im Altarraum Reste eines großen Fußbodenmosaiks aus der Zeit um 1080 entdeckt, mit dem Abt Eberhard II. (1068-1091) den Chor der Kirche schmückte. Die Mosaikreste stellen für Bayern eine große Rarität dar.

nachdem es zuvor lange ein rein adeliges Stift gewesen war. Zum neuen Abt bestellte man den 24-jährigen Münchner Patriziersohn Kaspar Aindorfer (1426-1461). Er und sein Nachfolger Konrad Ayrinschmalz (1461-1492) legten in zwei langen Regierungszeiten von 35 bzw. 31 Jahren bis zum Ende des 15. Jahrhunderts den Grundstock für einen nachhaltigen religiösen, wirtschaftlichen und kulturellen Aufschwung. So konnte das Kloster bis zu seiner Aufhebung als eines der vortrefflichsten seines Ordens gelten. Zeugnis dafür ist, dass zahlreiche Klöster Tegernseer Mönche als Äbte beriefen und dass Abt Aindorfer wiederholt als Visitator in andere Klöster berufen wurde.

Bei seinem Bemühen um die Reform der Benediktinerklöster in Bayern stand er in enger Verbindung mit dem päpstlichen Reformlegaten für ganz Deutschland, dem Brixener Bischof und Kardinal Nikolaus von Kues (1401-1464). Dieser bedeutendste Gelehrte seiner Zeit fand im Tegernseer Prior Bernhard von Waging auch einen theologisch adäquaten Briefpartner. Den Mönchen von Tegernsee widmete er sein tiefgründiges Werk *De visione Dei* (Vom Sehen Gottes) als Einführung in die mystische Theologie.

Die Klosterbibliothek zählte zu den größten Büchersammlungen Europas

Mit Eifer und beträchtlichem Aufwand betrieben die Äbte im Sinne des Humanismus den Ausbau der Bibliothek. Durch eigene Anfertigung, Schenkung, Kauf und Tausch von Handschriften wuchs sie bis zum Jahr 1494 auf 1738 Bände an – damals eine gewaltige Zahl, mit der sie zu den größten Büchersammlungen Europas gehörte. Zahlreiche gelehrte Mönche traten ins Kloster ein. Abt Quirin Rest (1569-1594) gründete 1573 eine klostereigene Druckerei, aus der bis zur Säkularisation für den eigenen Bedarf oder auf Bestellung vielfältige geistliche und weltliche Schriften hervorgingen.

Die Tegernseer Klostergebäude wurden im späten Mittelalter teils erneuert, teils neu errichtet. Die ältesten aussagekräftigen Darstellungen der im 15. und 16. Jahrhundert gewachsenen Klosteranlage sind die Tegernsee-Ansicht von Matthäus Merian (s. S. 24 f.) und ein zweiter, ebenfalls um 1640 zu datierender Stich (s. S. 30). Das Kloster ähnelte damals in seiner unregelmäßigen Anlage mit ganz unterschiedlichen Gebäuden einer kleinen Stadt, die von von einer Mauer, Türmen und Wassergraben umgeben war.

Kloster Tegernsee auf einem Kupferstich um 1640, auf dem sich die Abtei als kleine Stadt erweist, ganz wie es der hl. Benedikt vorgeschrieben hatte: »Das Kloster soll womöglich so angelegt sein, dass sich alles Notwendige innerhalb der Klostermauern befindet, nämlich Wasser, Mühle, Garten und die verschiedenen Werkstätten, in denen gearbeitet wird. So brauchen die Mönche nicht draußen herumzulaufen, was ihren Seelen durchaus nicht zuträglich wäre.«

Natürlich steht im Zentrum die Klosterkirche (Nr. 1); südlich schließt sich daran das Viereck mit den Wohnräumen der Mönche an (Nr. 4). Es folgt der Trakt für den Abt (Nr. 5) und der Festsaalbau (Nr. 12), der sogar eine Aussichtsterrasse zum See hin besitzt (Nr. 13). Am See-Eck hatte der Abt einen kleinen Garten mit einem (wohl mit Tuff, Tropfsteinen und Muscheln verzierten) Gartenhaus, der so genannten Lust- und Wassergrotte (Nr. 14). Groß im Vordergrund stehen hufeisenförmig die Wirtschaftstrakte (Nr. 30). Besonders auffällig ist der Aquädukt, der von links her über Mauer und Graben hinweg Wasser heranführt, um zuerst die Mühle (Nr. 25) anzutreiben und dann Fischteiche und Viehstall (Nr. 26) zu versorgen. Links vorne beim Eingang zum Klosterkomplex (Nr. 34) stand bis zur Säkularisierung die kleine Pfarrkirche St. Johann Baptist »am Burgtor« (Nr. 2).

Nach dem Ende des Dreißigjährigen Krieges wurde das Kloster im Stil des Barock umgestaltet

Was der Besucher heute in Tegernsee sieht, ist ein barockes Kloster. Es war der aus der Nähe von Salzburg stammende Abt Bernhard Wenzl (1673–1700), der nach dem Ende des Dreißigjährigen Krieges das große Projekt in Angriff nahm, dem Kloster eine moderne Gestalt zu geben. Von den mittelalterlichen Bauten blieb allein die Klosterkirche stehen; doch sie erhielt ein neues, ein barockes Gewand übergezogen. Die neuen Klosterbauten, eine streng geometrische, um

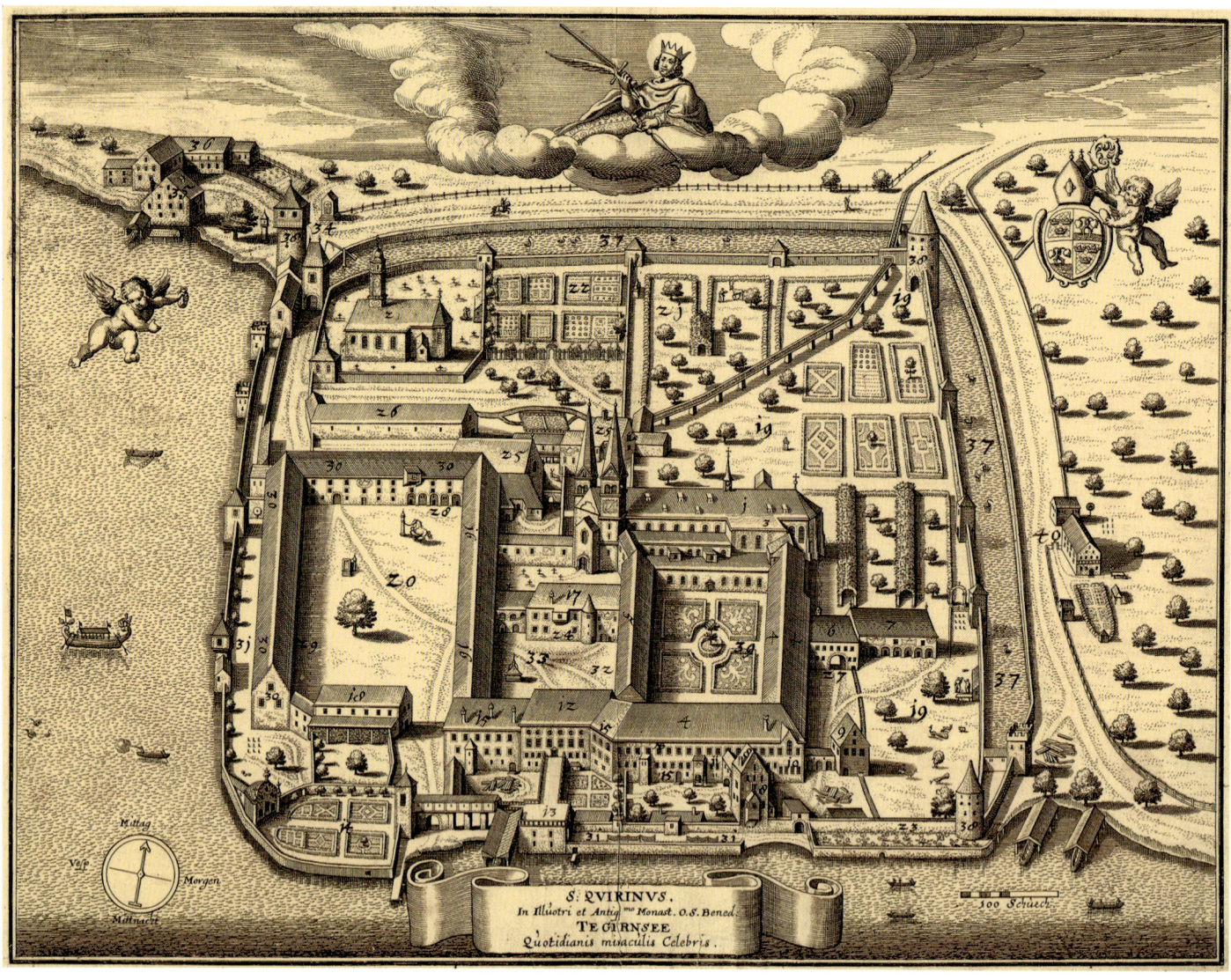

die Kirche gelegte Anlage, benötigte bis zu ihrer Fertigstellung nahezu ein Jahrhundert. Hervorragende bayerische Künstler wie Johann Baptist Gunetzrhainer, Johann Baptist Zimmermann und Mathäus Günther schufen die Räume, die das Kloster brauchte: Zellen für 35 bis 40 Mönche, den Speisesaal, Repräsentationsräume für den Abt, Büros für die Verwaltung des gewaltigen Besitzes, die Bibliothek, die Apotheke, Stallungen und Vorratslager, Werkstätten für die 17 klösterlichen Gewerbebetriebe, darunter eine eigene Buchdruckerei, Glaserei, Bäckerei, Apotheke und – als wichtige Einnahmequelle – die Klosterbrauerei. Das Kloster brauchte all dies, war es doch nicht nur eine Stätte religiösen Lebens, sondern es vergab als Grundherr viele Bauernhöfe zur Bewirtschaftung und zog davon Abgaben ein, es war Gerichtsherr, es regelte Waldnutzung, Jagd und Landwirtschaft, es war Fürsorgestelle und »Sparkasse« für die Landbevölkerung.

Nicht nur von Pilgern und Hilfesuchenden (s. S. 33) wurde das Kloster aufgesucht, sondern auch von vielen Gelehrten. Ihr Ziel war die seit dem Mittelalter berühmte Klosterbibliothek. Einige haben Beschreibungen davon veröffentlicht und rühmten dabei die reichen Buchbestände und den prachtvollen, mit einer umlaufenden Galerie und einem Deckenfresko gezierten Bibliothekssaal.

1746 wurde das tausendjährige Bestehen mit großem Glanz gefeiert – 50 Jahre darauf kam das Ende

1746 feierte Tegernsee sein tausendjähriges Bestehen mit allem Glanz, der einem barocken Kloster zur Verfügung stand. Ein halbes Jahrhundert später existierte das Kloster Tegernsee nicht mehr. 1803 brach als Folge der napoleonischen Kriege die Säkularisation über die bayerischen Klöster herein. Den Tegernseer Benediktinern wurde am 17. März verkündet, dass das Kloster aufgehoben, der letzte Abt, Gregor Rottenkolber, abgesetzt sei. Das Klostervermögen wurde eingezogen. Die wichtigsten Kunstwerke und einige Tausend der kostbarsten aus der zuletzt über 40 000 Bände umfassenden Bibliothek kamen in die staatlichen Sammlungen. Ein »Lokalkommissar« hatte sich

Das Kloster kurz vor der Säkularisation

Auf dem kolorierten Stich, den Simon Warnberger um 1800 nach einer Zeichnung von Georg von Dillis schuf, ist noch die vollständige Klosteranlage zu sehen. Größere Bedeutung als das Gebäude hat allerdings die Darstellung der umgebenden Gebirgslandschaft, deren Reize man in dieser Zeit zu entdecken begann.

darum zu bemühen, die Klosterbesitzungen möglichst gewinnbringend zu verkaufen.

Mit dem Klostergebäude selbst gab es hier Probleme: Wer sollte den riesigen Komplex am Rand der Alpen in einer – wie es hieß – öden Gegend kaufen? Es fand sich schließlich der hohe Staatsbeamte Baron Carl Joseph von Drechsel, ein scharf rechnender Mann, der vor allem an der Brauerei interessiert war und seine Unterhaltskosten dadurch senkte, dass er nicht benötigte Klostertrakte abbrechen und die Baumaterialien verkaufen ließ. Nahezu die Hälfte der Anlage wurde abgebrochen. So verschwand z.B. der erst um 1770 fertig gestellte große Festsaal des Klosters spurlos. Vom berühmten Marmortreppenhaus blieben nur die Vestibüle.

Den ehemaligen Konventstock verkaufte Drechsel an säkularisierte Konventualen, die sich entschlossen hatten, nicht ein auswärtiges Seelsorge- oder Lehramt zu übernehmen, sondern gemeinsam weiterhin in Tegernsee zu bleiben. Die kurfürstliche Genehmigung dazu wurde jedoch nur »...unter den Bedingnissen ertheilt ..., wenn die Theilherren dieses Kaufes ohne einen klösterlichen Vorstand und ohne Chorverrichtungen beysamm wohnen, dann ihre Ordenskleidungen ablegen«.

Max I. Joseph und Karoline machten Tegernsee zu ihrer Sommerresidenz

Wer weiß, wie es weitergegangen wäre, hätte nicht noch einmal ein glücklicher Zufall in die Tegernseer Geschichte eingegriffen: 1815 kam König Max I. Joseph mit seiner Familie zu einem Ausflug ins Tegernseer Tal. Königin Karoline verliebte sich in die Reste des alten Klosters, der König kaufte sie nach langen Verhandlungen aus seiner Privatschatulle. So wurde Tegernsee zur königlichen Sommerresidenz, das ehemalige Kloster zum Schloss. Dass die königliche Familie nun ihre Sommer am Tegernsee verbrachte, rückte das Tegernseer Tal in den Blickpunkt gehobener Kreise und zog natürlich weitere Besucher nach, gekrönte Häupter, Künstler und viele andere – es war der Beginn des Fremdenverkehrs, dem das Tal bis heute einen Großteil seines Wohlstands verdankt.

Der große gelbe Baukomplex des alten Klosters hat heute drei Besitzer: Die ehemalige Klosterkirche dient seit der Säkularisation als Pfarrkirche. Das »Schloss« drumherum hat sich in der Familie der Wittelsbacher weitervererbt; so sorgen heute das Herzoglich Bayerische Brauhaus Tegernsee und zwei große Gaststätten für das leibliche Wohl der Besucher. Zwei Schlosstrakte erwarb in den 1970er Jahren der Freistaat Bayern, um dem Gymnasium Tegernsee eine höchst attraktive Unterkunft zu schaffen. Drei Institutionen mühen sich also heute, alte Traditionen fortzuführen – die geistliche, die wirtschaftliche und die Bildungstradition.

Das historische Herz des Tegernseer Tals, es schlägt immer noch im alten Kloster.

Schloss Tegernsee heute
Es sind die verbliebenen Gebäudeteile der ehemaligen Benediktinerabtei Tegernsee, des einst wohl bedeutendsten Klosters im alten Bayern.

»... sondern auch wochentlich acht Brod«
Hilfe des Klosters für die Bedürftigen

Bei aller Einbindung in ein feudales Wirtschafts- und Gesellschaftssystem, in dem sie zu den Herren gehörten, übernahmen die Tegernseer Mönche in vielfältiger Weise soziale Verantwortung, nicht nur für die eigenen Bediensteten oder Untertanen. So heißt es zum Beispiel 1704 in einem *Verzaichnuß der ienigen Spenten und Allmueßen, welche das Closter Tegernsee von der ersten Stüfftung an, aus alter Tradition deren Vorfahrern, nach Intention der 2 seeligen Fundatorum, bis auf gegenwertige Zeiten, verraichen und abgeben thuet:*

Erstlichen werdten alle ankhommente Pilgramb, arme Layenpriester, Religiosen, Studenten und andere arme Leith, zu was Zeiten sye immer eintreffen, alda vom Closter mit Speis und Trankh, der hey. Regl gemess, charitative verpflegt und mit einen noch darzue nach Gestaltsambe der Persohnnen verzaichneten Allmuesen in Gelt angesehen.

Ausbildung von Kindern aus bedürftigen Familien

2. Werdten alle Jahr 24 arme Khnaben, welche denen Patribus zu Altar diennen, bey dem Closter ernöhrt und durch einen sonderbahr hierzue besolten Schuellhalter in christlicher Lehr, item in Lesen, Schreiben und Rechnen solang instruiert, bis sye zu einem Handtwerch tauglich seyen. Under dessen gibt man ieden solchen Ministranten nit allein die nothwendtige Cleidung, sondern auch wochentlich 8 Brod. Neben disen werdten auch vill andere Schuellkhinder, welche sowoll Armuth als der weiten Entlegenheit wegen zu ihren Eltern auf Mittag nit nacher Haus khommen, täglichen im Closter gespeist.

3. Was in dem Refectorio Religiosorum, deren wirklich 50 in dem Closter zur immer wehrenten Lob Gottes und der Seelsorg verhandten sein, täglichen an Brod, Speisen und Trunckh yberbleibt, ein solches alles wirdtet täglich 12 armen alten oder bressthafften Persohnen verraicht, welche derentwegen verbundten, für das Haus Österreich und Bayrn, item für das Closter, auch Aufnamb und Wollstandt aller deren Benefactores täglich zu beten,

wie sye dan, bey allen Vigiln, Jahrtägn, auch bey denen sonn- und feyrtäglichen Gottsdiensten erscheinen müessen. ...

5. Gibt man einen ieden Underthanens Eheweib, so offt sye Khindtsmuetter werdten, dem alten Herkhommen nach, fir ein Allmuesen aus dess Herrn Praelatens Kheller ein Portion Wein, welcher der Strowein von alters her benambst wirdt. ...

8. In der hey. Carwochen, als an dem Griennen Donerstag, werdten alle ankhommente Petler, so sich von 3, 4 bis 500 woll auch auf mehrer Köpf belauffen, nit allein ehrlich ausgespeiset, sondern auch iedwederer mit Brod und 3 x in Gelt begabt. Eben an disen Tag waschet der Abbt 12 armen alten Männern offentlich in der Kirchen s.v. die Füess, und gibt man einen ieden 3 Laib Brod, 3 grosse Khäs, 1 f. in Gelt, 1 Par Stifl und das gewohnliche Leinwath Gewandt.

Und schließlich: *16. Erst khürzlichen ist auch introduciert worden, das zu grösserer Ehr Gottes und Ziehr der Kirchen im Closter etliche arme Khnaben erhalten, zu der Music appliciert und mit aller Nothwendtigkeit versehen werdten, und was hieraus ad studia tauglich, man selbe underhalte.* ...

Tegernseer Singknaben
Seit etwa 1700 unterhielt das Kloster eine Schule für Buben, die besonders in Musik unterrichtet und so für den Dienst in der klösterlichen Kirchenmusik vorbereitet wurden. Die Schüler hatten sich einem straff organisierten Tagesablauf zu unterwerfen, in dem rund drei Stunden für die Musik vorgesehen waren. In seinem handschriftlichen Liederbuch zeichnete der Singknabe Markus Seitz zwischen 1801 und 1803 auch volkstümliche deutschsprachige Lieder auf, die im Unterricht gesungen wurden.

Kirche St. Quirinus in Tegernsee

Roland Götz

Stuck und Fresken prägen den barockisierten Innenraum der Klosterkirche. Die mittelalterliche Bausubstanz verschwand unter weißem Stuck, der die Kirche zu einem strahlenden Lichtraum macht.

Die Tegernseer Pfarrkirche St. Quirinus – bis 1803 die Klosterkirche der bedeutendsten Benediktinerabtei Oberbayerns – zählt nicht zu jenen großen Kirchenbauten, die rein einen Kunststil repräsentieren; sie ist eine »gewachsene« Kirche, in der viele Epochen ihre Spuren hinterlassen haben.

Überreste der ersten Klosterkirche aus dem 8. Jahrhundert wurden bislang nicht gefunden. Doch sind in der Archäologischen Staatssammlung in München zwei karolingische Kapitelle aus der Zeit um 800 zu sehen, die 1895 bei Bauarbeiten in der Krypta zum Vorschein kamen. Man hatte sie im 11. Jahrhundert als Säulenbasen zweitverwendet.

Vom zweiten großen Kirchenbau, dem des 11. Jahrhunderts, sind die Krypta-Anlage unter dem Altarraum und die beiden Türme erhalten. Die beiden Bauteile an den entgegen gesetzten Enden der Kirche zeigen die mit gut 70 Metern Länge eindrucksvollen Dimensionen der dreischiffigen romanischen Basilika von Tegernsee. Von ihrer kostbaren Ausstattung mit Altären, Malerei, Goldgerät und bunten Glasfenstern kündet nur noch die Klosterchronik. Bei Grabungen im Zuge der jüngsten Renovierung sind im Altarraum Reste eines großen Fußbodenmosaiks aus der Zeit um 1080 entdeckt worden, die für Bayern eine große Rarität darstellen (S. 29).

Der bestehende Kirchenbau ist ein Werk der Gotik des 15. Jahrhunderts

Der bestehende Kirchenbau ist ein Werk der Gotik. Die Äbte Kaspar Aindorfer (1426-1461) und Konrad Airinschmalz (1461-1492) ließen nacheinander einen neuen Chor mit doppelstöckiger Sakristei und das wiederum dreischiffige Langhaus errichten. 1476 war die Kirche vollendet. Sie wurde überreich ausgestattet mit 26 Altären, deren Retabel aus den Werkstätten der bedeutendsten Münchner Meister kamen: Den Hochaltar schuf Gabriel Angler, 14 weitere Altaraufbauten Gabriel Mäleßkircher. Alle diese Altaraufbauten wurden bei der Barockisierung der Klosterkirche abgebaut, die einzelnen Bildtafeln durch die Säkularisation zerstreut. Wenigstens zum Teil sind diese Spitzenwerke der altbayerischen Spätgotik erhalten, allerdings sind sie verteilt auf viele Museen (in Tegernsee, München, Freising, Burghausen, Nürnberg, Berlin und Madrid).

Vom ehemaligen Kirchenschatz blieb nur die große Monstranz des Landsberger Goldschmieds Hans Kistler aus dem Jahr 1448. Beim barocken Neubau des Klosters blieb nur die alte Kirche stehen; in den 1680er und 1690er Jahren erfuhr sie eine durchgreifende Umgestaltung im Stil des frühen Barock.

Die Klosterkirche wurde nach der Säkularisation Pfarrkirche Tegernsees

Nach der Säkularisation erhielt die bisherige Klosterkirche eine neue Zweckbestimmung als Pfarrkirche Tegernsees. Der Schlossherr König Max I. Joseph ließ ab 1818 die im Barock nie fertig gestellte Fassade der Kirche durch Leo von Klenze vollenden. Das Innere der Kirche wurde durch Hofkünstler im klassizistischen Stil renoviert; Ziele waren eine »Vereinfachung« und die Anpassung an die Bedürfnisse einer Pfarrkirche: Die Kirche erhielt ein neues Gestühl; der Mönchschor hinter dem Hochaltar wurde abgemauert; elf »entbehrliche« Altäre (von insgesamt 16) verschwanden; Hoch-, Marien- sowie Sakramentsaltar erhielten klassizistische Holzaufbauten. Die auf diese Weise erzielte »majestätische Würde« ist im Wesentlichen der Zustand, wie ihn die Kirche heute zeigt.

Nachdem zuletzt unmittelbar nach dem Zweiten Weltkrieg eine Renovierung zur 1200-Jahr-Feier Tegernsees 1946 stattgefunden hatte, wurden in den Jahren 1998-2004 der Kirchenraum, sämtliche Ausstattungsgegenstände sowie die technische Einrichtung wieder hergestellt bzw. erneuert.

Die Ausstattung: Stuck und Fresken prägen den barockisierten Innenraum

Stuck und Fresken prägen den barockisierten Innenraum. Die üppige, ganz in Weiß gehaltene Stuckdekoration mit Fruchtgehängen, Engelsfiguren und in den Nischen der Vierungspfeiler lebensgroßen Skulpturen lateinischer Kirchenväter stammt von oberitalienischen, genauer wohl Graubündner Stuckatoren. Die Namen der Künstler sind nicht überliefert, doch ist die Beteiligung von Giovanni Niccolo Perti aus Como wahrscheinlich. In der wiederhergestellten ursprünglichen Weißfassung scheint der Stuck direkt aus der Wand heraus zu wachsen. Licht und Schatten bringen seine Plastizität bei wechselndem Sonnenlicht in immer wieder anderer Weise zur Geltung.

Der weiße Kirchenraum lässt die leuchtend farbigen Fresken erstrahlen

Der weiße Raum bildet sozusagen das »Passepartout« für die leuchtend farbigen Fresken. Hans Georg Asam (1649-1711), der Vater der berühmten Künstlerbrüder Cosmas Damian und Egid Quirin Asam, schuf sie in sechsjähriger Arbeit 1688-1694. Sie zeigen in der Vorhalle Martyrium und Ver-

klärung des hl. Quirinus sowie seine vier Hauptwunder. An den Decken von Hauptschiff und Seitenschiffen ist das Leben Christi dargestellt. Im Hauptschiff (beginnend über der Orgelempore): Christi Geburt, Epiphanie, der zwölfjährige Jesus im Tempel, die Taufe Jesu und seine Verklärung. In den Seitenschiffen (beginnend hinten links und dann immer zwischen den beiden Schiffen hin und her springend) zeigen die Deckenbilder Stationen der Passion Christi. Der

Das Stifterepitaph

Das bedeutendste mittelalterliche Kunstwerk der Kirche befindet sich an ihrer Fassade. 1457 schuf der Münchener Bildhauer Hans Haldner ein neues Hochgrab für die Klosterstifter Adalbert und Otkar, das in der Mitte der Kirche aufgestellt wurde. Das Relief der Deckplatte zeigt die beiden Brüder unter einer Baldachinarchitektur; gemeinsam halten sie eine Kirche als Symbol ihrer Stiftung. Bei der Barockisierung der Kirche wurde das Hochgrab abgebrochen, die Deckplatte kam gleichsam wie eine Reliquie in neuer Rahmung (datiert 1690) als Bekrönung über das Eingangsportal und weist seitdem den Besucher auf die Ursprünge des Klosters hin.

Die »Anbetung der Könige«
Farbige Akzente setzen die mehr als 70 Wand- und Deckenfresken von Georg Asam, einer der größten Bilderzyklen des bayerischen Frühbarock. Die »Anbetung der Könige« ist eines der schönsten Fresken von Georg Asam. Um den Wunsch seiner Auftraggeber nach Bildern im modernen italienischen Geschmack zu erfüllen, übernahm er Motive aus barocken Kupferstichen und tauchte die Komposition in eine venezianisch inspirierte Farbigkeit. Im Dreikönigsbild konnte er besonders bei der Wiedergabe der königlichen Gewänder brillieren.

Kirchenbesucher, der diesem Weg folgt, wird in das hohe Querschiff mit den Darstellungen von Auferstehung und Himmelfahrt und zuletzt unter die große Kuppel geführt. Hier, unter dem Bild der himmlischen Vollendung, in dem viele Heilige um die göttliche Dreifaltigkeit versammelt sind, kann der Gläubige eine »Aussicht« genießen auf die verheißene Vollendung auch seines Lebens.

Der Fußboden der Quirinus-Kirche ist aus Tegernseer Marmor gefertigt

Die Altarbilder der drei großen Altäre sind Kopien von Asam nach Gemälden, die der aus München stammende und in Venedig tätige Johann Carl Loth (1632–1698) für das Kloster geschaffen hat: Das Kreuzigungsbild des Hochaltars von monumentaler Größe bildet gleichsam den Zielpunkt für die Blicke der Kirchenbesucher; auf dem Marienaltar (links) ist die Rosenkranz-Spende an den hl. Dominikus dargestellt; der rechte Seitenaltar – zugleich der Sakramentsaltar – besitzt ein Schutzengel-Bild.

Die Säulen und Mensen der Altäre sind wie auch der größte Teil des Fußbodens der Kirche und die Kommunionschranke aus »Tegernseer Marmor« gefertigt (s. S. 23). Anlässlich der 1000-Jahr-Feier des Klosters wurden 1746–1748 an die Seitenschiffe Rokoko-Kapellen der hll. Quirinus (links) und Benedikt (rechts) angefügt.

Die Altäre besitzen hervorragende Skulpturen von Johann Baptist Straub (1704–1784), dem »Vater des bayerischen Rokoko«. Dargestellt sind die hll. Benedikt (versilberte Büste), Florian und Agathe sowie Sebastian und Rochus. An den Wänden der Quirinus-Kapelle zeigen Stuckreliefs Martyrium und Übertragung des Heiligen nach Tegernsee.

Neue liturgische Ausstattung des Altarraums

Die 2004 geschaffene liturgische Neuausstattung des Altarraums stammt von Kurt Sigrist, einem Schweizer Künstler. Der neue Hauptaltar und der Ambo aus weißem Guss-Stein und Messing stehen auf einer gemeinsamen Messing-Grundplatte. In der Form schlicht-modern, beziehen sie sich auf den weißen Kirchenraum. Im Jahr 2013 kamen in den beiden Rokoko-Kapellen moderne Glasfenster von Bernd M. Nestler und eine neue Ausstattung für die Taufkapelle von Matthias Larasser-Bergmeister hinzu.

Der Kirchenpatron
Der Weg des heiligen Quirinus von Rom an den Tegernsee

Roland Götz

Der hl. Quirinus von Tegernsee, der von mehreren anderen Heiligen gleichen Namens zu unterscheiden ist, erlitt unter Kaiser Claudius II. Gothicus (268-270) in Rom das Martyrium für seinen Glauben. Die älteste Quirinus-Legende aus dem späten 9. Jahrhundert weiß zu berichten, dass er »schon viele Schläge für den Namen Christi erduldet hatte«. Schließlich wurde er »in der Nacht … mit dem Schwert getötet und in den Tiber geworfen«. Fromme Pilger »bargen seinen Leib und bestatteten ihn in einem unterirdischen Gang auf dem Pontianus-Friedhof am 25. März«.

Wiederum gemäß der Legende reisten die beiden Tegernseer Klostergründer nach Rom, »um die Stätten der Heiligen zu besuchen und mit Gottes Hilfe von dort einige Heiligenreliquien mitzubringen«. Als Lohn für die Hilfe gegen seine Feinde habe ihnen der Papst die Reliquien des hl. Quirinus versprochen. Um ihre Übertragung nach Tegernsee ranken sich drei Wundererzählungen.

Drei Legenden um die Übertragung des Heiligen nach Tegernsee

Als die Boten, die den Heiligen nach Tegernsee holen sollten, aus Neugier versuchten, das versiegelte Reliquienbehältnis zu öffnen, brachen Feuerflammen hervor, um die Anwesenheit eines wundermächtigen Heiligen zu zeigen. Als man kurz vor der Ankunft – halbwegs zwischen Gmund und Tegernsee – noch einmal rastete, entsprang an dem Ort, wo die Trage mit dem heiligen Leib gestanden hatte, eine heilsame Quelle. Über der Quelle wurde die Kirche von St. Quirin (heute Filialkirche der Pfarrei Tegernsee) erbaut, in deren Mitte sich bis heute ein Ziehbrunnen befindet.

Schließlich wurden die Reliquien am 16. Juni 804 in der Klosterkirche feierlich beigesetzt. Es wird berichtet: »Als er in die Grabstätte gelegt werden sollte, fiel durch die Umhüllung ein Teil seines Leibes …, der so blutig war, als ob der Heilige an diesem Tag erst entleibt worden wäre.« Ein Glasgefäß mit der Blutreliquie gehört zum Tegernseer Kirchenschatz. Der Jahrestag der Übertragung nach Tegernsee, der 16. Juni, ist bis heute Termin des Tegernseer Quirinusfestes. Quirinus wurde zum Hauptpatron von Tegernsee. Seine Verehrung breitete sich überall dort aus, wo diese reiche Abtei Besitzungen hatte – bis nach Südtirol und in die Wachau. Der exquisite Buben-Vorname Quirin erfreut sich heute wieder steigender Beliebtheit.

Um 1430 entdeckte man am Westufer des Tegernsees eine Erdölquelle. Man verwendete das Öl bis ins 19. Jahrhundert zu Heilzwecken bei Mensch und Vieh und schrieb seine Heilkraft der Fürsprache des hl. Quirinus zu. Dies gilt als viertes Wunder des Heiligen.

Quirinus als Kaisersohn
Spätere Ausschmückungen der Quirinus-Legende machten den Märtyrer zum Sohn des angeblich ersten christlichen Kaisers Philippus Arabs (244-249). Dementsprechend ist er wie hier in der Statue im Hochaltar der Filialkirche St. Quirin meist als Kaisersohn in römischer Rüstung mit Krone, Szepter, Reichsapfel dargestellt.

Klösterliche Weinbauern
Tegernseer Wein aus der Wachau und Südtirol

Annette Lehmeier

Die Tegernseer Wein-Historie beginnt in der Frühzeit des Klosters, wohl schon im 9. Jahrhundert. Die erste Urkunde, die Tegernseer Besitz in der damals bayerischen, später österreichischen Wachau belegt, stammt aus dem Jahr 1002. Der deutsche König Heinrich II. und seine Frau Kunigunde widmen darin »unserem Kloster, gelegen am Tegernsee und zu Ehren des heiligen Märtyrers Quirinus … zwei Huben im Osten, im Orte Liupna (Loiben, d. Red.) genannt…«. Heinrich II., von 1014 bis 1024 Kaiser, war als ehemaliger bayerischer Herzog ein besonderer Gönner der bayerischen Klöster. 1019 vermachte er Tegernsee weitere Güter auf dem Gebiet des heutigen Dürnstein. Bei seiner Auflösung besaß das Kloster Tegernsee – neben anderen landwirtschaftlichen Anwesen – in seinen beiden Weinherrschaften Unterloiben und Joching in der Wachau 24 selbst bewirtschaftete Weinberge mit einer Gesamtrebfläche von 82,2 Hektar und einem langjährigen Durchschnittsertrag von 2,47 Hektolitern je Hektar. Dazu kamen Abgaberechte an weiteren 144 Hektar Rebflächen in diesem Gebiet plus weitere Weingüter in der Pfarrei Pfaffenberg, ebenfalls in Niederösterreich, sowie Rebflächen um Klosterneuburg.

Auch im Süden baute man die Grundherrschaft aus. Zu den bisherigen Weingärten bei Bozen kamen weitere im gesamten Überetsch, insbesondere in Lana, Kaltern und Planitzing. Hier war es Agnes von Hohenburg, die Kloster Tegernsee zu einem besonderen Schmankerl verhalf – und das auch im übertragenen Sinn des Wortes: 1183 schenkte sie dem Kloster einen Hof in Planitz, auf dass es ihr in Form eines Jahrtags für alle Zeiten gedenke. Ab da lieferten die Planitzer den Rebensaft, in dem an besonderen Tagen die »Planitzerl« – besonders feine Würste – gesotten wurden. Bis heute heißen die im übrigen Bayern »Wiener« genannten Würste am Tegernsee übrigens auch »Planitzerl«.

Weinwirtschaft im 11. Jahrhundert

Verglichen mit den anderen in Südtirol engagierten altbayerischen Klöstern waren die Dimensionen bei Tegernsee immer wesentlich größer. Schon im 11. Jahrhundert verfügte das Kloster über eine hoch organisierte und bedeutende Weinwirtschaft: In Lana beschäftigte man einen Winzer und Verwalter, es gab einen Teilvogt und einen Güterpropst. Die drei Güter waren für Südtiroler Verhältnisse sehr groß. Der Thannerhof in Lana verfügte über rund neun Hektar Rebfläche, der Tegernseer Hof in Planitzing über 7,7 Hektar und der Marolter Hof zwischen dem Dorf Kaltern und dem Kalterer See sogar über 11,6 Hektar. Gesamtertrag im Schnitt: weit über 400 Hektoliter pro Jahr, der höchste Ertrag aller Prälatengüter und zugleich eine Menge, wie sie in den Weinbaugebieten nördlich der Alpen auf deutschem Boden damals unbekannt war.

Der Ertrag wurde auf den klösterlichen Höfen zu Most gepresst, anschließend der dem Kloster zustehende Teil abgemessen, in Fässer gefüllt und auf den langen Weg nach Tegernsee geschickt. Die Südtiroler Lieferungen traten in Schläuchen auf dem Rücken von Tragtieren die Reise über den

Südtiroler Weinlieferungen
Fast drei Wochen dauerte der Mosttransport von Südtirol an den Tegernsee. Die Südtiroler Traubenmostlieferungen wurden meist in Schläuchen mittels Tragtieren über den Brenner nach Innsbruck gebracht und von dort auf dem Inn bis zur Lände nach Rosenheim verschifft. Den Spanndienst für den Weitertransport nach Tegernsee hatten die Warngauer Bauern zu leisten.

Brenner nach Innsbruck an. Von dort wurden sie auf dem Inn bis Rosenheim verschifft. Der Weg des Wachauer Mosts führte über die Donau ebenfalls auf den Inn. Den Spanndienst für den Weitertransport nach Tegernsee hatten überwiegend die Warngauer Bauern zu leisten. Etwas mehr als zwei Wochen, so schildert es Andreas Otto Weber, dauerte der aufwendige Transport in die heimatlichen Gefilde. In den Mostfässern begann da schon die Gärung. Die endgültige »Vinifikation«, also die Weinherstellung aus dem Traubenmost, erfolgte im Klosterkeller.

Tegernseer Wein kam aus den besten Lagen, die damals erreichbar waren

Andreas Otto Weber, Privatdozent an der Friedrich-Alexander-Universität Erlangen-Nürnberg, der über den Weinbau der altbayerischen Klöster im Mittelalter promoviert hat, erklärt auch, dass sich das kostspielige Unterfangen für die Tegernseer Klosterherren dennoch lohnte: »Hätte man den Wein auf dem lokalen Weinmarkt, etwa in München, beziehen müssen, wäre er etwa doppelt so teuer gekommen. Tegernsee aber versorgte sich so mit Wein aus den besten Lagen, die damals erreichbar waren.«

Wie berühmt Tegernsees Weinbautätigkeit schon im 13. Jahrhundert war, lässt sich auch dem viel zitierten Gedicht Walthers von der Vogelweide entnehmen, der – auch – des Weines wegen den beschwerlichen Weg nach Tegernsee angetreten hatte. Dort aber kredenzte man dem großen Dichter zu seinem Ärger nur Wasser. Der Wein war den Mönchen teuer, man gab ihn offensichtlich nicht gerne heraus. Er wurde eingesetzt als Mess- und Tischwein, in der Arzneiherstellung, als Entlohnung oder Geschenk. Außerdem war er ein Handelsgut. Der Hauptanteil ging als diätetisches und therapeutisches Mittel in die Pfarreien und Sozialeinrichtungen. Der Vorwurf der Aufhebungskommissare im Säkularisationsjahr 1803, die Weingüter seien als Luxusbetriebe für den Eigenbedarf, sprich: trivialen »Alkoholkonsum«, angeschafft worden, trifft es also nicht ganz.

Dass das Kloster Tegernsee trotz der extrem protektionistischen Wirtschafts- und Zollpolitik Bayerns im 18. Jahrhundert außerdem als erfolgreicher Weinhändler agierte, den Rebensaft aus Österreich und Südtirol bis nach Russland und Schweden verkaufte, ist ein weiterer in einer ganzen Reihe spannender Aspekte, die noch nicht erforscht sind.

Erloschen sind die Beziehungen nie: Heute liefern einige der ehemaligen Klostergüter wieder ins Tegernseer Tal – und die feinen Tropfen von »Tegernseerhof« & Co dürfen jetzt alle Weinfreunde genießen.

Tegernseerhof, Wachau
Die Geschichte des Weinguts bei Dürnstein in der Wachau reicht über 1000 Jahre zurück, als Kaiser Heinrich II. dem Benediktinerkloster Tegernsee »zwei Huben Land« in der Wachau schenkte. Im Jahr 1176 wurde darauf der Tegernseerhof errichtet – der somit den Namen seines Eigentümers trug.

Vom Kloster zum Schloss: Die Wittelsbacher am Tegernsee

Roland Götz

Am 1. Januar 1806 nahm der bayerische Kurfürst Max IV. Joseph den Titel eines Königs von Bayern an. Als König Max I. Joseph hat er zusammen mit seinem Minister Maximilian von Montgelas wesentliche Grundlagen für das moderne Bayern gelegt. Dem Tegernseer Tal war der erste König Bayerns in besonderer Weise verbunden, und seine Nachfahren aus dem Hause Wittelsbach sind es bis heute.

Dabei brachte die Politik des Kurfürsten Max IV. Joseph für das Tegernseer Tal den wohl tiefsten Einschnitt in seiner Geschichte. Denn mit der in seinem Namen vollzogenen Säkularisation endete 1803 die mehr als 1000-jährige Existenz der Benediktinerabtei Tegernsee, die das kirchliche, herrschaftliche, kulturelle und wirtschaftliche Zentrum der ganzen Region gewesen war. Der ehemals klösterliche Besitz wurde verstaatlicht, Abt und Konvent mit Pensionen abgefunden. Die Klosterkirche wurde zur Pfarrkirche von Tegernsee umgewidmet. Der hohe bayerische Staatsbeamte Karl Joseph Freiherr von Drechsel erwarb 1805 die übrige Klosteranlage und ließ sie in der Folgezeit zum Teil abbrechen.

König Max I. Joseph: »... auf meine Rechnung Tegernsee gekauft«

Ein Besuch des bayerischen Königspaares Max I. Joseph und Karoline bei Drechsel in Tegernsee im August 1815 sollte eine neue Epoche in der Geschichte des Tals einleiten. Denn der König und wohl besonders seine Gemahlin verliebten sich in das ehemalige Kloster und seine idyllische Umgebung. Karoline schrieb an ihre Mutter: »Der König ... hat den Besitzer sondieren wollen, ob er es verkaufen würde, doch dieser will davon nichts hören. Das ist verständlich, da er reich ist. Ich gestehe, daß ich von dieser Acquisition entzückt gewesen wäre ...« Schließlich hatten die Bemühungen doch Erfolg, so dass am 1. Juni 1817 der König an seinen Sohn, Kronprinz Ludwig, schreiben konnte: »Ich habe auf meine Rechnung von Drechsel Tegernsee gekauft. Wenn Sie zurück sind, werden wir zusammen hinfahren ...«

Das ehemalige Kloster wurde durch den Architekten Leo von Klenze zum königlichen Sommerschloss umgestaltet. Weitere zuvor klösterliche Besitzungen wurden zugekauft

Dem Tal verbunden
König Max I. Joseph und Königin Karoline, die das ehemalige Kloster von dem Architekten Leo von Klenze zur königlichen Sommerresidenz umgestalten ließen

und rundeten den königlichen Besitz im Tal ab – so das Gut Kaltenbrunn am Nordende des Sees mit seinem überwältigenden Ausblick ins Tal, das nahe der Tiroler Grenze gelegene Wildbad Kreuth samt seiner heilsamen Eisen- und Schwefelquelle, der Enterbacher Marmorbruch und mehrere Almen. Der Hof trat auch als kulturelles und wirtschaftliches Zentrum die Nachfolge des Klosters an. Die königliche Sommerresidenz zog bald prominente Besucher, Künstler und zahlreiche Sommerfrischler nach; durch den Aufenthalt der königlichen Familie wurde das Tegernseer Tal sozusagen geadelt und ist seitdem eine der bekanntesten Regionen

Links: Wilhelm von Kobell Reiter am Tegernsee (1832)
Die neue königliche Sommerresidenz zog nicht nur prominente Besucher und Sommerfrischler an den Tegernsee, sondern auch viele Künstler. Wilhelm von Kobell schuf hier einige seiner bekanntesten Bilder.

Schloss Tegernsee nach dem Umbau zum königlichen Sommerschloss durch Leo von Klenze. Aus dem Bilderzyklus »Tegernsee und Umgebung«, nach der Natur gezeichnet von Franz Jaschke (1827).

Bayerns, die das weithin verbreitete Idealbild der bayerischen Landschaft mitbestimmt hat.

Die Tegernseer Besitzungen zählten zum Privatvermögen der königlichen Familie; sie konnten deshalb unabhängig von der Thronfolge vererbt werden und waren auch vom Ende der Monarchie 1918 nicht betroffen. Dies zeigt ein Blick auf die Reihe der Wittelsbacher Schlossherren (und -herrinnen) von König Max I. Joseph bis heute.

Prominente Besucher: Kaiser Franz I. von Österreich und Zar Alexander I.

Die acht Jahre, in denen der erste bayerische König die Sommerzeit großenteils auf Schloss Tegernsee verbrachte, waren sicher die glanzvollsten, geprägt durch große Feste und zahlreiche hohe und höchste Besuche – etwa das Treffen mit Kaiser Franz I. von Österreich (zugleich Schwiegersohn des Königs) und dem russischen Zaren Alexander I. am 8. Oktober 1822. Das Andenken des Königs im Tal wurde geprägt durch seine Leutseligkeit im Umgang mit der einheimischen Landbevölkerung und mehrere wohltätige Stiftungen, darunter die neu errichtete Badeanstalt in Wildbad Kreuth, in der auch »Freiplätze« für Bedürftige vorgesehen waren. In Tegernsee, Rottach-Egern und Wildbad Kreuth erinnern Denkmäler an den beliebten König, der in der Nacht vom 12. auf den 13. Oktober 1825 starb.

Die Besitznachfolge in Tegernsee trat nun nicht sein Sohn König Ludwig I., sondern seine Witwe Königin Karoline an. Sie war wohl schon die treibende Kraft beim Kauf der ehemaligen Klostergebäude gewesen; nun vermachte ihr der König das Schloss Tegernsee. Es war in den folgenden Jahren Schauplatz vieler sommerlicher Treffen, bei denen die Königin ihre Kinder und deren Familien um sich versammelte. 1828 feierte sie in der Pfarrkirche mit zahlreichen hoch gestellten Gästen die Hochzeit ihrer jüngsten

Tochter, Prinzessin Ludovika, mit Herzog Maximilian in Bayern. Diese Brautleute wurden später bekanntlich Eltern der Kaiserin Elisabeth von Österreich und haben beide in der Wittelsbacher-Gruft unter dem Altarraum der Tegernseer Kirche ihre letzte Ruhestätte gefunden. Königin Karoline setzte die wohltätigen Aktivitäten ihres verstorbenen Gemahls fort; sie trug maßgeblich zum Bau des Tegernseer Krankenhauses bei. Mit der protestantischen Königin und ihrem Hof begann auch die Geschichte der ersten evangelischen Gemeinde im Tegernseer Tal.

Prinz Karl, der Wohltäter und frühe Landschaftsschützer

Tegernseer Erbe der Königin wurde 1841 ihr Stiefsohn Prinz Karl von Bayern (aus der ersten Ehe Max I. Josephs), den mit seiner Stiefmutter eine besonders liebevolle Beziehung verband. Karl, seit langem im Militärdienst und seit 1841 bayerischer Feldmarschall, kümmerte sich angelegentlich um die Verwaltung der Tegernseer Besitzungen. Der Prinz war Wohltäter, Naturfreund und leidenschaftlicher Reiter. Der Prinzenweg, ein Reitweg zwischen Tegernsee und Schliersee, und die Prinzenruhe, ein schön gelegener Aussichtsplatz am Westufer des Sees, verdanken ihm ihren Namen. Um unschöne Kabelmasten im Tal zu vermeiden, ließ dieser frühe Landschaftsschützer 1869 die Telegraphenkabel auf seine Kosten unterseeisch verlegen. Er starb am 16. August 1875 im Alter von 80 Jahren bei einem Reitunfall zwischen Rottach-Egern und Tegernsee. An der Unglücksstelle wurde eine Kapelle errichtet.

Da Prinz Karl aus seinen beiden nicht standesgemäßen (morganatischen) Ehen keine ebenbürtigen Erben haben konnte (s. S. 45), fiel der Tegernseer Besitz nach seinem Tod an den Neffen Herzog Karl Theodor in Bayern, Sohn seiner Halbschwester Ludovika, und ging damit von der regierenden auf die

Der »Marmorsaal« *im ersten Stock des Schlosses – so benannt nach den Säulen aus Tegernseer Marmor – verbindet die repräsentativen Wohnräume der königlichen Familie mit dem Bankettsaal.*

nicht-regierende Linie der Wittelsbacher, die Herzöge »in« Bayern, über. Der Herzog hatte auf die militärische Karriere verzichtet und stattdessen an der Universität München Medizin studiert. Als Augenarzt wirkte er in München, Tegernsee und Meran, wo er Tausende von Staroperationen durchführte und arme Patienten kostenlos behandelte. Die 1896 in München eröffnete »Karl Theodor-Augenklinik« trägt seinen Namen. Weil Karl Theodor der jüngere Bruder der Kaiserin Elisabeth war, kamen seine Schwester und sein Schwager Kaiser Franz Joseph des Öfteren zu Besuch nach Tegernsee – meist jedoch getrennt.

Elisabeth verfasste bei ihrem Aufenthalt 1887 den kritischen Gedichtzyklus »Kreutherstimmungs-Lieder«. Diese und andere Gedichte, die ungeschminkten Einblick in ihr Denken geben (u.a. die Ablehnung der Monarchie und ihren Widerwillen gegen große Familientreffen), vertraute sie vor ihrem Tod Herzog Karl Theodor an, damit er sie im Jahr 1950 an den schweizerischen Bundespräsidenten zur Veröffentlichung weiterleite.

Herzog Ludwig Wilhelm als Erneuerer der bodenständigen Tracht

Diese Verpflichtung konnte jedoch erst Karl Theodors Sohn Ludwig Wilhelm erfüllen, der nach dem Tod des Vaters 1909 den Tegernseer Besitz übernommen hatte. Er verlegte seinen Wohnsitz aus dem Schloss in ein 1920 erweitertes ländliches Haus auf der »Schanz« bei Wildbad Kreuth. Die Jahre 1939-1946 verbrachte er im kanadischen Exil. Herzog Ludwig Wilhelm war ein leidenschaftlicher Jäger, befreundet mit dem Schriftsteller Ludwig Thoma, und ein Förderer der Volksmusik-Sammeltätigkeit des Kiem Pauli, dem er in Wildbad Kreuth freie Kost und Logis gewährte.

Bleibende Bedeutung erlangte er auch als der Erneuerer der bodenständigen Tracht. Der Herzog zeigte sich gerne in Lederhose und Lodenjoppe und trug wesentlich dazu bei, die Tracht »salonfähig« zu machen. Nach seinem Vorbild kombiniert man seither die Jägerjoppe mit grünem Stehkragen und Quetschfalte am Rücken mit einer langen Hose zum »Tegernseer Trachtenanzug«, der heute bei ländlich-festlichen Anlässen sogar vom Ministerpräsidenten getragen wird.

Da Herzog Ludwig Wilhelms Ehe kinderlos blieb, adoptierte er 1965 seinen Großneffen Prinz Max Emanuel von Bayern, den 1937 geborenen jüngeren Bruder des derzeitigen Chefs des Hauses Wittelsbach, Herzog Franz von Bayern. Prinz Max führt seitdem bürgerlich-rechtlich den Titel »Herzog in Bayern«; nach dem Tod seines Adoptivvaters trat der studierte Betriebswirt 1968 die Besitznachfolge an. Aus seiner Ehe mit Elizabeth Gräfin Douglas gingen fünf Töchter hervor.

Die herzogliche Familie lebt hauptsächlich auf Schloss Wildenwart bei Prien am Chiemsee, aber auch im Tegernseer Schloss und in Wildbad Kreuth. Seit 2004 ist die jüngste Tochter Maria Anna (geboren 1975) offiziell Schlossherrin in Tegernsee und damit auch Chefin des »Herzoglich Bayerischen Brauhauses Tegernsee« mit dem Bräustüberl.

Die königliche Familie in Wildbad Kreuth
König Max I. Joseph mit seiner Familie beim Richtfest des Neubaus von Wildbad Kreuth nach dem Wandfresko von August von Heckel im alten bayerischen Nationalmuseum

Villa Frankenburg: Eine Liebe am Tegernsee

Leonhard & Rositha Brenner

Prinz Karl von Bayern (1795-1875), jüngster Sohn von König Max I. Joseph, hatte von seinem Vater und seiner Stiefmutter Königin Karoline nicht nur Besitzungen am, sondern auch die Liebe zum Tegernsee geerbt. Heute würde man ihn einen Heimat- und Umweltschützer nennen; schon zu Lebzeiten galt er als »Hüter des Tegernseer Tals«.

Prinz Karl war warmherzig und durch sein ritterliches Auftreten sehr beliebt. Nur in eines durfte ihm niemand reinreden: Dem »Beau prince de Bavière«, wie er wegen seiner schönen Gestalt auch genannt wurde, war sein Privatleben immer wichtiger als seine Position im Hause Wittelsbach. Schon mit seiner ersten, 1823 geschlossenen morganatischen Ehe verwirkte er seine Ansprüche auf den bayerischen Thron. 1859 heiratete er seine große Liebe, die ebenfalls bürgerliche Henriette Schöller, geb. Hölken (1815-1866), eine Schauspielerin der Münchener Hof-Bühne. Nach der Hochzeit wurde sie als »Freifrau von Frankenburg« geadelt.

Villa im alpenländischen Stil mit einer Fassade des strengen Historismus

Als nicht standesgemäß durfte sie nicht mit im Tegernseer Schloss wohnen und so gab Prinz Karl beim Tegernseer Zimmermeister Michael Tölzer die »Villa Frankenburg« in Auftrag. Dieser baute sie nach Plänen des Thurn- und-Taxis-Baurates Degen im alpenländischen Stil in unmittelbarer Nähe des Schlosses. Auf den original Bauplänen ist vermerkt: »Plan eines Landhauses für die hochwohlgeborene Frau, Freifrau von Frankenburg in Tegernsee im September 1864«.

Geprägt von der Zeit des strengen Historismus besitzt die Fassade der Villa eine klassische geometrische Form mit Flachsatteldach und hölzernem Veranda-Vorbau mit Brettschnittmustern. Die über vier Meter hohen bemalten Innendecken, die hohen Flügeltüren, die hochwertigen Parkettböden sowie die schmucken Kachelöfen runden das Gesamtbild der Villa ab.

Traumhafter Blick über den See

Durch den zur Seeseite ausgerichteten repräsentativen Hauseingang kommt man über das Vestibül in das herrschaftliche Treppenhaus mit Lichtkuppel. Die Treppe führt über die Galerie zur »Belle Etage« in das Balkonzimmer. Die Bemalung dieser Zimmerdecke stammt vom Historienmaler und Direktor der Münchner Kunstakademie Wilhelm von Kaulbach. Sie zeigt mehrere Mauersegler vor blauem Himmel, die das Zimmer fast wie einen Freisitz erscheinen lassen. Von hier aus eröffnet sich ein traumhafter Blick auf den See und das Schloss.

Auf der Rückseite der Villa befindet sich neben dem überbauten Mittelrisalit das frühere Gesinde-Treppenhaus mit separatem Eingang. Es führt in das Mezzaningeschoss mit zur Seeseite nur lukenartig ausgebauten Fenstern. Hier lag die Dienstbotenwohnung.

Durch rücksichtslose Baumaßnahmen wurde die Villa 1956 in mehrere Wohneinheiten aufgeteilt. Von 2011-2013 wurde sie mit großem Aufwand weitestgehend in den Originalzustand zurückgebaut. Die Villa Frankenburg gehört zu den historischen Baudenkmälern der Stadt Tegernsee und wurde 2013 mit der Denkmalschutz-Medaille ausgezeichnet.

Gut Kaltenbrunn
Die Spur des Ursprünglichen erhalten …

Egon Johannes Greipl

Der Tegernsee gehört zum Mythos Bayern und zum Klischee Bayern, wie es sich im 19. Jahrhundert herausgebildet hat und bis heute unser Bild in der ganzen Welt bestimmt: Alpenlandschaft, Wildschützen, Schuhplattler, Maßkrüge, Lederhosen und Loferl, Fensterln, Blasmusik und Bauerntheater. Mythen aber zogen die Leute schon immer an, die Reichen, Mächtigen und Schönen zuerst, von König Max I.

Gut Kaltenbrunn auf einem historischen Stich

Joseph bis Bundeskanzler Ludwig Erhard. So ist es auch dem Tegernseer Tal ergangen: Die Sommerfrische des 19. Jahrhunderts, der Tourismus des 20. Jahrhunderts und schließlich, seit 1945, der hemmungslose Drang zur Zweitwohnung im bayerischen Oberland haben dort die Kulturlandschaft tief greifend verändert, nicht zu ihrem Vorteil. Es ist deshalb geradezu ein Wunder, dass sich am Nordufer noch eine Spur des Ursprünglichen erhalten hat. Wir sprechen von jenem Gut Kaltenbrunn, das in den vergangenen Jahren so oft in den Zeitungen stand.

Kaltenbrunn bezieht seinen Namen nicht von einer besonders frischen Quelle. Der Name stammt von einer Familie, deren Mitglieder seit 1411 als Grunduntertanen des Klosters Tegernsee das Gut über mehrere Generationen bewirtschafteten.

Seit 1110 war Kaltenbrunn befestigter Wirtschaftshof der Burg Ebertshausen

Der heutige Gutshof ist der bauliche Nachfolger des befestigten Wirtschaftshofes der Burg Ebertshausen (Herprechtshausen, Hebertshus, Ebrantshausen). Die eigentliche Burg lag westlich davon, und der bestens erhaltene mächtige Turmhügel ist ihre letzte Spur. Als Burgherren treten seit 1110 die Herren von Ebertshausen in den Urkunden auf. Zwischen 1217 und 1242 nannten sie sich »Schneck von Herbertshus« und waren kleinadelige Dienstleute (Ministerialen) der mächtigen Grafen von Andechs. Als diese Dynastie 1248 ausstarb, gelangten Burg und Wirtschaftshof an das Kloster Tegernsee.

Die kleinen Ministerialenburgen hatten in den politischen und militärtechnischen Verhältnissen des späten Mittelalters ausgedient, und so ist es kein Wunder, dass der große Reformabt und Bauherr von Tegernsee, Kaspar Aindorfer, im 15. Jahrhundert die Burg Ebertshausen abtragen ließ, um das Material bei der umfassenden Instandsetzung seines Kloster einzusetzen. Ein eisernes Tor aus der Burg hat er angeblich beim Bau der Sakristei wieder verwendet.

König Max I. Joseph und sein mustergültiger Viehzuchtbetrieb

Die Burg verschwand bis auf den Erdhügel, der Wirtschaftshof Kaltenbrunn aber bestand weiter und war an klösterliche Untertanen verliehen. Seit dem Jahre 1777 führte ihn das Kloster Tegernsee im Eigenbetrieb als Schwaige zur Milchviehzucht und Milch- und Käseproduktion. Nach der Säkularisation geriet Kaltenbrunn durch Versteigerung für 10 000 Gulden zunächst in bäuerliche

Hände. 1821 kaufte König Max I. Joseph von Bayern für den vierfachen Betrag das Gut und machte daraus einen mustergültigen Viehzuchtbetrieb, der erst 1960 endete. Kaltenbrunn wurde zum Reiterhof, und 1975 veräußerten die Wittelsbacher den gesamten Komplex an den Unternehmer Josef Schörghuber. Die »wittelsbachische Achse« von Kaltenbrunn über Schloss Tegernsee nach Wildbad Kreuth war zerbrochen.

Der Gutskomplex ist Baudenkmal, Bodendenkmal und Naturdenkmal

Die heutige Ausdehnung des Gutskomplexes entspricht der spätmittelalterlichen Anlage; das Alter der denkmalwerten Bauten reicht vom frühen 16. Jahrhundert (Gesindehaus) bis ins späte 19. Jahrhundert (Dachwerk des Kuhstalls). Die hohe Bedeutung ergibt sich aus der Tatsache, dass der Gutskomplex zusammen mit dem Turmhügel die Eigenschaft eines Baudenkmals, eines Bodendenkmals und eines Naturdenkmals in sich vereint: Kaltenbrunn ist ein »integrales Denkmal« größter Anschaulichkeit und Aussagekraft.

Das sind auch die Gründe, die seit 2003 für das Landesamt für Denkmalpflege und die Schutzgemeinschaft Tegernseer Tal maßgeblich waren, einen unerbittlichen Kampf gegen Hotelplanungen auszufechten, denen jeder Maßstab fehlte und die die hohen Werte dieses Ortes irreparabel beschädigt hätten. Trotz allen Kampfes brauchte es den Bayerischen Verfassungsgerichtshof, der in seinem Urteil vom Juli 2008 in der Popularklage von Hans Busso von Busse zu dem Ergebnis kam, dass der Bebauungsplan der Gemeinde Gmund wegen Vernachlässigung der Belange des Denkmalschutzes rechtswidrig sei.

Bodenständige Gastronomie für einen wunderbaren Biergarten

Diese Gerichtsentscheidung ermöglichte eine Denkpause, die 2013 damit endete, dass Kaltenbrunn mit großem Aufwand instand gesetzt und umgebaut wird, dass es aber dennoch das bleibt, was es bis zuletzt war: eine wunderbare Gastwirtschaft mit einem wunderbaren Biergarten in einer wunderbaren Umgebung. Die Baupläne stehen im besten Einvernehmen mit den Belangen des Denkmals und der Kulturlandschaft, und auch die Schutzgemeinschaft Tegernseer Tal freute sich über das Ergebnis. Michael Käfer, der künftige Wirt in Gut Kaltenbrunn, plant eine bodenständige Gastronomie. Der schon jetzt absehbare Erfolg wird der Familie Schörghuber bestätigen, dass sie die richtige Entscheidung getroffen hat.

Die richtige Entscheidung
»Ich freue mich darauf, in Gut Kaltenbrunn das erste Bier zu trinken und das Glas darauf zu erheben, dass für das Denkmal Gut Kaltenbrunn und für den Tegernsee alles so gut ausgegangen ist.«
Egon Johannes Greipl

Herrschaftsgeste
Als Neubau liegt Schloss Ringberg zentral zwischen Kaltenbrunn im Norden, dem Schloss am See und dem Wildbad in Kreuth. Historiker interpretieren die Wahl des Ortes am Berg als Herrschaftsgeste Herzog Luitpolds in Bayern. Der Herzog habe sich ins Zentrum der wittelsbachischen Besitzungen im Tegernseer Tal erheben wollen. 1913 war Grundsteinlegung.

Schloss Ringberg
Vom Fluchtort zum Hort der Wissenschaft

Sonja Still

Das Schloss am Berg ist von fast jedem Punkt im Tegernseer Tal zu sehen, aber nicht zugänglich. Es ist vielen ein Geheimnis. Die Privatstraße, die hinaufführt, windet sich in Serpentinen durch den Wald. Etwas über eineinhalb Kilometer zieht sich der Weg. Dann steht der Besucher vor einem mächtigen Eichentor. Herzog Luitpold in Bayern (1890-1973) habe einen neuen Stammsitz der Familie erbauen wollen, sagen Historiker. Und dass die Wahl des Ortes eine Herrschaftsgeste gewesen sei, mit der er sich ins Zentrum aller wittelsbachischen Besitzungen im Tal zu erheben suchte.

Herzog Luitpold war als Baumeister nicht so prominent wie sein Vetter König Ludwig II., aber vergleichbar tragisch und einsam in seinem Schaffen. Auch Luitpold investierte sein gesamtes Privatvermögen in sein Schloss, veräußerte Grundbesitz und Immobilien. Doch die gesellschaftlichen Veränderungen entzogen seinen Plänen den Boden. Am Ende wollte nicht einmal die eigene Familie das Schloss übernehmen. Anlässlich des hundertjähriges Bestehens 2013 würdigte Prof. Elisabeth Kieven, Direktorin des Max-Planck-Instituts für Kunstgeschichte in Rom, Schloss Ringberg als »Fluchtort und Traumwelt eines Adeligen, der durch das Zeitgeschehen im letzten Jahrhundert seiner Wurzeln beraubt wurde«.

Der Bau wandelt sich von der arkadischen Villa zur wehrhaften Burg

Das Bauprojekt spiegelt die persönliche Entwicklung Herzog Luitpolds. Die Anfangspläne zeigen Schloss Ringberg als Ansitz, als arkadische, italienische Villa mit Leichtigkeit und Lebensfreude. Über die Jahrzehnte versteinert der Bau, das südliche Flair schwindet und das Gebäude wandelt sich zur Burg mit Wehrcharakter. Schloss Ringberg, so ist sich die Forschung einig, bildet ein Unikat der

Kunstgeschichte, es ist Zeugnis idealisierter Vergangenheit und zugleich eine abstruse Mischung aller Stilepochen.

Friedrich Attenhuber: Architektur, Möbel, Gemälde sind aus seiner Hand

Und es ist Zeugnis einer menschlichen Tragödie. Der Herzog ließ Schloss Ringberg allein vom Münchner Sezessions-Maler Friedrich Attenhuber, seinem Lehrer an der Akademie, bauen und ausstatten. Als lediger Sohn einer Fabrikarbeiterin 1877 in Burghausen geboren, brachte er es zum anerkannten Künstler seiner Zeit. 1904 lud ihn Max Liebermann ein, an einer Ausstellung der Berliner Sezession teilzunehmen, er wirkte bei der Ausmalung des Reichstags in Berlin mit, arbeitete mit Lovis Corinth. 1922 gab er sein Münchner Atelier auf und widmete sich ganz dem Ausbau des Schlosses. Alles sollte aus seiner Hand stammen: Bau, Architektur, Möbel, Öfen, Gemälde, alles im feinsten Art déco und Jugendstil. Aus dem freundschaftlichen Verhältnis von Herzog und Künstler wurde ein klares Abhängigkeitsverhältnis: Attenhuber bekam Kost und Logis und das Material für seine Arbeit. Lohn, der den Künstler liquide und unabhängig gemacht hätte, zahlte der Herzog nicht.

Der Hauskünstler treibt in die Isolation und nimmt sich das Leben

Einzigartige Exklusivität entsteht. Der Herzog lebt derweil in München im Hotel Vier Jahreszeiten oder in Kreuth im Gasthof Bachmair, dem heutigen Hotel »Bachmair Weissach«. Täglich lässt er sich auf den Ringberg bringen und überwacht die Baufortschritte. Bei all der Kreativität, die in Attenhuber gewirkt haben muss: Der Hauskünstler treibt in die Isolation. Keine Anregung von außen, keine Inspiration – 1947 nimmt sich Attenhuber das Leben, wohl indem er sich von einem der Türme stürzt.

Der Herzog entfernt jeden Hinweis auf seinen Künstler. Sein Grab ist lange aufgelassen. Erst in den 1980er Jahren wird mit der Dissertation von Helga Himen der Bau gewürdigt als das, was er ist: ein kunst- und kulturgeschichtliches Unikat. In ihrem Buch, das 2008 erscheint, setzt sie Herzog und Maler ein einfühlsames Denkmal. Beide Lebensgeschichten geben Zeugnis vom Ringen mit dem eigenen Schicksal. Der Maler war zwar ein Gefangener seines Herzogs, dieser aber ein Gefangener seiner selbst, im Widerstand gegen die Zeitläufte so einsam wie jener.

Die Max-Planck-Gesellschaft hat ihren Nobelpreisträgercampus im Schloss

Als der Herzog 1973 starb, war der Bau noch lange nicht abgeschlossen. In seinen letzten Lebensjahren hatte er noch die Max-Planck-Gesellschaft als neue Eigentümerin gewinnen können. Die herzogliche Familie, die Gemeinde Kreuth und die Stadt München hatten aufgrund der immensen Unterhalts-

Der Große Saal
Die Räume im Schloss wurden von Attenhuber bis ins Detail designt. Vom Kachelofen über die Wandbespannung bis zu den Intarsien der Möbel ist alles aufeinander abgestimmt. Jedes Zimmer bietet eine eigene Stilgeschichte. Im Bild der Große Saal, der als Speisesaal genutzt wird.

kosten abgelehnt. Eine Spende der Münchner Rückversicherung von fünf Millionen Mark für den Ausbau des Gebäudes sicherte den Bestand und ermöglichte der Max-Planck-Gesellschaft ihren Nobelpreisträger-Campus. 17 Nobelpreisträger hat die Forschungsorganisation bisher hervorgebracht. Christiane Nüsslein Vollhard, Klaus von Klitzing und Theodor Hänsch sind regelmäßig Gast auf dem Ringberg. Das Schloss ist – wenn auch auf andere Weise – ein isolierter Ort geblieben. Ein Hort der internationalen Wissenschaft, der den Bürgern des Tegernseer Tals nur alle zwei Jahre, bei einem Tag der offenen Tür, Zutritt gewährt. Als Adel unserer Tage hat die geistige Elite hier ihren Stammsitz gefunden.

»Lago di Bonzo« und die Rettung der »Lazarettstadt Tegernseer Tal«

Michael Heim

Tegernseeer Boots-Führer
Adolf Hitler um das Jahr 1932 auf dem Tegernsee. Das Boot, das er steuert, gehört dem Druckereiunternehmer Adolf Müller, der 1924 Hitlers »Mein Kampf« und bis Kriegsende das Parteiorgan der NSdAP »Völkischer Beobachter« druckte und in St. Quirin ein Landhaus besaß.

Da lacht das Weib … und die Hitler-Biographen aller Länder wundern sich: In den Depots der Bayerischen Staatsbibliothek findet sich das Bild, das Adolf Hitler um das Jahr 1932 als kindlich-verzückten Bootsführer auf dem Tegernsee zeigt. Die junge Frau auf dem Kajütendach ist Lotte Müller, die Tochter des Bootsbesitzers. Das Bild selbst gibt das eigentlich Unfassbare wieder: die Trivialität des Bösen. Wie kann dieser Herr Harmlos mit Hut ein ganzes Volk verführen? Woher und woraus wächst dieser Figur die Macht zu, einmal die Welt in Brand zu setzen? Auch widerspiegelt die Aufnahme ein wenig schmeichelhaftes Attribut des Tegernsees – »Lago di Bonzo«!

Es war nicht zuerst die braune Prominenz, die sich vom Tal und seinem See angezogen fühlte. Vor dem Ersten Weltkrieg waren es die Wittelsbacher und, in ihrem Gefolge, Hofleute, Künstler und Diplomaten, auch russische Adelige. Nach dem Revolutionsjahr 1918 und der Weltwirtschaftskrise zeigte sich in der Tegernsee-Society eine starke jüdische Präsenz, und dann folgten eben die »Braunen Bonzen« und mit ihnen vermutlich auch das »Lago«-Attribut. Ausgerechnet St. Quirin, das Dörflein mit der frommen Überlieferung vom wundersamen Quirinus-Brünnlein, wurde zu einem Kräftefeld nationalsozialistischer Prominenz. Max Amann, im Ersten Weltkrieg als Vizefeldwebel der Vorgesetzte Hitlers und später von ihm zum »Reichspressechef« erhoben, kam an den See, riss das verträumte Angermann-Gütl ab und erbaute eine Villa, die als Bildungszentrum der Bayerischen Staatsregierung jetzt unter Denkmalschutz steht, weil sich in ihrer Architektur das Machtgehabe der NS-Herrenmenschen spiegle, wie es heißt.

Die Villa von Hitlers Reichspressechef in St. Quirin ist jetzt Bildungszentrum der Bayerischen Staatsregierung

Oberhalb der Amann-Villa erbauten Adolf Müller und der »Reichsparteischatzmeister« Franz Xaver Schwarz ihre Landhäuser und zwischen St. Quirin und Gmund siedelte sich Heinrich Himmler an. Obwohl er als Reichsführer-SS und deutscher Polizeichef in der NS-Hierarchie weit über Amann stand, begnügte sich Himmler mit einem bescheidenen Landhaus, das ihm der Kammersänger Alois Burgstaller verkaufte oder verkaufen musste. Und in diesem Karree fühlte sich Hitler irgendwie daheim. Nach dem

Selbstmord seiner geliebten Nichte Geli Raubal verließ Hitler in tiefen Depressionen sogar seine Münchner Suite und wohnte zeitweise in St. Quirin bei Drucker Müller und der fröhlichen Lotte.

Im Erscheinungsbild, so wie sie im Tegernseer Tal wahrgenommen wurden, waren sie alle Biedermänner, die keiner Fliege etwas zu leide tun können. Himmler lobte, wie sein Leibarzt Kersten berichtete, die buddhistischen Mönche, die bei ihren abendlichen Gängen durch den Wald »ein Glöcklein bei sich tragen, um die Tiere zum Ausweichen zu veranlassen«, während bei uns auf jeder Schnecke herumgetrampelt werde… Diese »Ehrfurcht« vor der Kreatur hinderte ihn allerdings nicht, für seine ganz persönliche KZ-Außenstelle Valepp Häftlinge aus Dachau anzufordern, die nach dem Anschluss Österreichs jahrelang ein ehemaliges Zollhaus an der Grenze zu Tirol für Himmler zum Jagdhaus umbauen mussten.

Die US-Streitkräfte wussten, wo die Nazi-Größen wohnten und geraubte Kulturgüter versteckten

Die nach Süden vorrückenden US-Streitkräfte waren durch die Vernehmung von Gefangenen, abgefangene Post und Agenten in zahlreichen Details über die Situation jenseits der Frontlinien informiert. Sie wussten beispielsweise, welche geraubten »Kulturgüter der Menschheit«, darunter Gemälde von Leonardo da Vinci, Raffael und Rembrandt, der Generalgouverneur für Polen, Hans Frank auf seiner Flucht vor der Roten Armee in den Westen gebracht und in seinem Bauernhof am Schliersee versteckt hatte; auch die Existenz der KZ-Außenstelle Valepp war ihnen bekannt. Ob es sich bei der vom NS-Regime propagierten »Alpenfestung« um eine Fiktion handelte, konnten die Alliierten freilich bis Kriegsende nicht ausschließen, aber der »Lago di Bonzo« dürfte in ihren strategischen Überlegungen eine Rolle gespielt haben: eine »Alpenfestung« in den Bergen südlich des Tegernsees als Fluchtburg für die Nazi-Prominenz, das war durchaus denkbar.

Aber es gab sie nicht, die »Alpenfestung«, und mit der Kapitulation der 17. SS-Panzergrenadierdivision »Götz von Berlichingen« am 6. Mai 1945 in den Kreuther Bergen endete der Zweite Weltkrieg auf deutschem Boden. Seit der Invasion der Alliierten in der Normandie im Juni 1944 bis zu den letzten Gefechten im Tegernseer Tal stand diese Division der 7. US Army unter General Patton gegenüber. Sie war 1943 aufgestellt worden – auf dem Papier, ganz einfach, per »Führerbefehl« – und musste aus Ersatzbataillonen und Rekruten zusammengewürfelt werden. Das Durchschnittsalter in der Division lag gegen Kriegsende bei 19 Jahren. Die Division »Götz von Berlichingen« wurde ohne Gefechtserfahrung in die Abwehrkämpfe gegen Pattons Armee geworfen und nahm in anhaltenden und schweren Rückzugsgefechten ihren Weg quer durch Frankreich und das Rheinland nach Nordbayern, von

Biedermänner

Himmler zeigte sich am Tegernsee gern in der Lederhose, mit Lodenjoppe und Gamsbart. Im Hintergrund Reinhard Heydrich, der mit der »Endlösung der Judenfrage« beauftragt und auf der Wannsee-Konferenz 1942 zum Planer des Holocaust bestimmt wurde. Das Bild zeigt die beiden im Jahr 1936 in Rottach-Egern beim Richtfest für die Villa des SS-Generals Karl Wolff, Chef des persönlichen Stabes Reichsführer SS und einige Jahre Himmlers Adjutant.

dort bei Ingolstadt über die Donau in den Raum Augsburg-Starnberg und weiter nach Bad Tölz – bis zuletzt mit dem Auftrag, die Alpenübergänge nach Tirol zu verteidigen: Scharnitz im Isartal, den Achenpass südlich von Kreuth und den Übergang Bäckeralm vor Thiersee/Kufstein. Die bis zuletzt intakte Waffen-SS-Division, die schließlich in das Tegernseer Tal abgedrängt wurde, zählte bei Kriegsende noch etwa 15 000 Mann.

Im Mai 1945 lagen etwa 4000 Verwundete in Lazaretten im Tegernseer Tal

Das war die Situation, als der Zweite Weltkrieg auf seine Weise im Tegernseer Tal zu Ende ging: Die Amerikaner nahmen in den ersten Maitagen 1945 eine von Westen nach Osten verlaufende Frontlinie im Oberland ein. Das Tegernseer Tal, in dem die Division »Götz von Berlichingen« stand, glich einer Lazarettstadt: Etwa 4000 Verwundete lagen in Reservelazaretten, die im Tegernseer Schloss und in großen Hotels wie »Überfahrt« oder »Bachmair am See« eingerichtet worden waren. Hinzu kamen Luftkriegs-Evakuierte und Flüchtlinge, die im Tal Zuflucht gesucht hatten. Ohne die kampflose Übergabe, das war beiden Seiten klar, hätte ein Blutbad ohnegleichen gedroht. Für die US-Kampfstaffeln auf Feldflughäfen bei München lagen Einsatzpläne zur Bombardierung des Tals vor; eine im Raum Gmund stationierte US-Artillerieeinheit hatte den Befehl, zur Stunde X Tegernsee auszulöschen (»to reduce Tegernsee to rubble«).

Am Morgen des 30. April 1945 fragte der Rottacher Bürgermeister Engelsberger, im Einvernehmen mit seinen Tegernseer und Wiesseer Kollegen, den Schweizer Vizekonsul Frei, der mit seinem Stab wegen der Luftangriffe auf München gleichfalls in das Tal evakuiert worden war, ob er den Amerikanern ein Kapitulationsangebot überbringen würde – ein Schritt, mit dem die Bürgermeister Standgericht und Todesstrafe riskierten. Der Schweizer Diplomat willigte ein, traf in Holzkirchen den Kommandeur der US-Vorhut und erreichte, dass die Amerikaner auf die Bombardierung des Tals verzichten wollten, wenn sich die SS-Division kampflos in die Berge zurückzog. In der Nacht vom 2. auf den 3. Mai 1945, dann auch tagsüber, kam es immer wieder zu Gefechten, die Hauptkampflinie verlief jetzt vom Südrand Gmunds zum Nordrand Bad Wiessees, am Ostufer in Höhe St. Quirin.

Vizekonsul Frei überbrachte dem SS-Divisionskommandanten Bochmann im Gefechtsstand bei Glashütte die Bedingungen der Amerikaner. Bochmann sagte den Rückzug seiner Truppen aus den Lazarettschutzzonen

Lazarette im Tegernseer Tal
Auf dem »Lageplan« sind mit rotem Kreuz die Reservelazarette verzeichnet, die zum Kriegsende u.a. im Tegernseer Schloss sowie in den großen Hotels wie »Überfahrt« und »Bachmair am See« eingerichtet wurden und in denen über 4000 Verwundete versorgt werden mussten.

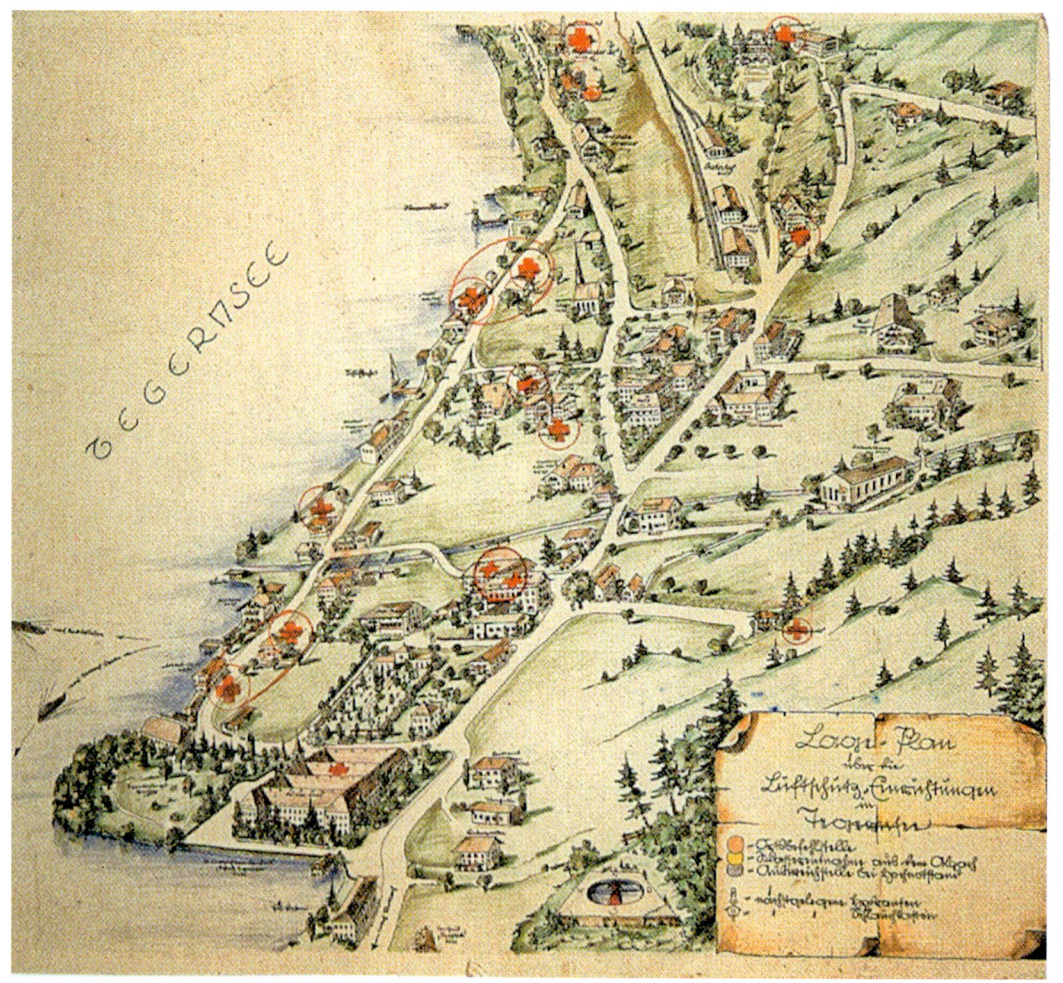

Tegernseer Tal zu. Voraussetzung: die US-Truppen stellen das Feuer ein. Am Abend des 3. Mai wollten drei freiwillige Parlamentäre, der Chefarzt Karl Friedrich Scheid, der Dolmetscher Paul Winter und Oberleutnant Franz Heiss aus Tegernsee, den Amerikanern die Erklärung Bochmanns überbringen. Sie hatten einen SS-Passierschein, wurden aber nach Überschreiten der deutschen Kampflinie am nördlichen Ortsausgang von Bad Wiessee von hinten niedergeschossen, ob von SS-Leuten oder von versprengten Armeeeinheiten, konnte nicht geklärt werden. Winter war sofort tot, Scheid und Heiss erreichten mit ihrer Botschaft noch die amerikanische Vorhut. Scheid starb kurz darauf in einem US-Feldlazarett, allein Heiss überlebte seine Schussverletzungen.

Handschlag und Ehrenwort: Kampflose Übergabe ohne Blutvergießen

In der gleichen Nacht machten sich am Ostufer Major Hannibal von Lüttichau und der Tegernseer Bürgermeister Müller mit zwei Begleitern auf den Weg, um mit dem US-Kommando in St. Quirin über die kampflose Übergabe zu verhandeln. Lüttichau, Ritterkreuzträger und Kommandeur eines Panzerregiments, wurde durch einen Granatsplitter am Kopf verwundet und war als Rekonvaleszent in einem Tegernseer Lazarett. Er konnte kein Angebot der SS-Division vorweisen und handelte ohne Legitimation. Lüttichau ist in dieser Stunde ein Hasardeur, der auf die Überraschung setzt – und sie gelang ihm dann auch: Lüttichau, ein Hüne von Gestalt, mit Kopfverband, in Offiziersuniform mit Ritterkreuz, in den Händen eine weiße Fahne und eine Windlaterne, geht am Ortsrand von St. Quirin auf den ersten US-Panzer zu und ruft »Hallo!«, einfach nur »Hallo!«. In seinen Aufzeichnungen liest sich die folgende Szene so: »Ein amerikanischer Soldat trat aus dem Dunkeln, rief ebenfalls ‚Hello' und im Handumdrehen gesellten sich mehrere amerikanische Soldaten um uns herum; aus dem Panzer stieg ein etwas verschlafener Soldat, der sich als Führer der Sicherungsgruppe entpuppte…«. Es ist der Second Lieutenant Dick Dougherty, damals 29 Jahre alt, der wie Lüttichau und die Parlamentäre vom Westufer in dieser Nacht in die Geschichte des Tegernseer Tales eingehen sollte. Als ihm Lüttichau die Verhältnisse in der »Lazarettstadt Tegernseer Tal« in aller Eindringlichkeit schildert, versichert Dougherty, dass er Tegernsee »nur als Durchzugsort« behandeln werde: ein Handschlag, ein Ehrenwort in einer Schicksalsstunde…

Das Schicksal der Massenmörder und Kriegsverbrecher vom Tegernsee

Heinrich Himmler, der Hausbesitzer aus St. Quirin, war, als das Dritte Reich kapitulierte, verkleidet in Niedersachsen auf der Flucht, geriet in alliierte Gefangenschaft und beging am 23. Mai Suizid. Der »Reichspressechef« Amann kam in St. Quirin den Amerikanern mit erhobenen Händen entgegen,

Einmarsch der Amerikaner
Zivilisten, die während des Krieges militärische Operationen oder Objekte fotografierten, gingen ein hohes Risiko ein – Deutsche wie Amerikaner kannten da kein Pardon. Und so dürfte dies die einzige Aufnahme vom Einmarsch der Amerikaner in das Tegernseer Tal sein: Panzerfahrzeuge am Gmunder Gasteig, aus einem Gardinenspalt heraus fotografiert von einem Mieter im Anwesen Stecher.

in seine Villa zog General Patton als US-Militärgouverneur von Bayern ein, am Schliersee wurde Hans Frank verhaftet, um dann als Hauptkriegsverbrecher in Nürnberg vor Gericht gestellt, zum Tode verurteilt und hingerichtet zu werden. Druckereibesitzer Müller, Hitlers Freund und Gastgeber, wurde am 23. Mai 1945 in seiner Zelle im Gefängnis München-Stadelheim erhängt aufgefunden. Schatzmeister Schwarz starb 1947 in einem Regensburger Internierungslager nach Befragungen zum Verbleib von Parteikassen.

Das Kriegstagebuch der SS-Division »Götz von Berlichingen«: ein einmaliges zeitgeschichtliches Dokument

In den Kreuther Bergen, im Gefechtsstand am Achenpass, verkündete SS-Divisions-Kommandant Bochmann am 6. Mai 1945 seinen Einheiten die Kapitulationsbedingungen, die von der 7. US-Armee festgelegt worden waren: Übergabe der Waffen, Abmarsch in die Gefangenenlager im Tegernseer Tal. Es ist sein letzter Tagesbefehl, der zusammen mit etwa 10 000 Dokumenten, dem so genannten Kriegstagebuch der Division, irgendwo bei Glashütte in einer Metallkiste vergraben wird. Die Kiste, die mit dem Kriegstagebuch das »geheime Gedächtnis« der Division bewahrt, wird erst Jahrzehnte später von Sondengängern im Weißachtal wieder entdeckt. Die Blätter sind unversehrt, sie stellen das einzige komplett erhaltene Kriegstagebuch einer Einheit der Deutschen Wehrmacht und der Waffen-SS dar, ein einmaliges zeitgeschichtliches Zeugnis.

Die Eintragungen auf der letzten Seite, eben jener Kapitulations-Tagesbefehl vom 6. Mai 1945, schließen mit den Worten des Kommandanten Bochmann: »Ich erwarte, dass das letzte geschlossene Auftreten der Division ihren bisherigen Kampfleistungen würdig ist. Der Anzug ist vorher in Ordnung zu bringen. Fantasieanzüge sind verboten. Durch straffe Haltung, Disziplin, Marschordnung etc. ist der ungebrochene Wille zum Aufbau eines neuen Deutschland kundzutun.«

Der Krieg ist aus
Die Symbolik dieses dem Kreuther Heimatbuch entnommenen Fotos und sein zeitgeschichtlicher Wert mögen die schlechte Bildqualität aufwiegen.

Kriegstagebuch
Der Tagesbefehl des Kommandanten Bochmann vom 4. Mai 1945 aus dem Kriegstagebuch der SS-Division »Götz von Berlichingen«

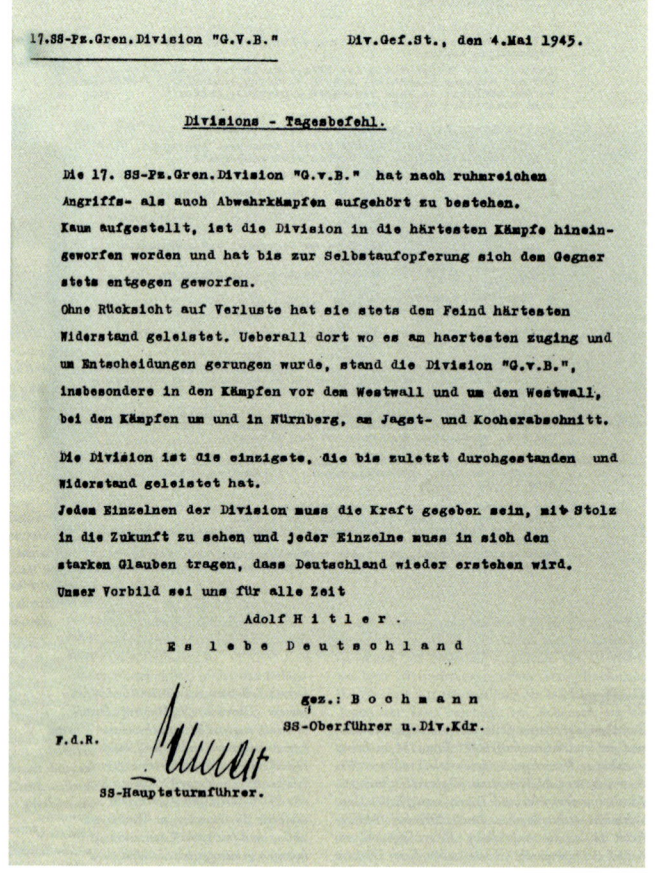

Das Gymnasium Tegernsee

Werner Oberholzner

Das Gymnasium Tegernsee in einem Teil der ehemaligen Benediktinerabtei verweist gerne auf das im Jahr 746 gegründete Kloster als seinen ideellen Vorgänger. Man ist stolz, da unterrichten und lernen zu dürfen, wo über Jahrhunderte das kulturelle Zentrum des Tals den Sitz hatte, wo schon in mittelhochdeutscher Zeit Kultur weit nach Deutschland hinein ausstrahlte und Bildung, Wissenschaft und Unterricht eine wesentliche Rolle spielten.

Nach dem Zweiten Weltkrieg wurde der Unterricht an den Gymnasien in Miesbach und Bad Tölz wieder aufgenommen; die Gymnasiasten des Tegernseer Tals mussten wie früher sehr weite Wege fahren. Im Frühjahr 1946 schlossen sich daher die fünf Talgemeinden zu einem Zweckverband zusammen, mit dem Ziel, eine höhere Schule im Tegernseer Tal zu gründen. Ostern 1946 öffnete im Sengerschloss – heute Hotel »Das Tegernsee« – die Verbandsoberrealschule Tegernsee ihre Pforten für die ersten 400 Schüler, und am 30. Juni 1949 gab das Kultusministerium die Errichtung des Staatlichen Gymnasiums mit Oberrealschule in Tegernsee bekannt.

Ein Standort »mit kultur- und kunstorientierter Ausstrahlung«

Ein Dauerproblem blieben die altersbedingten Schäden des Gebäudes, doch im Juli 1976 stimmte der Bayerische Landtag für den Ausbau des Schlosses. Man sah eine günstige Ausgangslage »für ein hervorragendes Gymnasium (…) mit kultur- und kunstorientierter Ausstrahlung auf das Tegernseer Tal«. Die Planungen dauerten von 1976 bis 1979. In dieser Phase erwarb der Freistaat Bayern den Ost- und Südflügel des herzoglichen Schlosses. Der Architekt kam auf die gelungene Idee, eine Glasfassade in den Klosterinnenhof zu versetzen und so Altes und Neues zu verbinden. 1981/82 wurde die Turnhalle jenseits der Bundesstraße gebaut.
Im Jahr 2007 wurde eine großzügige neue Mensa mit Frischküche eingefügt, die den Anforderungen des verstärkten Nachmittagsunterrichts Rechnung trägt. Mit interaktiven Tafeln, Beamern und Dokumentenkameras wurden die Klassenzimmer auch technisch auf einen modernen Stand gebracht.

Der Blick auf alte Lehrer- und Klassenfotos beweist den personellen Wandel: War das Gymnasium früher eine recht männliche Domäne, stellen inzwischen die Mädchen die Hälfte der Schüler, das Kollegium ist zu mehr als 60 Prozent weiblich.

Auch die Inhalte haben sich geändert: Aufgrund fehlender Nachfrage wurde erst auf den humanistischen Zweig, dann auf Latein als erste Fremdsprache verzichtet; dafür

wurde im Jahr 2008 ein moderner Fremdsprachenzweig angefügt. Neuere Schwerpunkte, wie die »Partnerschule des Wintersports« oder die Orchesterklasse tragen zum Profil bei. Das Gymnasium ist Gastgeber bei der Tegernseer Woche, beim Tegernseer Bergfilmfestival, bei den Tegernseer Wissenschaftstagen und bei Konzerten und anderen Veranstaltungen. Die schuleigenen Ensembles – Chöre, Orchester und Theatergruppen – bereichern das kulturelle Leben.
Mit der Eröffnung des Gymnasiums Holzkirchen 2013/2014 kamen auf das Gymnasium Tegernsee neue Herausforderungen hinzu.

Tegernseer Land – Bauernland

Heuernte über dem Tegernsee im Nachkriegsjahr 1947. Ein heraufziehendes Gewitter zwingt Männer und Rösser zur Eile.

Almen und Almwirtschaft

Alfred Ringler

Almen gehören zu den Tegernseer Bergen wie das Kloster zum See und die Sennerin zum Kaser. Ihre Anziehungskraft auf Wanderer, Touristen und Bergsportler ist geradezu magisch. Vor den Almhütten drängen sich die Biker in ihren bunten Klamotten. Jeder Gipfelanstieg, ob zum Wallberg, Hirschberg, Rossstein oder Risserkogel, führt über Almböden, vorbei an Sennhütten, die zum Verweilen einladen.

Almen besetzen die Talterrassen der Weißach, Langen Au und Rottach (Siebenhütten, Sutten-, Wechsel-, Moni- oder Vorderalm), Sättel, Pässe und uralte Bergübergänge (Kühzagl-, Wild- Schwarztennalm), Hangmulden (Duslau-, Stolzen- und Sonnbergalm), aussichtsreiche Kämme und Gipfel (Baumgarten-, Rauheck-, Kreuzbergalm, Ableitenalm mit Grubereck-Gipfel). In den hochgelegenen Gletscher-Karen z.B. am Hirschberg, Wallberg und Risserkogel verschmelzen sie zu großen Weidelandschaften. Niederalmen, auf denen das Vieh Beginn und Ende der Weideperiode verbringt, sind oft Inseln im Wald. Hochalmen sind meist viel größer und reichen vom Karboden bis zum Gratl oder gar zum Gipfel hinauf (Ableiten-, Rossstein- oder Rauheckalm). Sie bieten das gesamte Spektrum der alpinen Biotope vom Moor und Amphibientümpel über die Lahnerfluren bis zum alpinen Rasen, zur Alpenrosenheide und Felsflur.

Landschaftliche Vielfalt, Raritäten der Pflanzen- und Tierwelt

Auf den Almen finden sich verwunschene Bergseen (Röthensteiner und Riedereck-Alm), ausgedehnte blumenreiche Buckelwiesen (Königsalm), verträumte Parklandschaften mit spitzkronigen Hochlagenfichten (Blankensteinalm), geheimnisvolle Wasserschlucklöcher und periodisch wassergefüllte Karstmulden (Siebli-Alm, Höllache auf der Riedereckalm, Wildalm), orchideen- und enzianreiche Magermatten von berückender

Ableitenalm
Eine der am schönsten gelegenen, für die Landwirte wie den Historiker gleichermaßen interessantesten Almen im Tegernseer Tal: die Ableitenalm unterm Risserkogel (1450 m). Das Foto stammt aus den 1960er Jahren.

Farbigkeit (Höllei-, Bernau-, Ableiten-, Sonnbergalm), zauberhafte Hoch- und Quellmoore (Schwarztennalm, Oberhuder, Wildalm, oberes Rottachtal) und zahlreiche botanische Raritäten. Auf der Sindelsdorfer Alm oder den Wallbergalmen beispielsweise wandert man an absoluten Raritäten wie Mariengras *(Hierochloeodorata)* und Süßdolde *(Myrrhisodorata)* vorbei, ohne etwas davon zu ahnen. Selbst die Almunkräuter wie die Silberdistel, die riesige Wolldistel *(Cirsiumeriophorum)*, der stattliche Gelbe, Punktierte und Ungarische Enzian tragen zur Verschönerung der Landschaft bei und schmücken den Herrgottswinkel in der Hütte.

Auer-, Birk- und Haselhühner profitieren von der almbedingten Lichtstellung der Hochlagenwälder, von den waldfreien Balzplätzen auf Kämmen und Rücken, vom »Daubeer«- bzw. Heidelbeer-Gestrüpp auf den bodensauren Almböden. Murmeltiere (»Mankei«) sind richtige Almfolger, der Zitronengirlitz schätzt die Parklandschaften an der Wald-Weide-Grenze. Wanderfalke und Steinadler jagen auf den Almböden.

Futtergrundlage im Überlebenskampf

Die Sommerfrische des Talviehs war ursprünglich viel mehr: unverzichtbare Futtergrundlage im Überlebenskampf des Menschen, der sich einerseits gegen Naturgewalten und Wetterunbilden, andererseits gegen den Druck und die Willkür der Grundherrschaft wehren musste. Beinahe jeder Grashalm wurde auf den Bergmähdern und »Lahnerwiesen« (grasige Lawinenhänge oberhalb des Almbodens) gesichelt, gemäht oder gar vom Felsband gerupft. Die Talflächen wurden für den Getreide- und Winterfutterbau gebraucht. Drunten hätte man das Vieh im Sommer nicht ernähren können. Auftreiben durfte man nur so viel, wie man im Tal über den Winter bringen konnte.

Es ist nicht selbstverständlich, dass sich die Almbauern auch heute noch für ihre Almen engagieren, die trotz Fahrweg-Erschließung immer noch sehr abgelegen sind. Viele Probleme sind geblieben oder neu hinzugekommen: Viehseuchen und Parasiten (Rauschbrand, Leberegel, Rinder-Tbc usw.), Abstürze, Blitzschlag und sommerliche Wintereinbrüche, abrutschende Fahrwege, Hakeleien zwischen Rindern und Bergradlern, bisweilen ein ungebetener Gast im Wolfs- oder gar Bärenpelz, der den Bergschafen das Leben schwerer macht. Almförderung und züchterische Argumente (bessere Lebens- und Milchleistung der Kühe, Sömmerung als Schwangerschaftsgymnastik usw.) reichen als Motivation wohl nicht aus. Auch nicht die Senkung der Nutzungsintensität auf den Talflächen, die höhere Zahlungen aus der »Zweiten Säule« (umweltbezogene Förderprogramme der EU-Agrarpolitik) auslöst.

Tradition und ererbte Rechte

Wichtiger ist wohl das Festhalten an der Tradition und den ererbten Rechten. Eine Alm, die seit Jahrhunderten vom gleichen Hof bewirtschaftet und 1072 oder 1348 erstmals erwähnt wurde wie die »Veldalm« im Wallberggebiet oder die Baumgartenalm bei Tegernsee, gibt man nicht so leicht aus der Hand. Schon gar nicht in die Hand einer Obrigkeit, gegen die man die Weide- und Forstrechte jahrhundertelang verteidigen musste. Im Tegernseer Raum ist der Anteil der Almen im Volleigentum der Nutzer höher als anderswo. Nur hier konnten sich die Bauern der vormaligen Klosteralmen die »Purifikation« erkämpfen, d.h. alle Almen und ein Teil der tiefer gelegenen Wälder

Auf der Königsalm
Sepp Gottfried und seine Frau Resi, Austragler vom Bartlbauern in Schaftlach, sind seit 1998 Senner auf der Königsalm. In ihrer Obhut sömmern alljährlich über 90 Stück Vieh.

gingen ins Hofeigentum über. Die vom Kloster auf das Forstärar (den staatlichen Forst) übergegangenen Berggrundflächen wurden nach der Säkularisation (1803) bei der Kgl. Bayerischen Forstpurifikation nicht beseitigt und sind bis heute gültig. Vorher hatte die Klosterordnung streng darauf geachtet, dass die Regelung der Almweiderechte nach Ort, Zeit und Stückzahl eingehalten wurde. Übergriffe wurden bei schweren Vergehen bis zur Viehpfändung bestraft.

Obwohl die lange Klostergeschichte auf vielen Almen bis heute durchscheint, hat jede Alm ihre eigene Historie und ihre eigenen Geschichten. Auf der Baumgarten war es der legendäre einarmige Senner, auf der Neureuth waren und sind es die Tegernseer Bergturnfeste, auf dem »Boareibi« (Bayr-Alpl) ganz hinten in den Kreuther Bergen das Volksliedersammeln durch den Kiem Pauli und Professor Kurt Huber, der mit den Geschwistern Scholl 1943 in München hingerichtet wurde. Noch heute hört man den »Boareibi-Jodler« im ganzen Alpenraum, den glockenreine Frauenstimmen den beiden Forschern ins Notenbuch sangen.

Die ältesten Almen waren wohl schon in vorrömischer Zeit genutzt. Meist sind sie aber zumindest spätmittelalterlichen Ursprungs. 1427 verzeichnet das Salbuch des Klosters Tegernsee 43 Almen und 93 zugehörige Talbauernhöfe. Einige tiefer gelegene Almen wie etwa im Söllbachtal sind später entstanden (Söllbachau, Scheibenau) oder wurden aus früheren Talhöfen oder Schwaigen (entlegene milchverarbeitende Betriebe des Klosters) umgewidmet.

Die historische Almromantik der Ölbilder, Schnaderhüpfel und Wilderergeschichten ist vergangen, doch die Mühsal der Altvorderen steckt heute noch in der Almkulturlandschaft. Sie ist ein Lesebuch der Kultur- und Heimatgeschichte: Die Buchstaben sind spezielle Almböden, die es ohne jahrhundertelange Rodung und Weide so nicht gäbe, aufgeschichtete, oft uralte Wegetrassen, Klaubsteinmauern, denkmalgeschützte Hütten aus dem 18. Jahrhundert, ein Almanger.

Der Arbeitstag auf der Alm ging von der Taglichte bis zum Dunkelwerden

Wie sah der Tagesablauf einer hiesigen Sennerin in den 1950er Jahren aus, als kein Fahrweg auf die Alm führte? Das Vieh war nachts draußen (weniger Fliegenplage, vom Nachttau benetzte Almpflanzen). Bis die Kühe gegen sieben Uhr zur Hütte kamen, war schon frisch gebuttert, der Kühbub und Almputzer waren versorgt, der Topfen aus der Zarg genommen und das Melkgeschirr – Sechter, Zentrifuge und Butten – für die Stallarbeit vorbereitet. Waren die Tiere tagsüber im Stall, bekamen sie ihr Miad (Gemisch aus Salz, Kleie und Heublumen) und wurden gemolken. Die Milch musste noch kuhwarm zentrifugiert werden; gleich anschließend bekamen die Kälber die warme Magermilch. Der Rahm wurde zur Reifung in den Keller gebracht und die restliche Magermilch in der Butten zur Topfenreifung aufgestellt. Am späten Nachmittag wurde wieder handgemolken, zentrifugiert, die Kälber getränkt und das Vieh ausgetrieben. Der Kühbub musste vo'treibn, das heißt, die Herde jeden Tag an andere Weideplätze führen, bei schlechtem Wetter in den Grobwedawinkl, bei trockenem Wetter auf die steileren Hänge. Dann war der ganze Stall sauber zu machen, das Melkgeschirr zu waschen – das alles ergab eine Arbeitszeit von der Taglichte bis zum Dunkelwerden. Nebenbei mussten auch noch die Wassertröge sauber gehalten werden, die Auskehren im Weg freigeputzt, Steine zusammengelegt, Unkraut gemäht,

Heutrager
Früher waren viel mehr Milchkühe auf unseren Almen, die höhere Ansprüche an das Futter stellten. Deshalb wurden auch der Almanger und die graswüchsigen, schwer beweidbaren Steilhänge, z. B. die Lahner am Setzberg, gemäht. Einzelne Almanger werden bis heute gemäht und liefern Reservefutter und Schlechtwetterheu für das Jungvieh.

geschwendet, gereutet und vielleicht mussten auch noch Gäste versorgt werden.

Das ist vorbei. Almwirtschaft ist keine rein landwirtschaftliche Veranstaltung mehr. Almen sind in unserer Zeit ebenso dem Naturschutz und der Freizeitlandschaft verpflichtet. Wahrscheinlich waren sie noch nie eine romantisch heile Welt, heute sind sie es noch weniger. Die staatliche Förderung hat zwar die Zahl der bewirtschafteten Almen und deren Bestoß seit 30 Jahren stabilisiert, hat Hüttenrestaurierungen, Neubauten, Wegebau und Schwenden ermöglicht, aber in den Jahrzehnten zuvor war die Weide-(rechts)-fläche auf ein Fünftel bis ein Zehntel geschrumpft. Ehemalige Lichtweiden sind z.B. oberhalb von Bad Wiessee nur mehr als junge Laubwaldinseln im Fichtenforst oder als Fichteninseln im Bergmischwald erahnbar.

Ohne Almen wäre die Fläche der offenen Kulturlandschaft um 25% kleiner

Im Kreuther Forstamtsbereich waren im 18. und 19. Jahrhundert 115 Almen registriert, heute sind noch 89 beweidet, manche davon aber als eigene Almen längst aufgelassen und anderen Almen zugeschlagen. Für 1 Kuhgras (Weide für 1 Kuh in 100 Weidetagen) standen in den Kreuther Bergen einst 0,68 ha Lichtweide und 15,59 ha Waldweide zur Verfügung. Mit der Ablösung der Waldweide entfielen rechnerisch nahezu 95% der weideberechtigten Fläche. Auch der Almbestoß (= Viehauftrieb) hat sich stark verändert. Auf die waldweidebereinigten Almen des Forstamts Kreuth wurden 1975 655,5 Kuhgräser aufgetrieben, 1996 aber nur mehr 346,0. Der Milchkuh-Auftrieb hat sich von 1951 bis 1980 um 75% vermindert, der Jungviehauftrieb verdoppelt. Gemolken und gekäst wird nur noch auf wenigen, z.B. der Bucher- und der Königsalm (s. Abb. unten).

Flächenmäßig ist die offene Kulturlandschaft der Tegernsee-Gemeinden ein sehr knappes Gut. Sie bedeckt nur mehr 18% des Gesamtareals. Würden die Almen verschwinden, wäre sie um weitere zwölf Quadratkilometer oder 25% kleiner. In Kreuth liegen immerhin 52% der landwirtschaftlichen Nutzfläche in der Almregion, in Rottach-Egern etwa 30%. Ohne die Futterreserve im oberen Stock müsste der Nutztierbestand gebietsweise um ein Drittel reduziert werden. Damit wäre die Aufgabe von Talhöfen und -flächen verbunden. Dies würde die weitere Zersiedlung des Talraums fördern, die in Bad Wiessee und Rottach-Egern längst die kritische Grenze überschritten hat.

Almabtrieb
beim »Dersch« in Rottach-Ellmau

Auf der Bucheralm
Die Sennerin von der Bucheralm hat frisch gebuttert.

Wild, Wald und Wildschützen
Begebenheiten aus der wahren Welt der Wilderer

Michael Heim

Wenn es Statistiken über die Wildererdichte gäbe, stünde das Tegernseer Tal ganz weit vorn. Ein Grund ist die hochherrschaftliche Präsenz in den Wäldern und Bergen rund um den See. Erst waren es die Äbte mit ihren Jagdprivilegien, dann die Wittelsbacher, die immer wieder den kleinen Mann im Volk aufbegehren ließen. »Der gewöhnliche Bauernverstand will es einmal nicht begreifen, daß die Thiere welche frei im Wald und auf den Bergen herumlaufen, nur für die Passion einiger Hofcavaliere vorhanden sein sollen«, schreibt Heinrich Noé in seinem »Baierischen Seebuch« von 1865. Der Reiseschriftsteller fragt sich, warum hier das Wildschützenwesen stärker als anderswo verbreitet ist. Eine Ursache sieht er in den Gemeinden, die ihre Gebirgsjagden devot an die Krone und ihre mitunter gnadenlosen Jagdaufseher abgetreten hätten. Und so enthalten die Akten des einstigen Forstamtes Tegernsee zwar so manche Anregung für stimmungsvolle Heimatromane – Ludwig Thoma etwa fand hier die Vorlage für seinen »Jagerloisl« – noch viel mehr aber sind sie ein Spiegelbild von Provokationen und Brutalitäten – auch und vor allem von Seiten der Wilderer. Dies sind einige wahre Begebenheiten…

ZWINGMESSE

Leonhard Pöttinger, Bauernsohn zum Schidler in St. Quirin, kehrte nach einem Pirschgang am 29. Oktober 1861 nicht nach Hause zurück. Seinen Hut fand man am Wallberg, doch er selbst blieb verschwunden. Dass ihrem Sohn ein christliches Begräbnis versagt blieb, ließ die Eltern nicht zur Ruhe kommen. Um den Toten zu finden, beauftragten sie gegen gutes Geld Franziskanermönche, »Zwingmessen« zu lesen. Der Priester beschwört dabei einen Verstorbenen zu erscheinen und wahrheitsgemäß Fragen zu beantworten. Nach den ersten Messen berichteten die Geistlichen, der Leonhard habe mitgeteilt, dass er von rückwärts von einem Jäger in den Kopf geschossen worden sei. Bei weiteren Befragungen habe der aus dem Totenreich herbeigezwungene Wildschütz ein gutes Gedächtnis in finanziellen Fragen bewiesen und auf Gulden und Kreuzer genau angegeben, welcher Händler und Wirt ihm noch Geld für geliefertes Wildbret schulde. Die Mutter machte sich daraufhin ans Einkassieren und tatsächlich bezahlte so mancher erschrockene Wirt die Rechnungen aus dem Jenseits.

Gefunden wurden die sterblichen Überreste des Leonhard Pöttinger erst Jahrzehnte später, am 28. August 1897 bei Wegarbeiten am Riederstein. Den Hut hatte der Täter wohl absichtlich weit entfernt abgelegt, um eine falsche Spur zu legen. Nun lieferte die Kopfbedeckung einen ersten Beleg zur Identifikation: Im Bräustüberl setzten ihn Pöttingers

Wilderer auf dem See
Dem Gemälde liegt eine reale Wilderei zugrunde: Vor dem Ersten Weltkrieg schossen Wilderer im Kreuther Tal einen Hirsch und flüchteten mit der Beute im Boot über den See zum Gmunder Ufer. Wer fremdes Wildbret antastete, beging nicht nur ein Eigentumsdelikt, sondern riss Standesschranken nieder – über Jahrhunderte ein todeswürdiges Verbrechen.

Der kühne Lampl
alias Johannes Burger aus der Ruhmeshalle der Wildschützengilde, dem durch einen Sprung am Leonhardstein die Flucht vor den Jägern gelang, die ihn beim Wildern überrascht hatten.

Erinnerungstafel
für den Wilderer Leonhard Pöttinger am Riederstein in Tegernsee. Der Wilddiebstahl war in kargen Zeiten für viele einfache Menschen überlebensnotwendig.

Stammtischfreunde dem Totenschädel auf das bleiche Haupt. Er passte.

LAMPLSPRUNG

Der Lampl, alias Johannes Burger, ist in die »Ruhmeshalle« der Wildschützengilde buchstäblich eingeflogen – und das kam so: Er hatte oben am Leonhardstein eine Gams erlegt und wurde von Jägern überrascht. Mangels Alternative wählte er für die Flucht den Luftweg, warf den Rucksack mit der Gams über die steil abfallende Felswand, sprang hinterher, landete unversehrt in einem Fichtenwipfel und lief durch die Berge heim nach Reichersbeuern. Als später vor Gericht die dafür notwendige Zeitspanne nachgerechnet wurde, kapitulierte auch der Staatsanwalt: Unmöglich, dass ein Mensch so schnell rennen kann – Freispruch mangels Beweisen.

Sagenhaft muss auch die Frömmigkeit Burgers gewesen sein: Bevor er einen Wald zum Wildern betrat, kniete er nieder und sprach ein Vaterunser. Bei seinem Lieblingsspruch »Bluat vo da Gambs« (oft fälschlicherweise dem Jennerwein zugeschrieben) dürfte es sich eher um eine Art Jagdzauber gehandelt haben. Im Alter verfiel der Lampl in Depressionen – der Schnaps war schuld, dann familiäre Gründe – und so machte er mit dem getreuen Stutzen seinem Leben ein Ende.

JÄGERSCHLACHT VON 1833

Er geht immer noch in den Köpfen um, mitunter auch auf Theaterbühnen, der »Wilde Jaga von Gmund«: In Johann Baptist Mayer (1786-1834) lebt die Vorstellung von der Brutalität der Jagdherren fort, auch wenn jüngste Aktenfunde das Bild des Johann Mayer etwas aufhellen könnten. Mayer war königlicher Revierjäger in Gmund und soll sich gerühmt haben, er habe schon elf Wilderer erschossen und werde »das Dutzend auch noch vollmachen«. Der zwölfte Tote wäre der Menten Seppei von Hausham geworden, der tatsächlich am 13. November 1826 durch eine Kugel des Johann Mayer starb – eine Tragödie, die Jahre später weitere Menschen ins Unglück stürzte. Und dies ist chronologisch ihr Hergang, belegbar:

Ein Schlierseer Jäger schießt am 12. November 1826 in seinem Revier einen Hirsch an, der sich über die Reviergrenze ins Gmunder Revier schleppt. Der Schlierseer scheut eine Begegnung mit dem »Wilden Jäger« und bittet einen gutwilligen Burschen, Josef Hagenberger, genannt Menten Seppei, den Hirsch auf sein Revier zurückzuholen. Der Seppei macht das, wird beim Abtransport des inzwischen verendeten Hirschs von Mayer und einem Jagdgehilfen gestellt und die Nacht über in das Gmunder Jägerhaus an der Mangfall verbracht. Als Mayer den Gefangenen vor Tagesanbruch auf einem Pferdeschlitten zum Distriktgericht Miesbach bringen will, kommt es zu einem Zwischenfall, der mit dem Tod des Menten Seppei endet. Über den Ablauf gibt es zwei Versionen; die »volkstümliche« lautet: Der gefesselte und durch Schläge schwer verletzte Menten Seppei sei vom Schlitten gefallen und vom »Wilden Jäger« erschossen worden. In der zweiten Version hilft der Menten Seppei zunächst, das scheuende Pferd zu bändigen, versucht dann aber zu fliehen. Sinngemäß bringt Mayer vor: »Wenn ich auch in der Ausübung meiner Berufspflichten (…) das Pferd (…) mit einem Schuss verfolgte, der unglücklicherweise den Reiter traf…«

Der »Wilde Jäger« wird vom Vorwurf des Mordes freigesprochen; aus Akten und Korrespondenzen geht hervor, dass er sich gerichtlich gegen Verleumdungen zur Wehr setzen konnte, etwa gegen die Behauptung, er habe den Menten Seppei die Nacht über im Jägerhaus an das Stiegengeländer gefesselt und blutig geschlagen. Die Freunde des Toten, Bauernburschen von den Höfen zwischen Gmund und Hausham, vollstrecken Jahre später, am 11. November 1833, ihren eigenen Schuldspruch: Sie locken Mayer und zwei Jagdgehilfen in der Talsenke »Im Grund« nahe Ostin in einen Hinterhalt und schlagen mit Gewehrkolben auf die Jäger und Mayers gefürchteten Jagdhund »Donau« ein. Ein Gehilfe stellt sich tot, der Jagdgehilfe Nicolaus Riesch stirbt tags darauf, Johann Mayer erliegt nach monatelangem Siechtum am 16. Februar 1834 seinen Verletzungen. Er musste, so heißt es, auf den erlösenden Tod so lange warten, weil eine geweihte Hostie in seine Hand eingenäht war.

Die Freunde des Menten Seppei, vom Hund »Donau« im Abwehrkampf durch Bisse gezeichnet, mussten fliehen. Einige endeten im Zuchthaus, anderen gelang die Flucht nach Übersee; ihre Heimat sahen sie nie wieder.

JENNERWEIN

Es muss, wenn es um Wildschützen in den Tegernseer Bergen geht, also nicht immer der Jennerwein sein. Es ist dann aber doch der Girgel, der sich nach vorne drängt: der klangvolle Name, das Jennerwein-Lied und die Bühnenstücke, der Zufall, dass Fotografien existieren, die provozierend nach vorn gestellte Spielhahnfeder, der Schnurrbart… – und sein Tod: Wie seltsam, unsterblich zu werden durch einen Schuss in den Rücken. Aus dem realen Leben Jennerweins gibt es wenig zu berichten: 1848 in Haid bei Holzkirchen als Sohn einer ledigen Magd geboren, Holzarbeiter, Kriegsteilnehmer 1870/71. Wohnhaft in Schliersee, unverheiratet. Am 13. November 1877 wird »der bekannte Wildschütz Georg Jennerwein am Peißenberg im Revier Tegernsee mit zerschossenem Unterkiefer todt aufgefunden« (Zeitungsnotiz »Seegeist«, 1877).

Das sind die belegbaren Fixpunkte; dazwischen der Stoff, aus dem die Legenden sind:

Das Jagerhaus Gmund an der Mangfall war das Wohnhaus des königlichen Revierjägers Johann Baptist Mayer (1786-1834), besser bekannt als »Wilder Jager von Gmund« und Protagonist der »Jägerschlacht von 1833«. Das Jagerhaus ist heute das Heimatmuseum und Kulturhaus von Gmund, in dem Ausstellungen, Vorträge und Konzerte stattfinden.

Jägerschlacht von 1833
Aus Rache für den gewaltsamen Tod ihres Freundes Menten Seppei überfielen Bauernburschen den kgl. Revierjäger und seine Jagdgehilfen.

Georg Jennerweins Grab
mit der Fotografie des Wildschützen, der 1877 am Hohenpeissenberg bei Tegernsee mit 29 Jahren durch die Kugel des Jagdgehilfen Johann Pföderl starb. Das Jennerweinlied »Ein stolzer Schütz in seinen schönsten Jahren – er wurde weggeputzt von dieser Erd« wurde früher trotz Verbots bei Beerdigungen von Wilderern angestimmt.

Der Wilddieb als bayerischer Robin Hood, der durch die Wälder strich, die Jäger verhöhnte und die Sennerin Agerl verführte, die schon dem königlichen Jagdgehilfen Josef Pföderl versprochen war... Nach der Überlieferung kommt es im Frühjahr 1877 auf dem Holzhackerball im Gasthof Glasl in Oberach zu einer Begegnung zwischen den Männern: Jennerwein geht auf Pföderl zu, streicht ihm mit seinem Gamsbart quer über das Gesicht und sagt: »Siehgst Pförderl, söllers Kraut wachst in dein Garten, aber brocka tua's i!« So blumig spricht sich der Jennerwein sein eigenes Todesurteil.

Wildschütz Jennerweins Tod: viel Stoff, der zu Legenden wurde

Am 6. November 1877 pirscht Jennerwein am Peißenberg im Bodenschneidmassiv auf Gamswild, Pföderl ist ebendort unterwegs, um für den Dichter Kobell einen Gamsbock auszuwählen. Gegen zehn Uhr vernehmen Bauern unten im Tal einen Schuss, kurz vor ein Uhr nochmals zwei Schüsse. Vor Gericht stehen später zwei Versionen zur Diskussion: These eins: Pföderl schießt Jennerwein ohne Warnung von hinten nieder, also mit Vorsatz; These zwei: Die beiden stehen sich plötzlich gegenüber, Jennerwein dreht sich in Panik reflexartig um, Pföderl schießt ihm, gleichfalls in Panik und im Reflex, in den Rücken. Jennerwein verblutet.

Pföderl hastet ins Tal, kehrt nach einem Gespräch mit Forstwart Mayr zurück und täuscht offenbar den Selbstmord Jennerweins vor, indem er dem Toten mit dessen Gewehr in den Kopf schießt. Ein Bericht von der Auffindung Jennerweins besagt: »Die Leiche bot einen entsetzlichen Anblick. Der rechte Fuß war unbekleidet (…). Die große Zehe war in den Abzugsbügel des Gewehrs geklemmt, dessen Lauf auf das Gesicht des Toten gerichtet war…«

Freunde finden Jennerwein am 13. Tag und bringen den Leichnam nach Schliersee. Pföderl wird wegen »Vergehens der Körperverletzung« zu acht Monaten Gefängnis verurteilt und ergibt sich nach Strafversetzung in der Waldeinsamkeit der Valepp dem Alkohol. Die Grabstätte des Wilderers wird zur Pilgerstätte derer, die die letzten Zeilen des Jennerweinlieds wie ein Gebet zelebrieren:

Am jüngsten Tag da putzt ein Jeder
Ja sein Gewissen und sein Gewehr
Und dann marschiern viel Förster und
Auch Jäger
Aufs hohe Gamsgebirg zum Luzifer!

Georg Stöger-Ostin
schrieb 1946 die Erzählung über den Wildschützen und setzte ihm damit ein Denkmal, das ihn in der späteren Rezeption als Symbol des Widerstands gegen die Obrigkeit zur Legende machte. (s.a. S. 132).

Max Obermayer und das Simmentaler Fleckvieh

Beni Eisenburg

Max Obermayer
Auf den Weiden überall im Oberland erinnert das vertraute Fleckvieh an den 20. Tafernwirt von Gmund, der keine Mühe scheute, seine Ideen zu verwirklichen und an die 90 Reisen in die Schweiz unternahm, um Vieh zu kaufen, in die Heimat zu treiben und durch Zucht den heimischen Miesbacher Landschlag zu verbessern.

Als am 9. März 1832 der Metzgermeister und Tafernwirt Josef Obermayer von Gmund mit 49 Jahren starb, hinterließ er eine junge Witwe und acht unmündige Kinder. Die Witwe führte 18 Jahre allein die Wirtschaft. Ihr drittältester Sohn Max, geboren am 3. September 1821, hatte schon als Bub Freude an der Ökonomie. Er war aufgeweckt und ging der Mutter überall zur Hand. So kam er auch zum Fuchsbauern nach Schwärzenbach. Die beiden, wiewohl altersmäßig weit auseinander, vertrugen sich auf Anhieb. Als sie von den Vorzügen einer Schweizer Viehrasse, dem schweren, hellen Simmentaler Schlag hörten, fassten sie einen mutigen Plan: Sie wollten in die Schweiz reisen, einige Stück Vieh holen und damit durch Zucht den Miesbacher Landschlag – klein, braun, karg an Fleisch und Milch – verbessern.

Am 25. August 1837 spannten der 17 Jahre alte Max Obermayer und der 42-jährige Johann Fischbacher eine prächtige Rappstute vor ein Landwagerl ohne Dach und fuhren dem Allgäu zu. Am dritten Tag erreichten sie vor Einbruch der Dunkelheit nach weit über 400 Kilometern Wegstrecke das schweizerische Aarau im Kanton Aargau zwischen Zürich und Basel. Nach einem Ruhetag begann der nicht einfache Handel, doch bald hatten die zwei Gmunder im Aarauer Ländli und im Berner Oberland 18 Stück Vieh der schönsten Simmentaler Rasse erstanden, darunter zwei schwere Ochsen und einen 17 Zentner schweren Zuchtstier.

20 Stück Vieh und ein Zuchtstier in 35 Tagen von Aarau nach Gmund

Wegen des weiten Weges mussten die Tiere alle beschlagen werden. Abwechselnd fuhr einer voraus zum Quartiermachen, der andere zog mit der Herde nach. War am Tag die Hitze zu groß, musste bei Nacht getrieben werden. Täglich wurden sechs bis sieben Wegstunden zurückgelegt. Über Zürich, Winterthur, St. Gallen ging es nach Bregenz und Lindau, dann über das Allgäu der Heimat zu. Die Reise kostete viel Geld. Als sie viel bestaunt in Tölz ankamen, hatte Obermayer nur mehr einen Groschen im Lederbeutel. Der alte Schaftlerbräu-Pauli rief auf der Tölzer Isarbrücke dem Obermayer zu: »Wirtsbua, was kosten deine Ochsen?« Der junge Obermayer zögerte nicht lange; für 500 Gulden wurden die zwei Prachtstücke tölzerisch. Fischbacher war unterdes vorausgefahren und hatte die Ankunft in Gmund gemeldet. Als sie am 8. Oktober 1837, nach 35 Tagen, in Gmund einzogen, säumten viele Neugierige die Straßen. Von welch nachhaltiger Bedeutung die beschwerliche Reise sein sollte, konnte noch keiner abschätzen.

Max Obermayers an die 90 Reisen zum Viehkauf ins Land der Eidgenossen

Schon im Jahr darauf verstarb Johann Fischbacher. Max Obermayer indes reiste erneut ins Berner Oberland zum Viehkauf, und zwar von 1838 bis 1870 jährlich einmal, von 1870 bis 1890 sogar zweimal. 1852 heiratete er Franziska Fischbacher, die Tochter seines ehemaligen Freundes. Die tüchtige Fuchsenbauern-Tochter von Schwärzenbach war die richtige Tafern-Wirtin, die alles in Schuss hielt, wenn ihr Mann auf Reisen war. Als Zar Nikolaus I. bei seinem Aufenthalt in Tegernsee das hell gefleckte Vieh sah und sich diesen Viehschlag für seine Meiereien wünschte, scheute Obermayer auch vor dem schwierigen Russland-Unternehmen nicht zurück. Leider gibt es keine Aufzeichnungen vom mühevollen Viehtreck nach Russland. Bekannt ist nur, dass Obermayer mit sechs Zillertaler Treibern, einem Plachenwagen, der Proviant, Wäsche, Werkzeug enthielt, und 53 Stück Vieh Mitte Oktober in Gmund aufbrach und Mitte Mai des nächsten Jahres glücklich in Petersburg eintraf.

Russische und Schweizer Auszeichnungen für den Gmunder Wirt

In den 1860er Jahren lieferte Obermayer auch für Kaiser Alexander II. von Russland Simmentaler Vieh, später auch noch Pferde. Wie zufrieden die Russen waren, zeigte sich, als der Minister Walujeff zur Kur in Tegernsee weilte. Er überreichte im Sommer 1878 gemäß kaiserlicher Order im Wirtshaus zu Gmund dem Wirt Max Obermayer eine goldene Ehrenmedaille. Neun Jahre später verliehen auf der anderen Seite die Schweizer Obermayer das Ehrenbürgerrecht – anlässlich seiner 50. Reise ins Land der Eidgenossen. Bei der großen Feier am 3. Oktober 1887 im Hotel Jungfrau in Interlaken überreichten ihm die Gastgeber eine aus silbernen bayerischen Kronentalern gegossene Kuhglocke. Auf dem Gedenkblatt zur Erinnerung war zu lesen: »So mögen Sie denn, wackrer Bayer wirken, lange Jahre noch. / Sie leben hoch! Herr Obermayer! Stoßt alle an! Er lebe hoch!/ Ihnen dankt das weiße Kreuz, / Sie verehrt die freie Schweiz.«

Obermayer war nicht nur tatkräftig, er war auch geschäftstüchtig. Im Oberland gehörten ihm mehr als ein Dutzend Almen sowie einige Mühlen- und Bauernanwesen. In seiner Wirtschaft verkehrten Prinz Karl von Bayern, Herzog Maximilian, König Max II., der Erzgießer Ferdinand von Miller und Karl Stieler. Kaiser und Prinzen aus vielen Ländern stiegen beim Wirt von Gmund ab. Als seine geliebte und tüchtige Franzi am 7. März 1895 verstarb, war seine Energie gebrochen. Drei Jahre später, am 24. November 1898 folgte er ihr nach.

Bayerisches Fleckvieh
Die Geschichte des Fleckviehs beginnt mit Max Obermayer und Johann Fischbacher aus Gmund am Tegernsee, die 1837 heroisch die vielgerühmten schweizerischen »Simmenthaler« in ihr heimatliches Gmund holten. Der erste Viehtrieb Max Obermayers zu Fuß von der Schweiz nach Gmund dauerte 35 Tage. Er legte damit den Grundstock der heutigen Fleckviehzucht in Deutschland.

Das Bauernhaus
Gebautes Wissen damals und heute

Thomas Lauer

*»Schusterbauer«
in Festenbach*

Der »Schusterbauer« in Festenbach stellt mit seinen sechs Fensterachsen und der Eingangstüre ein stattliches Bauernhaus aus dem Jahr 1799 dar. Hervorzuheben sind die dreiseitig umlaufende Balusterlaube im Obergeschoss und die Balustergiebellaube im Dachgeschoss.

In Bauernhäusern spiegelt sich über Jahrhunderte gebaute Erfahrung. Ihr Grundriss garantierte eine hohe Wohn-, Arbeits- und Lebensqualität, die Grundlage für dauerhaftes menschliches Zusammenleben. Sie sind Behausungen und Standorte der unmittelbar mit den Kräften der Natur wirtschaftenden Produktion von nachwachsenden Rohstoffen und Nahrungsmitteln. Der Wandel in den Wechselbeziehungen zwischen den Potenzialen der Natur und den Kulturkräften der menschlichen Gesellschaft erfordert einen ständigen Ausgleich, der sich in den unterschiedlichen Ausbildungen der regionalen Kulturlandschaften abbildet.

Im rauen Klima des Hochgebirges bleiben die Bauten der Almen den Naturgewalten unterworfen, zu erkennen an der geringen Höhenausbildung und den weit heruntergezogenen Dächern. Sie sind Teile eines naturnahen Ökosystems, das durch Beweidung, Jagd und Holzeinschlag gekennzeichnet ist. Die Bauernhöfe im milderen Klima des Donau-Isar-Hügellandes nördlich von München sind dagegen Mehrbauhöfe und vorwiegend auf die Wechselbeziehungen innerhalb der menschlichen Gesellschaft bezogen. Dies zeigt sich deutlich in den Dörfern, deren Wohnstallhäuser zur Straße als dem gemeinschaftlichen Kommunikationsraum hin ausgerichtet sind, unabhängig von der Lage zur Himmelsrichtung.

Zwischen diesen Polen liegen die Einfirsthöfe des Voralpenlandes, Zeugnisse einer durch Jahrhunderte entwickelten Baukultur. Die in den Stürmen des rauen Klimas erprobten Baugefüge entstanden in einer schrittweisen Verbesserung und fortwährenden Weitergabe der baufachlichen Kenntnisse an die jeweils nächste Generation von Baumeistern und Bauern. Auch an die baufachliche Beratung und Förderung durch die herzoglichen bzw. hochstiftlichen Verwaltungen ist hier zu erinnern, die das zweigeschossige Bauen mit Steinfundamenten schon im 16. Jahrhundert forderten, um den Baustoff Holz noch wirtschaftlicher einzusetzen und die Dauerhaftigkeit der Bauten zu erhöhen.

Der Einfirsthof als das Resultat klimagerechten regionalen Bauens

Die Einfirsthöfe bilden mit der Kulturlandschaft eine Einheit und Symbiose, indem sie die Naturgesetze berücksichtigen und sich gegen die Naturgewalten behaupten. Die Bauernhöfe leisten dem Wetter Widerstand, unterstützt durch eine durchdachte Raumgliederung. Wie Schiffe in rauer See wenden sie den Bug – hier ihre geschlossene westliche Giebelseite – gegen die Wetterrichtung. Die Scheune ist als Klimapuffer dem in der Mitte angeordneten Stall vorgeschaltet, der auch durch den oberen Heuboden vor Auskühlung bewahrt wird. Die klimatisch geschützte Südostecke des ost-west-gerichteten Einfirsthofes ist dem zentralen Wohn- und Aufenthaltsraum der Stube vorbehalten. Hier bieten die umlaufenden Lauben des Obergeschosses und das darüber auskragende, flach geneigte Satteldach einen hervorragenden Schutz gegen die Sommersonne, den Regen und in den kalten Jahreszeiten den Schnee. Am fensterlos verschalten Westgiebel weisen die Gebäude nur einen knappen Überstand auf, wogegen im Osten die großzügigen Dachüberstände eine hohe Aufenthaltsqualität für den Wohnbereich und seinen Freiraum bieten.

Der nachwachsende Rohstoff Holz bildet für die Wände und Dächer den wichtigsten Baustoff, vom Ständer-Bohlenbau bis zum Blockbau und den Deckenkonstruktionen. Das flach geneigte Legschindeldach hat eine Neigung von 18-25°, die so gewählt wird, dass die aufgelegten, mit Stangen und Steinen gehaltenen Schindeln nicht abrutschen oder angehoben werden können. Alles musste in Holz konstruiert werden, da die geschmiedeten Nägel für Bauern zu teuer waren. Erst die industriell gefertigten Drahtnägel des späten 19. Jahrhunderts führten zu

»Manglhof, bez. 1797« in Altwiessee

Wohnteil des Bauernhauses mit gemauertem und verputztem Erdgeschoss und Blockbau im Obergeschoss. Sechs Fensterachsen und die Eingangstüre kennzeichnen das Gebäude als stattlichen Vertreter des oberbayerischen Einfirsthofes, der die gebaute Kulturlandschaft prägt.

Historischer Gutshof
Der einstige Gutshof »Bauer in der Au«, der 1971 abbrannte, gezeichnet von Architekturstudenten

Die Baukultur erhalten
Neues Wohnhaus in Kreuth als Weiterentwicklung der regionalen Hauslandschaft

anderen Dachneigungen, bedingt auch durch die Verwendung von Falzziegeln für eine feuersichere Deckung.

Die Gefährdung des Holzbaus durch Nässe ist mit den auskragenden Lauben des Obergeschosses und den darüber hinausragenden Dachüberständen wirkungsvoll verhindert. Dennoch zeichnet sich nach und nach eine Veränderung vom Holz- zum Steinbau ab, beginnend bei den Erdgeschossen.

Das Land von München am Mittellauf der Isar bis zu den bayerischen Alpen, von der Salzach im Osten bis zum Lech im Westen bildet im öffentlichen Bewusstsein den Inbegriff von Oberbayern. Man hält irrtümlich die südliche Hälfte für das Ganze. Dabei galt bis um 1800 das Gebiet im Norden Münchens bis zur Donau und Altmühl mit dem fruchtbaren tertiären Hügelland und dem Hopfenbaugebiet der Hallertau als der reichere Teil des oberbayerischen Herzogtums.

Ab 1820 steht das Voralpenland im Zentrum des Landesausbaus

Eine entscheidende Wende brachte der Erwerb der säkularisierten Abtei Tegernsee durch König Max I. Joseph im Jahr 1817, der das gesellschaftliche Interesse zu den Alpen hin verlagerte (s. S. 40 ff.). Die Benediktinerabtei Tegernsee verkörperte als geistiges Zentrum nicht nur die kulturelle Tradition, sie war auch Mittelpunkt des Landesausbaus und der Förderung der Landwirtschaft. Die großen Einfirsthöfe, die mit Unterstützung des Klosters im 18. Jahrhundert errichtet werden konnten, und die heute noch ökologisch vorbildliche so genannte Haglandschaft der großen Baum- und Heckennetze, zeugen davon. Die Ost-West-Ausrichtung der Einfirsthöfe lässt sich am Tegernsee etwa in Gmund-Gasse deutlich erkennen, wenn sich der Bauernhof mit seinem Wohnteil dem ansteigenden Berghang zuwendet und mit dem verschalten Scheunenteil den Weststürmen vom Seeufer her trotzt.

Die kluge, dem Klima und den wirtschaftlichen Möglichkeiten entsprechende Bauweise hat der Region neben ihrer abwechslungsreichen Landschaft im Voralpenland bis heute eine große Anziehungskraft verliehen. Sie beruht auch darauf, dass die Bauten der Bauern weiterhin aus den Materialien der örtlichen Kulturlandschaft erstellt und weiterentwickelt werden.

Die Bauernhäuser des Miesbacher Landes wurden weit über die Region hinaus Vorbild einer idealen Betriebsform, die unter einem gemeinsamen Dach Wohnen und Wirtschaften verband. Die Bauelemente des Miesbacher Hauses wurden nachgeahmt und auf öffentliche Bauten übertragen. Eine große Rolle spielte der 1810 gegründete Landwirtschaftliche Verein, der systematische Bauaufnahmen veranlasste, um die beste Hofanlage zu ermitteln. Architekten wie Franz Zell trugen ebenso maßgeblich dazu bei.

Diese Baukultur zu erhalten, aber auch zukunftsweisend zu gestalten, frei von modischen Trends und kurzlebigem Feuerwerk, überzeugend in ihrer unglaublichen Kraft und Vielfalt, bleibt eine zentrale Aufgabe.

Von Lichtmess bis Dreikönig
Bäuerliches Brauchtum durchs Jahr

Alexandra Korimorth

Der Jahreskreis des Bauernjahres beginnt am 2. Februar, an **Mariä Lichtmess.** An diesem Tag endet offiziell die Weihnachtszeit, und die Tage werden spürbar länger – und zwar, wie ein Sprichwort besagt: »An Weihnachten um einen Hahnentritt, an Neujahr um einen Männerschritt, an Dreikönig um einen Hirschensprung und an Lichtmess um eine ganze Stund'.« Es ist die Zeit, in der die Kerzen gezogen werden, die an Lichtmess gesegnet werden, damit sie Unheil abwehren. Insbesondere gilt das für die schwarzen Wetterkerzen, die bei häuslichen und allen anderen Gewittern anzuzünden und ins Fenster zu stellen sind, um Mensch, Tier, Haus und Hof vor Schaden zu bewahren.

Der 3. Februar, der Namenstag des hl. Blasius, steht im Zeichen der Gesundheit. In den katholischen Kirchen rund um den See spenden die Pfarrer den so genannten Blasius-Segen. Das »Einblaseln«, bei dem der Priester jedem Kirchenbesucher zwei brennende gekreuzte Kerzen vor den Hals hält, soll ihn vor Husten, Heiserkeit und Halsschmerzen bewahren.

St. Gertraud am 17. März führt sprichwörtlich »die Kuh zum Kraut, die Bienen zum Flug, das Pferd zum Zug«, wobei freilich das Wetter und die Vegetation mitspielen müssen. Anders verhält es sich mit **Josefi** zwei Tage später. Am 19. März wird der Namenstag aller Josefs, Peppis, Sepps und Seppis, Joes und Giuseppes, Josefas und Josefines gefeiert – egal, wie hoch der Schnee noch liegt.

Am **Palmsonntag,** Sonntag vor Ostern, ist die ruhigere Zeit im Tal endgültig vorbei. Wer nicht als Langschläfer einen Tag der »Palmesel« sein will, schaut, dass er schnell aus dem Bett und in die Kirche kommt. Hier werden die Palmbuschen geweiht. Manche Burschen schleppen festlich geschmückte Stangen mit bis zu 40 Palmbuschen mit sich herum. Nach der Kirche werden die Bestellungen gegen Honorar ausgeliefert, die Segensbringer in die Häuser der Verwandten, Bekannten und Nachbarn getragen.

Ein paar Tage später, am **Gründonnerstag,** verstummen die Kirchenglocken und werden bis Ostersonntag durch hölzerne Klappern, die so genannten Karfreitagsratschen ersetzt. Kirchgänger holen sich in der Osternacht in ihrem Gotteshaus das Osterlicht und nehmen es per Kerze mit nach Hause. Rar geworden ist der Brauch des Zundelns, bei dem Burschen das Osterlicht mit einer Zundel (einem angezündeten Baumschwamm) von Haus zu Haus tragen.

Das Osterkörberl wird zur Speisenweihe in die Kirche gebracht

Zum Gottesdienst am **Ostersonntag** wird traditionell in den Familien ein Osterkörberl hergerichtet: Gefärbte Eier, Schinken, Brot, Salz, selbst gemachte und gemodelte Butter, ein gebackenes Osterlamperl mit Fahne – all das liegt im Weidenkörberl, das zur Speisenweihe durch den Geistlichen in die Kirche

Palmsonntag
Hier werden die Palmbuschen geweiht. Die Kinder haben dafür – mit elterlicher Unterstützung – Palmkatzerl (Weidenkätzchen), Bux und Waxlawa (Stechpalme) zu kleinen Sträußen zusammengefügt, mit Weidenrinde gebunden und mit Bändern geschmückt. Diese Palmbuschen werden an die Palmstange gesteckt und zur Weihe getragen.

Maibaum aufstellen
Am 1. Mai wachsen rund um den See die Maibäume in den Himmel. Dabei steht ein im traditionellen Stil aufgestellter Maibaum heutzutage vor allem für den Zusammenhalt in einem Ort. Ohne gewachsene Gemeinschaft lassen sich die vielen Helfer für die unterschiedlichen Arbeitsgänge nicht mobilisieren. Je nach Größe braucht es bis zu 50 g'standene Männer, die den Stamm mit den zu Scheren gebundenen »Schwaiberln« aufstellen.

gebracht und anschließend beim Osterfrühstück daheim verzehrt wird. Die zerkleinerten Eierschalen streut man auf Wiesen und Felder, um damit eine gute Ernte zu erbitten.

Wer nachhaltig etwas für seine Schönheit tun möchte, wäscht sich am Ostersonntag bei Sonnenaufgang das Gesicht in einer Quelle, zum Beispiel in Nüchternbrunn am Taubenberg (Gemeinde Warngau). Der Nachwuchs misst sich am Ostermontag lieber beim »Oarscheibn«, bei dem die Ostereier über eine aus verkanteten Holzrechen aufgerichtete Bahn gerollt werden.

Am 1. Mai werden die Maibäume aufgestellt. Je nach Größe braucht es dazu bis zu 50 g'standene Männer, die den Stamm mit zu Scheren gebundenen »Schwaiberln« aufstellen. Die wiederum heißen so, weil sie an die Silhouette von fliegenden Schwalben erinnern. Rohe Kraft ist beim Aufrichten fehl am Platz, vielmehr geht es um ein wohldosiertes Anschieben, Nachgehen, Austarieren.

Sind Mitte Mai die Eisheiligen überstanden, kehrt in Haus und Hof, auf der Weide und der Alm sommerlicher Arbeitsalltag ein. Für den Ertrag eines guten Jahres dankt man dem Herrgott am ersten Sonntag im Oktober. Die üppigen **Erntedank-Altäre** geben ein schönes Bild davon ab.

Die Kirchweihfeier konnte früher auch schon mal bis Mittwoch dauern

Zwei Wochen später trifft man sich wieder – in den Kirchen und vor allem danach beim Wirt. »A gscheida Kirta dauert bis zum Irta – und es ko si leicht schicka, glei gar bis zum Migga«. Das war früher eine Redensart, die dem Umstand Rechnung trug, dass **Kirchweih** nicht nur bis zum Dienstag, sondern auch mal bis Mittwoch dauern konnte. Gänsebraten und Kirtanudeln gehören heute noch zu den kulinarischen Besonderheiten, ebenso wie der Kirchweihtanz und das »Kirtahutschn« der Kinder, das heute leider häufig an Haftungsfragen scheitert.

Die Kreuther ehren am 6. November ihren Kirchenheiligen, den **»Bauernherrgott« St. Leonhard**, mit der weitberühmten Leonhardifahrt (s. S. 76 ff.). Danach wird es langsam besinnlich im Tegernseer Tal. Nach

St. Martin (11. November) gleitet man sachte hinüber in die Adventszeit. Viele Vermieter und Wirtsleute nutzen die Verschnaufpause im Spätherbst für einen Kurzurlaub. Wer mag, geht am **Barbaratag,** dem 4. Dezember, hinaus in den Garten, zwickt ein paar Zweige von einem Obstbaum ab und stellt sie ins warme Wasser. Bis zum Weihnachtsfest blühen die Barbarazweige auf und versprechen Glück im kommenden Jahr.

Auf den Unterschied zwischen **Nikolaus –** in ein festliches Kirchengewand, mit Mitra und Bischofsstab gekleidet – und Weihnachtsmann mit Zipfelmütze und Fantasiekleid wird im Tal noch streng geachtet. So kommt am 6. Dezember in den meisten Fällen immer noch der heilige Bischof zu den Kindern, lobt und mahnt, während der Krampus dazu mit seinen Ketten klirrt und wild die Augen rollt.

Rar geworden ist das **Klöpfeln,** ein Brauch mit ernstem Hintergrund: Einst klopften arme Leute in den Wochen vor dem Christfest an die Türen im Dorf, um im Austausch gegen weihnachtliche Lieder und Gedichte Essbares für das Fest zu erbitten. Das Klöpfeln war im Tal aber nie weit verbreitet, und inzwischen ist es ganz eingeschlafen.

Aromatischer Rauch, der aus heißen Kohlen aufsteigt, in einem eisernen Behältnis getragen von Raum zu Raum – der Vorgang des Räucherns hat etwas Mystisches. Uralt mutet das Ritual an und ist es wohl auch. Bis heute hat es vor allem in ländlichen Regionen überlebt, wo in einer der zwölf **Raunächte** zwischen Weihnachten und Epiphanie (6. Januar) das Haus, zumindest aber der Stall einer Reinigungsräucherung unterzogen wurde. Dazu werden heilkräftige Harze und Kräuter wie Weihrauch, Salbei oder Wacholderbeeren in eine Pfanne auf weiß glimmende Kohlen gelegt. Der kräftig aufsteigende Rauch befreit die Räume vom Ballast des vergangenen Jahres, so der Volksglaube, und bereitet den Boden für die Zukunft. Nach dem Räuchern wird gescheit gelüftet und mancherorts auch noch mit Weihwasser »nachgearbeitet«. Wer mag, spricht ein Gebet dazu, auf jeden Fall sollte man sich sammeln und mit guten Gedanken räuchern.

Um den 6. Januar schicken die katholischen Pfarrgemeinden die **Sternsinger** aus. Meistens sind es Ministranten, die gewandet als Heilige Drei Könige von Haus zu Haus ziehen und mit Kreide C+M+B und die jeweilige Jahreszahl auf den Türstock schreiben. Dabei steht C+M+B nicht – wie oft angenommen – für Caspar, Melchior und Balthasar, sondern für *Christus mansionem benedicat*, was »Christus segne dieses Haus« bedeutet.

»**Seeprozession**«
Das Gemälde des Tegernseer Malers Ludwig Gschosmann (1894-1988) erinnert an die Tradition der Fronleichnamsprozessionen übers Wasser. Rudolf Hünerfeld 1986 über den Maler: »Das Tal, seine Menschen, Tracht und das Brauchtum wurden zum Hauptmotiv. An seinen Bildern ist kein falscher Strich. Sie sind so echt, wie das Leben selbst.«

Die Gebirgsschützen im Oberland

Annette Lehmeier

Es war eine herrliche Szene, lustig (…) klangen die Trommeln und Pfeifen voran den stark bewehrten Männern mit ihren kurzen, dichten, dunklen Bärten und ihren hellen beweglichen Augen. Es sind noch dieselben kräftigen Gestalten, dieselben sonnengebräunten Gesichter, wie sie (einst) vom Oberlande heruntergzogen, um die Rechte des (…) Maximilian Emanuel zu verteidigen und für ihn zu sterben in der Mordweihnacht bey Sendling.«

Gebirgsschützen vor dem Hintergrund des Tegernseer Schlosses und des Malerwinkels in einem Holzschnitt von Sepp Mohr (1899-1981). Der Tegernseer Künstler und Pädagoge hat mit viel Liebe und Verständnis das bäuerliche Brauchtum sowie Kultur und Geschichte des Tegernseer Tals zum Gegenstand seiner Werke gemacht.

Man schrieb das Jahr 1835 und der Mann, den das Auftreten der Gebirgsschützen anlässlich der silbernen Hochzeit König Ludwigs I. in München derart beeindruckte, war der Offizier Ludwig von Gaisberg. Auch der Monarch zeigte sich begeistert – und ordnete an, diese wichtige Institution im »gesammten bayerischen Hochlande« zu erhalten.

Die Gebirgsschützen machen heute auf jedem Festzug etwas her

Die Schützen, allen voran die Kompanien aus Gmund und Tegernsee, haben halt schon immer etwas hergemacht. Vom Monarchen dereinst bis zum Ministerpräsidenten unserer Tage – die Regierenden im Freistaat hatten und haben die Gebirgsschützen gern an ihrer Seite, bei Staatsempfängen und anderen offiziellen Anlässen. Kirche und Kommunen schätzen ihre Präsenz an Feiertagen. Was der fröhliche Blumenschmuck am Hut und die historischen Monturen leicht vergessen lassen: Es waren die Vorfahren der Gebirgsschützen von heute, die über viele Jahrhunderte hinweg ihre Heimat und ihre Familien gegen feindliche Übergriffe verteidigten.

Ihre Geschichte reicht weit zurück. Bereits im 9. Jahrhundert gab es wehrhafte Gruppierungen, die im Bedarfsfall von der lokalen, zunächst oft klösterlichen Herrschaft zu den Waffen gerufen wurden. Es waren die Wittelsbacher Herzöge, die dieses Landaufgebot der Bauern rund 500 Jahre später systematisch auf- und ausbauten. Fortan achteten die Landgerichte darauf, dass die wehrfähigen Männer ihre Waffen in gutem Zustand hielten. Selbst in kleineren Höfen lagerten Ausrüstungsgegenstände wie Hellebarde, Spieß, Schwert oder wenigstens ein langes Messer.

Bauern- und Bürgerwehren kämpften zum Schutz der Heimat

Gebraucht wurden die Männer und ihre Eisen immer wieder. Bei den Adelsaufständen im 15. Jahrhundert, im Bayerischen Erbfolgekrieg im 16., im Dreißigjährigen Krieg im 17. und dann im Österreichischen Erbfolgekrieg im 18. Jahrhundert kämpften Bauern- und Bürgerwehren Seite an Seite mit dem regulären Heer. Mal hatte man es mit den Schweden zu tun, mal mit den Panduren des Freiherrn von der Trenck – vor allem mit den südlichen Nachbarn, wenn die Grenze nach Tirol Frontlinie wurde. Mehr als einmal verteidigten die Gmunder und Tegernseer Schützen mit den Kreuthern die Schanzen im Achental hinter Wildbad Kreuth.

Neben der Liebe zu ihrem »Landl« war es von Anfang an ihr ausgeprägter Freiheitswille, der die Oberlandler auf die Barrikaden zu treiben vermochte. Anno 1705 hatte das schreckliche Folgen: Beim Versuch, Altbayern von der kaiserlich-österreichischen Besatzungsmacht zu befreien, starben in der »Sendlinger Mordweihnacht« über 1000 Männer, davon allein 500 aus dem Bezirk Miesbach. Bis zum heutigen Tag steht der Aufstand wie kein anderes Ereignis für den Stolz der Bevölkerung im Oberland: »Lieber bairisch sterben als kaiserlich verderben.«

Friedliche Zeiten in der »Alpenregion der Schützen« aus Bayern und Tirol

Mit Beginn des Jahres 1870 ging die Geschichte der Gebirgsschützen als Element der militärischen Landesverteidigung zu Ende. Im Rahmen einer Heeresreform löste der Staat die Landwehr auf. Ohne den formalen Rahmen verschwanden die meisten Kompanien. In Gmund und Schliersee sowie in Lenggries, Wackersberg und Gaißach bestanden die Kameradschaften fort. Womit wir bei den Gmundern und ihrer Sonderstellung wären. Die Kompanie ist die einzige, die in einen Verein überführt wurde. 1882 war das, und ein Verdienst des Hauptmanns Ulrich Hohenadl, seines Zeichens Brandhoferbauer von Moosrain. 1907 wurde auch die Compagnie Tegernsee wieder gegründet.

Mit den beiden Weltkriegen folgten schwierige Zeiten, in denen die Gebirgsschützen Gefahr liefen, politisch missbraucht zu werden – etwa als Mitglieder jener »Freikorps«, die anno 1919 gegen die Münchner Räterepublik in den Kampf zogen, und den daraus entstehenden paramilitärischen »Einwohnerwehren«. Unter dem Nationalsozialismus, der Heimatliebe vordergründig förderte, faktisch aber nach kultureller Gleichschaltung strebte und echte, gewachsene Traditionen nicht zuließ, ruhten die meisten Kompanien.

Zwischendurch aber gelang etwas Bahnbrechendes: 1931 nahmen die einst so bitter verfeindeten Schützen aus Bayern und Tirol kameradschaftlichen Kontakt auf. Das Treffen an der Bäckeralm war die Keimzelle jener »Alpenregion der Schützen« aus Bayern, Tirol, Südtirol und Welschtirol (Trentino), die 1975 in Innsbruck feierlich besiegelt wurde. Ein weiterer Markstein auf dem Weg zur Verbundenheit war nach dem Zweiten Weltkrieg der »Tag des Alpenländischen Volkstums«, zu dem der Hauptmann der Tegernseer Kompanie und bayerische Landeshauptmann, Sepp Bachmair, im Juni 1949 nach Rottach-Egern einlud.

Hüter der bayerischen Volkskultur

Die Tegernseer Gebirgsschützen mit Hauptmann Florian Baier beim Patronatstag der Bayerischen Gebirgsschützen 2013 auf der Festwiese in Kaltenbrunn. Die Gebirgsschützen verstehen sich heute als »Hüter der bayerischen Volkskultur«. Die unterschiedlichen »Monturen« der Kompanien orientieren sich meist an ortstypischen Trachten aus früherer Zeit. Verbindende Elemente sind die weißblaue Armbinde, die weißblaue Kokarde am Hut und die Gebirgsschützenschnur an der Joppe.

Die Kreuther Leonhardifahrt
Legende und Kult des »altbayerischen Herrgotts«

Stefan Hirsch

*Oh heiliger St. Leonhard
schau gnädig ro auf unser Fahrt
und hilf, dass mir durch unser fahr'n
den teuren Viehdokta dasparn!*

Ältester Leonhardsumritt
Kreuth zählt nördlich der Alpen zu den Orten der frühesten und ehrwürdigsten Leonhardsverehrung. Nach dem Gottesdienst ziehen prächtig geschmückte Pferdegespanne und verzierte Truhenwägen dreimal um den Kirchberg.

Neben den Leonhardifahrten von Bad Tölz und Benediktbeuern ist die von Kreuth besonders bedeutsam, weil sie auf eine wesentlich weiter zurückreichende Tradition verweisen kann. Jedes Jahr am 6. November begeben sich in festtäglice Tracht gekleidete Wallfahrer mit rund 30 geschmückten Wagen zur Kreuther Kirche, nehmen an der hl. Messe teil und umfahren danach mit ihren Gespannen und Pferden dreimal das Gotteshaus. Jedesmal erteilt der Pfarrer den Segen, zuerst mit Weihwasser, dann mit Weihrauch und schließlich mit dem Kreuz. Für die Gebirgsschützen, die Trachtenvereine, die Feuerwehr, die anderen örtlichen Vereinigungen, die Honoratioren und Gläubigen ist es eine ehrenvolle Verpflichtung, an dem Zug teilzunehmen.

Der Kreuther ist der älteste in Bayern nachweisbare Leonhardiumritt

Dass der älteste in Bayern nachweisbare Leonhardiumritt in Kreuth stattfand, wissen wir von einem sich aufgeklärt gebenden Tegernseer Mönch: Im Jahr 1469 hatte er den Brauch als abergläubisch angeprangert. Von einer Leonhardswallfahrt ist schon 1442 in einer Urkunde die Rede. So zählt Kreuth nördlich der Alpen zu den Orten der frühesten und ehrwürdigsten Leonhardsverehrung überhaupt: Das unter dem Abt des Klosters Tegernsee Rupert I. von Neuburg-Falkenstein 1184 errichtete romanische Kirchlein im Kreuther Tal wurde von Bischof Udalschalk von Augsburg dem hl. Leonhard geweiht – also schon zur Blütezeit des Hochmittelalters. Eine Generation vorher muss die Lebensgeschichte des hl. Leonhard bereits in vielen bayerischen Klöstern bekannt gewesen sein, denn wir finden sie um 1150 in verschiedenen Codices von Tegernsee, Regensburg, Polling, Schäftlarn oder Windberg bei Straubing. Dies ist bei der hohen Mobilität des Hochmittelalters nicht verwunderlich: Kleriker, Kriegsleute, Gaukler, Sänger, Musikanten, Vaganten und Händler waren überall unterwegs – die Kulturübermittlung kannte keine Grenzen.

Der Name des hl. Leonhard taucht schon viel früher in Bayern auf, nämlich im ältesten Augsburger Heiligenkalender zu Beginn des 11. Jahrhunderts. Die ersten Leonhardskirchen im deutschsprachigen Raum werden im 12. Jahrhundert geweiht: Es bildet sich eine Leonhardspatrozinien-Geografie mit dem Schwerpunkt nördlich der Alpen heraus. Kärnten ist noch früher mit Leonhardspatrozinien vertreten. Als interessantes Bindeglied für die Verbreitung des Leonhardkultes zwischen Bayern und Oberitalien können die dreizehn bzw. sieben bairischsprachigen Gemeinden auf der Hochfläche von Assagio bei Verona gelten. Auswanderer des 12. Jahrhunderts könnten den Kult von Bayern dorthin übertragen haben. Die Kirche San Leonardo in Borgoricco wird jedenfalls schon 1185 erwähnt. Gleichzeitig muss aber auch schon in der Diözese Padua eine ausgeprägte Leonhardsverehrung vorhanden gewesen sein, denn dort sind Anfang des 12. Jahrhunderts mehrere Leonhardskirchen belegt. Selbst die gewaltige Markus-Kirche in Venedig widmete dem hl. Leonhard im südlichen Querarm eine eigene Kuppel. In Altbayern kennen wir heute noch rund 160 Orte mit besonderer Leonhardsverehrung.

Die Fakten zu Leonhard sind dürr, die Legenden umso blumenreicher

Wer aber war dieser Leonhard, der Nothelfer und »altbayerische Herrgott aus dem Limousin«, der am 6. November 559 oder 560 starb und in Noblac beigesetzt wurde, wirklich? Die Fakten sind dürr, die Legenden umso blumenreicher. Fest steht lediglich, dass die Eltern Leonhards aus der weitverzweigten Familie des 511 gestorbenen Frankenkönigs Chlodwig I. stammten, der Vater des hl. Leonhard unter der Palastwache des Königs eine ranghohe Stellung eingenommen haben muss und der hl. Leonhard deshalb seine Jugend am Hofe Chlodwigs verbrachte. Chlodwig wurde vom hl. Remigius, dem Bischof von Reims und Apostel von Frankreich, getauft. Die Begegnung mit Remigius veranlasste Leonhard, sich dem Mönchsleben zuzuwenden und in das Kloster Micy einzutreten, dem der hl. Maximin vorstand. Nach dessen Tod wirkte er zunächst als Glaubensprediger in Aquitanien. Später gründete und leitete er das Kloster Noblac bei Limoges als dessen erster Abt. Er soll durch sein Gebet der Königin Clothilde

Kostbare Trachten
Seidener Schalk, gestärkte Schmiesl und goldglänzender Schnurhut – alljährlich am 6. November legen in Kreuth Frauen und Mädchen zu Ehren des Kirchenheiligen und »Viehpatrons« ihre kostbarsten Trachten an und flechten sich das Haar zu Steckfrisuren.

das Leben gerettet haben, die während der Jagd in einem Wald überraschend von Geburtskomplikationen heimgesucht wurde. Unschuldig Gefangene sollen durch sein Gebet von ihren Ketten befreit worden sein.

Leonhard mutiert vom Gefangenen- über den Hirten- zum Viehpatron

Solche und andere schriftlich überlieferte Legendenbildungen setzen erst im 11. Jahrhundert ein. Es ist nicht ganz klar, ob sie in der Folge der damals sehr zunehmenden Verehrung des hl. Leonhard als sozusagen kirchlich-offizielle Legitimierungsbedarfs-Schriften entstehen oder ob der dichterisch-literarische Zeitgeist, der sich diverser Heiligenviten als Stoff annimmt, die explosionsartig ausbreitende Leonhardsverehrung auslöst. Nachgewiesen ist auf jeden Fall, dass die Reliquien des hl. Leonhard seit dem 11. Jahrhundert öffentlich zur Schau standen.

Heiligenfigur
Figur des heiligen Leonhard vom abgebrochenen Hochaltar, jetzt im Vorraum der Pfarrkirche St. Leonhard von Kreuth (erbaut 1490/91).

Die wesentliche Quelle zur legendären Lebensgeschichte des hl. Leonhard ist die *Historia des Ademar von Chabannes* aus dem 11. Jahrhundert, auf der alle späteren Schriftsteller aufbauen. Zu den literarisch hochwertigsten Fassungen zählt die des Erzbischofs von Genua, Jacobus de Voragine. In ihr ist bereits die Rede von Ketten, die – im Barock zu Viehketten umgedeutet – später zum wichtigsten Symbol der Leonhardsverehrung auch in Bayern wurden: »Denn welcher Gefangene seinen Namen im Gefängnis anrief, dessen Fesseln rissen alsbald, und er ging frei davon, ohne dass jemand ihn hindern mochte; und kam zu dem Heiligen, und brachte ihm seine Fesseln oder Ketten dar.« Wie und wann genau der hl. Leonhard im Lauf der Zeit vom Gefangenenpatron über den Patron der Hirten zum Viehpatron mutierte, ob dies ein allmählicher oder ein renaissance- und barockzeitlich bedingter Übergang war, ist ebenso weitgehend unklar wie seine Zugehörigkeit zu den 14 Nothelfern. Der Kult der 14 Nothelfer ist seit der Frühgotik bekannt, jedoch befindet sich der hl. Leonhard nicht in der Standardreihenfolge der Nothelfer, wie wir sie seit etwa 1520 kennen. Früher gab es jedoch unter den Nothelfern Dreiergruppierungen des Sixtus, Nikolaus und Leonhard. Weil Leonhard wegen seines Attributs der eisernen Kette auch als »Eisenherr« gilt, wurde er darüber hinaus zum Beschützer von Bergwerken und Eisenhütten. Unbeirrt aller Theologie hat sich der hl. Leonhard jedenfalls in volkstümlichen Darstellungen der 14 Nothelfer unbekümmert seinen Platz gesucht und prangt auf zahlreichen Votivtafeln bayerischer Kirchen.

Erhebung zum »bayerischen Herrgott« durch Johann Nepomuk Sepp

Seine Erhebung zum *Dominus Deus Bavariae antiquae*, zum sogenannten »Bayerischen Herrgott« ist hingegen eine sehr späte Zutat zu seiner Vita. Zu den Gelehrten und Schriftstellern des späten 19. Jahrhunderts im Umfeld des bayerischen Hofes zählt der in Tölz geborene Johann Nepomuk Sepp, der den streitbaren Bauernführer der Sendlinger Mordweihnacht, jenen sagenumwobenen »Schmied von Kochel« in den 1890er Jahren zum bayerischen Nationalhelden erklärte und den hl. Leonhard gar zum »Bayerischen Herrgott« ernannte. Die Bezeichnung schlug ein und wurde binnen kurzem zum bayerischen Gemeingut mit vermeintlich jahrhundertealter Tradition. Die Vorstellung, dass die Bayern sogar einen eigenen – zumal französischen – Herrgott haben dürfen, zählt zu den augenzwinkernden Eigenheiten bayerischen Lebensgefühls.

O heiliger Leonhardi, wir rufen di an.
Sei unser Beschützer und Viecher-Patron.
O heiliger Leonhardi, wir rufen di an,
geh nimm uns glei alle für deine Kinder an.

Der Rosstag zu Rottach-Egern

Hans Sollacher †

Man schrieb das Jahr 1968, als der Rottacher »Rossdamische« (Pferdeverrückte) Thomas Böck erstmals zu einem Fest lud, in dessen Mittelpunkt Pferde, Wagen und Anspannungen stehen sollten. Der Rosstag ist also eine junge Tradition. Doch unter der Überschrift »D'Fuhrleit kemman z'samm« wuchs ein Ereignis, das aus dem Festtagskalender im Oberland nicht mehr wegzudenken ist.

Viele Tausend Pferdefreunde bewundern alljährlich am letzten Augustsonntag den langen Festzug, in dessen Mittelpunkt auf Hochglanz gestriegelte Rösser und historische Gefährte stehen, darunter Kutschen, Chaisen, Landauer, Gäuwagerl und Schwimmerl, Tafelwägen und Almkarren, noble Vis-a-vis und Viktorias, Dax-

Brauchtum unverfälscht erhalten wollten, versagte man es »Hobby-Fuhrleuten« wie dem Böck Thomas, mit seinem Einspänner-Gäuwagl an der Kirchberg-Umfahrt teilzunehmen. Der Rottacher schuf darauf kurzerhand eine neue Art von Wallfahrt, die allen Fuhrleuten offen stand. Für den Segen ist in Rottach der heilige Eligius zuständig, dem Thomas Böck in Ellmau eine Rosskapelle baute.

Bei allem touristischen Reiz ist der Rosstag eine Demonstration bayerischer Lebensart und ein Bekenntnis zur bäuerlichen Herkunft geblieben. Mit dem Bäuerlichen Pferdeschlittenrennen und dem Pferde-, Wagen- und Kutschenmuseum hat der 2007 verstorbene Thomas Böck seinem Heimatort zwei weitere

und Erntewägen. Die Rösser im Leonhardi-Prunkgeschirr, in englischer oder ungarischer Anspannung, mit kunstvoll geflochtenen Mähnen, mit Schellen am Kummet und im tänzelnden Schritt. Ebenso schön aufgemacht sind die Zweibeiner: Trachten aus dem Oberland, aus Tirol und Südtirol sind vertreten, Musikkapellen, Goaßlschnalzer, Reitergruppen und die Tragtierkompanie der Bundeswehr-Gebirgstruppe nehmen teil.

Begonnen hat die Rosstag-Historie mit einer Absage: Weil die Kreuther ihr Leonhardi-

Anziehungspunkte hinterlassen. Rennen wurden bereits im Winter 1929 auf dem 20 Zentimeter dicken Eis des Tegernsees ausgetragen. Damals aber waren die vier- und zweibeinigen Profis der Münchner Rennbahnen unter sich. Beim Pferdeschlittenrennen der »Neuzeit« beherrschen die Gebrauchspferde der Bauern und Freizeitkutscher das Feld: Oberländer, Haflinger, Warmblüter und Ponys liefern sich – angespannt vor schweren Reibschlitten, historischen Barock- und Goaßlschlitten bzw. Rennschlitten – im 800-Meter-Schnee-Oval spannende Rennen.

Das Molkereigebäude
Die etwa 20 Talbauern der Naturkäserei-Genossenschaft bestimmen selbst, wie ihre Milch verarbeitet und vermarktet wird. Das Kasereigebäude am Fuß des Wallbergs zwischen Rottach und Kreuth mit Gaststube, Sonnenterrasse und natürlich dem Kasereiladen ist eine erstrangige Attraktion. Die Besucher können auch an einer Führung durch die Schaukäserei teilnehmen.

Die »Heumilchrebellen« und die Naturkäserei TegernseerLand e.G.

Annette Lehmeier

Eine Region macht sich selbständig« und »eines der innovativsten Projekte in der Region seit Jahrzehnten«, titelten die Zeitungen, als 2010 die Naturkäserei TegernseerLand e.G. den Betrieb aufnahm. Das Kasereigebäude an der B 307 zwischen Rottach und Kreuth steht für hochwertige Lebensmittel – aber auch für ein Vorhaben, das zur Zukunftssicherung der regionalen Landwirtschaft beitragen soll und die Schönheit und Anziehungskraft der Landschaft im Tegernseer Tal zu bewahren hilft.

Eine eigene Molkerei mit hochwertigen regionalen Produkten, das war zu Beginn die Idee einer Handvoll – im besten Wortsinn – »G'spinnerter«, allen voran der Kreuther Hans Leo und der Rottacher Josef Bogner. Ihrer Hartnäckigkeit und wachsenden Fachkenntnis ist es zu verdanken, dass sich nach und nach die notwendige Zahl von Talbauern von dem Projekt überzeugen ließ. Am Ende war es die ganze Region, die verfolgte, wie sich immer mehr Kreuther, Wiesseer, Gmunder und Rottacher Landwirte unter dem Dach der neuen Genossenschaft zusammenfanden und in einem mutigen Schritt ihre Verträge mit den Milchkonzernen lösten. Über 1000 Einheimische und Freunde der Region traten in den ersten Monaten nach der Gründung der neuen Genossenschaft bei und zeichneten Anteile im Wert von über zwei Millionen Euro.

Über 1400 Genossen haben fast fünf Millionen Euro investiert

Heute sind es noch deutlich mehr Genossen, die sich darüber freuen, wie schmuck das Molkereigebäude da steht, wie hervorragend das Angebot angenommen wird und natürlich wie fein TegernseerLand Käse, Topfen oder Joghurt schmecken. Die Landwirte haben die Messlatte für Qualität hoch gehängt. Produziert und verarbeitet wird ausschließlich Heumilch (s. Kasten S. 81). Das Premiumprodukt der natürlichen Landwirtschaft ist aufwändiger herzustellen, verspricht aber gerade in der Käserherstellung außerordentliche Geschmackserlebnisse.

Der Marke »TegernseerLand« geht es auch um die Wiederentdeckung der Qualität in unseren Lebensmitteln. Und da spielt es eben schon eine Rolle, wie etwas produziert wird. Kommt die Milch von Kühen, die ihr Leben lang statt ihrer Besitzer nur Maschinen gesehen haben? Die noch nie ein saftiges Büschel Gras ausgerupft haben? Geschweige denn ihre Sommerfrische auf lichten Almwiesen verbringen durften? Oder schmecken Käse, Milch, Joghurt & Co. nicht gleich ganz anders, wenn man weiß, dass die vierbeinigen Produzentinnen natürlich gefüttert, mit Sachverstand gehalten und mit Respekt und Zuneigung behandelt werden? Die Marke TegernseerLand bürgt auch hier für Transparenz, Qualität und Sorgfalt.

Bauern nehmen die Verantwortung für ihre Erzeugnisse selbst in die Hand
Zum anderen geht es um die Zukunft der bäuerlichen Landwirtschaft selbst. Mit der Gründung einer Genossenschaft nahmen die beteiligten Talbauern die Verantwortung für ihre Erzeugnisse selbst in die Hand. Sie bestimmen, wie ihre Milch verarbeitet und vermarktet wird. Durch den Direktvertrieb machen sie sich unabhängig von einem Milchpreis, der immer mehr von der Industrie bestimmt wird – und sichern damit zugleich den Fortbestand ihres Standes, der in einer touristischen Region wie dem Tegernseer Tal nie so wichtig war wie heute. Dabei geht es nicht nur um den – zugegeben – malerischen Anblick von glücklichen Kühen auf sonnigen Weiden. Es sind die Bauern, die seit Jahrhunderten das Gesicht der Kulturlandschaft prägen und pflegen, von den Talböden bis hinauf zu den Almen.

Das tradierte Prinzip der Genossenschaft bietet ein tragfähiges Fundament für die Zukunft: Durch gemeinsames Wirtschaften können die Eigentümer ihre Existenzgrundlage verbessern. Außerdem ist die genossenschaftliche Struktur der Garant dafür, dass das Unternehmen auch in Zukunft in bäuerlicher Hand bleibt.

Heumilch

Die Heumilch setzt silofreie Fütterung voraus. Das heißt, die Bauern verfüttern frisches Gras (im Sommer) oder Heu (im Winter). Die gleichmäßige, blähungsfreie Fütterung wirkt sich harmonisierend auf die Käseherstellung aus: Fehlerhafte Gärungen werden vermieden. Dazu kommen weitere Fütterungs- und Düngevorschriften. Durch die schonende Bewirtschaftung werden die Artenvielfalt der Wiesen und Weiden sowie die Bodenfruchtbarkeit erhalten. Gräser und Kräuter gedeihen in Hülle und Fülle. Sowohl diesen aromatischen Geschmack als auch die wichtigen Inhaltsstoffe (insbesondere konjugierte Linolsäuren und Omega-3-Fettsäuren) finden Kunden im Heumilch-Sortiment von TegernseerLand wieder. Gekäst wird natürlich ohne Zusatz- und Konservierungsstoffe.
Bei der Heugewinnung können sich im Gegensatz zur Silagebereitung die Clostridiensporen nicht vermehren. Dementsprechend ist auch der Gehalt im Futter und in der Milch äußerst niedrig. Clostridiensporen gelten vor allem bei Säuglingen und Kleinkindern im Darmtrakt als problematisch.

Der Tegernsee und seine Fische

Sie sind verborgen im dunklen Wasser, in ihrer schwarzen Parallelwelt, und zu wissen, dass sie da sind, aber nicht zu wissen, wo, oder im Grunde auch sonst nichts zu wissen, fühlt sich richtig seltsam an.

Der Tegernsee und seine Fische
… denn der See ist nicht Ursprung, sondern Ende

Peter Wißmath

Die Fließen kommen in ihm zur Ruhe. Alles, was geräuschvoll seinen Weg zwischen Steinen, Felsen und Sand suchte, dabei immer den allerkürzesten und den tiefsten Punkt wählend, wird stumm in ihm. Die scheinbare Leichtigkeit, mit der sich die Bäche und Flüsse eben noch bewegten, verschwindet. Manche glauben, der Fluss erlangte im See jene Freiheit, nach der er beim Sturz in das Tal hinunter so laut gerufen hatte. Das stimmt nicht. Er geht mitsamt seinem Eigensinn für immer verloren.

Bachforelle
»Sie sind Sonnenkinder, kleine flinke Hallodris, kenntlich an den roten, gelben und schwarzen Tupfen.«

Rechts oben
Das Hechtauge ist immer wachsam.
Mitte
Die Rotfeder ist – bei Licht betrachtet – der schönste Fisch des Tegernsees.
Unten
Ein alt gewordener Seesaibling

Die Bachforellen in der Rottach, der Weißach oder im Söllbach trauen dem Tegernsee nicht und meiden ihn. Vielleicht, dass sie ihn mal ganz kurz besuchen, aber seine schweigende Tiefe und die Dunkelheit, die über seinen Gründen herrscht, behagen ihnen nicht. Sie sind Sonnenkinder, kleine, flinke Hallodris, kenntlich an den roten, gelben und schwarzen Tupfen, die sie im glitzernden Licht unsichtbar machen. Du erkennst sie, wenn du am Ufer spazierst oder auf der Brücke verweilst, oft nur an den Schatten, die sie auf die helle Bachsohle werfen. Wehe, der deine kommt über die ihren! Husch – und alle sind fort. Immer in Bewegung, suchen sie mit einem Auge das Bachbett, mit dem anderen den Wasserspiegel nach etwas Gutem ab. Sie mögen nicht alles. Sie sind Genießer, und sie schmatzen beim Fressen.

Unsere voralpinen Seen sind noch nicht alt. Kaum 10 000 Jahre ist es her, dass die Gletscher aufhörten, Sperren aus Geröll, Sand und Felsen vor sich her zu schieben. Das Eis schmolz ab, erst in mächtigen, starken Strömen, die bis in die nördlichen Meere reichten, dann in immer spärlicher werdendem Fluss, am Ende stille Wasserkörper, die Talräume ausfüllten. Der Tegernsee ist ein neun Quadratkilometer großer Sonnenlichtreflektor, ein 330 Millionen Kubikmeter fassender, 70 Meter tiefer Wassertropfenspeicher.

Wer ins Wasser steigt, um es zu ergründen, muss aushalten können, was ihm dabei begegnet. Über Jahrtausende war keiner dazu bereit; die Furcht vor den Ungeheuern der Tiefe und die Angst, nicht zurückkehren zu können ans Licht und in die Wärme, waren zu groß. »Was die heulende Tiefe da unten verhehle, das erzählt keine lebende glückliche Seele!« reimte Friedrich Schiller 1797 in seiner Ballade »Der Taucher«.

An der tiefsten Stelle: »Drachenköpfe«

Es gibt Fische auch noch an der tiefsten Stelle des Tegernsees. Sie gehören zur Familie der »Drachenköpfe« und sind winzig klein, ausgewachsen nicht einmal halb fingerlang. Und doch sind sie eine Sensation. Sie wurden dort erst vor 25 Jahren entdeckt. In der offiziellen Arten-Inventarliste des Sees waren sie bis dato nicht verzeichnet, denn es hatte sich noch niemand bis ganz hinunter gewagt. Und wenn doch, dann hatte er diese winzigen, auf dem Seeboden lauernden Wesen übersehen. Wie sie, ihren Blick stets nach oben gerichtet, darauf warten, dass aus dem über ihnen dunkelgrün schimmernden Unterwasserhimmel etwas für sie herabriesele. Die Koppen erkennen ihre Nahrung mit großen, das allerletzte Restlicht sammelnden Augen, die hungrig glühen. Saiblings- und Renkeneier, Glasmückenlarven und frisch geschlüpfte Fischbrut sind ihre Leibspeise.

Ich kann euch die Fische des Sees nicht wirklich beschreiben. Sie sind so schnell und so flüchtig wie Gedanken und verlieren im Tod sekundenschnell ihre Farben und ihre Gestalt. Wenn sie einem Professor Wunder, Professor Hofmann oder Professor Schäperclaus, alles berühmte Fischereiwissenschaftler der ersten Hälfte des vorigen Jahrhunderts, auf den Präpariertisch gelegt wurden, waren die Tiere bereits form- und farblos. Sie hatten ihren Charakter verloren und wurden von den Koryphäen nicht wirklich erkannt, sondern »bestimmt«: die Form ihrer Schuppen, die Ausprägung und die Zahl der Kiemenreusendornen, die Form der Schwimmblase und die Stellung der Mundspalte.

»Weißfische« oder auch »Friedfische«

Ich bin mitten unter Fischen geschwommen, habe sie immer geliebt. Die Lauben, die Rotaugen und die Rotfedern, das Aitel, die Brachse – alles »Einheimische«, die schon in den stehenden oder zäh fließenden voreiszeitlichen Gewässern der Region hausten und angepasst waren an die Verhältnisse. Über Äonen hatten sie sich durch heiße Sommer und eiskalte Winter gebracht, hatten Hochwasser und Dürren überstanden, waren in trocken fallenden Gewässern umgekommen und doch immer wieder zurückgekehrt. So sind sie auch in den Tegernsee gelangt. Wenn du den Mut hast, ihnen in ihrem Element zu begegnen, wo sie alle Vorteile für sich haben, wirst du erkennen, dass sie die Weisen sind. Sie sind Millionen Mal älter als dein Geschlecht.

Ihrer Farbe nach nennt man sie »Weißfische«, aber unter Wasser glänzen sie silbern. Sie leben in Schwärmen, bilden mit ihren Körpern eine Gesamtheit, die sein kann wie eine Kugel, wie eine Wolke, wie ein Strich, still harrend an einer Stelle, rasend schnell an

einer anderen. Sie brauchen dazu keinen Kommandanten, keine Hierarchie – sie funktionieren als Ganzheit, werden aus unzählig vielen eins. Sie sehen und fühlen dich, längst bevor du sie im Blickfeld hast, und sie lassen sich tagsüber niemals von dir greifen. Nachts aber schlafen sie. Legen sich bäuchlings auf den Schlamm zwischen die Armleuchteralgen und ruhen sich aus vom Tagesgeschäft, das aus Fressen und aus Flucht vor den Räubern besteht. Ihr Auge blickt dann nach innen; sie träumen und du kannst sie berühren, wenn du vorsichtig über sie kommst. Sie fressen alles Lebendige und alles Tote, was sich von ihnen erhaschen lässt, was ihnen noch zwischen die Kiefer passt, und werden doch »Friedfische« genannt.

Manchmal begegnest du bei diesen nächtlichen Streifzügen auch einem Karpfen oder einer Schleie. Sie sind dunkel gefärbt wie der Seeboden und verdanken ihre Existenz nicht sich selbst, sondern den Benediktinern, die sie vor gut 500 Jahren hier eingeführt und auf die segensreiche Vermehrung dieser Fastenspeise gehofft hatten. Aber daraus wurde nichts – der See blieb diesen Arten auch im Sommer zu kalt und sie reproduzierten sich in ihm nicht. Sie sind und bleiben Gäste.

Kleine und große Räuber

Und dann die Raubfische: Die kleinen Barsche und der große Hecht. Der Barsch kümmert im kühlen See, wird in der Regel nur handspannenlang. Er ist mit seinem grüngoldenen Grundton und seinen schwarzen Streifen nur schwer zwischen dem Kraut auszumachen und bildet keine geordneten Schwärme, sondern wirre Haufen, die sich wie die Hunnen auf unschuldig daherkommende Brut und Jungfische stürzen. Sie verschonen nicht einmal die eigene Art.

Der wie ein Tiger gezeichnete Hecht kann dagegen zu einem Giganten werden. Er versteckt sich, bis zu zwanzig Kilo schwer und eineinhalb Meter lang, zwischen versunkenen Baumstämmen, den Trümmern eines Kahns oder zwischen den Unterwassertrieben der Seerosen. Er bricht nur dann hervor aus seinem Versteck, wenn er sicher sein kann, dass er die Beute auch wirklich erlangt. Gesunde, kräftige Fische interessieren ihn nicht. Er wittert jede Schwäche und fährt

Fischfang
Um 4 Uhr klingelt der Wecker... Ausgelegt werden Stell-Netze von etwa 100 Metern Länge, die am nächsten Tag eingeholt werden.

erbarmungslos darauf zu. Aber er ist nicht der Herrscher im See. Dafür ist er zu gewöhnlich; es gibt ihn in jedem größeren Tümpel der Region und in jedem trägen Fluss. Die Enten tragen seine klebrigen Eier überall hin.

Der Souverän des Tegernsees ist weiblich und stammt nicht direkt aus dem Tal, genauso wenig wie sein Hofstaat: Die mächtige Seeforelle kam mit ihren Zofen, den Renken, und ihren Lakaien, den Saiblingen, aus den zirkumpolaren Meeren hergereist, den schon beschriebenen letzten Schmelzwasserströmen entgegen ziehend auf der Suche nach neuen Lebensräumen. Ihr unruhiges Blut hat sie von ihrem Vetter geerbt, dem Lachs, der im Meer heranwächst und zum Laichen in die Flüsse steigt. Die Seeforelle sagte dem Salzwasser ade und blieb bei uns, wohl weil es ihr hier besser gefiel als am Polarkreis. Sie wird noch mächtiger als der Hecht, versteckt sich nicht feig wie dieser in der Kulisse, sondern zeigt sich ihren Opfern von weitem, vertraut ihrer Kraft und ihrer Schnelligkeit. Sie ist eine Einzelgängerin, kann bis zu einen halben Zentner auf die Waage bringen und ist unersättlich.

Der Adel

Seeforellen, Renken und Saiblinge bewohnen das Freiwasser in allen Richtungen. Ihre Verwandtschaft zum Lachs erkennst du an ihrer kleinen »Fettflosse«, die keine Stützstrahlen aufweist und die auf dem Rücken der Fische kurz vor dem Schwanzstiel sitzt. Die »Salmoniden« pflanzen sich nur im Winter fort. Die laichreifen Seeforellen würden im Dezember zur Rottach-, Weißach- oder der Söllbachmündung ziehen und dort so weit in die Fließen hinaufsteigen, bis sie nicht mehr schwimmen, sondern nur noch zappeln könnten. Erst ganz oben wäre ihre Brut vor plötzlichem Hochwasser sicher. Sie würden den Kies mit mächtigen Schwanzschlägen lockern, bis die befruchteten Eier in seinem Lückensystem ruhten und bis zum Schlupf im Frühjahr immerfort von sauberem Wasser bespült würden. Die aus den Eiern hervorgehenden Jungfische würden sich dann ein Jahr lang Zeit lassen können, um in den See zurückzufinden. Sie wären dann zehn bis 15 Zentimeter lang.

In Wirklichkeit haben wir ihnen die Seezuläufe verbaut, Aufstiegshindernisse in den

»Ich kann euch die Fische des Sees nicht wirklich beschreiben. Sie sind so schnell und so flüchtig wie Gedanken und verlieren im Tod sekundenschnell ihre Farben und ihre Gestalt....«
Peter Wißmath

»Ich bin mitten unter Fischen geschwommen, habe sie immer geliebt. Die Lauben, die Rotaugen und die Rotfedern, das Aitel, die Brachse – alles 'Einheimische', die schon in den stehenden oder zäh fließenden voreiszeitlichen Gewässern der Region hausten und angepasst waren an die Verhältnisse.«

Weg gestellt und den Kies aus der Sohle der Flüsse gebaggert. Und alles, wirklich alles, was seinen Weg doch noch gefunden hatte, verschwand vor dem Erreichen des Sees in den gierigen Schnäbeln der vielen Gänsesägerfamilien, Raubvögel, die man in den letzten 30 Jahren aus Skandinavien herbeigelockt hatte. Sie ruinierten das Selbstaufkommen der ursprünglichen Tegernseeforelle endgültig und für immer. Dem so genannten »Naturschutz«, auch dem amtlichen, war und ist das egal. Den Fisch sieht man nicht, vor allem dann nicht, wenn er noch klein und unscheinbar ist.

auf den Tisch der Fürsten und Könige gebracht. Wie bedeutend vor allem die Seeforelle des Tegernsees einmal war, beweisen ihre antiken, hölzernen Nachbildungen, die z.T. noch aus dem 18. Jahrhundert stammen. Leider sind die meisten dieser gewaltigen Modelle inzwischen verschollen; die Replik eines solchen ziert die Front des Fischbruthauses in Bad Wiessee.

Womit wir bei der künstlichen Fischvermehrung angelangt wären. Die Vermehrung und die Aufzucht von Salmoniden ist noch ein recht junges Kapitel in der Fischereigeschichte. Die Wiege der bayerischen Salmonidenzucht stand in der herzoglichen Fischzucht in Kreuth, wo um 1870 »für König und Vaterland« Salmonideneier aus der ganzen Welt ausgebrütet, die Brütlinge angefüttert und dann nicht nur im Tegernsee, sondern auch in den anderen bayerischen Voralpenseen ausgelassen wurden: Renken (oder »Felchen«, wie sie dort heißen) aus dem Bodensee, Große Maränen aus dem Peipus- und dem Ladogasee, Seesaiblinge aus Skandinavien und aus Alaska, »Whitefish« (eine Renkenart) aus den Großen Seen Amerikas. Sogar die Zucht von Stören aus dem Baikalsee wurde versucht.

Tegernseer Fischermädchen mit Rotaugen

Die künstliche Fischvermehrung

Die Renken und die Seesaiblinge haben es da besser als ihre große Verwandte. Sie bleiben im See und pflanzen sich dort fort. Renken sind die silbrigsten Fische Bayerns und bilden riesige, schier unerschöpfliche und immer noch ziemlich unerforschte Völker. Der mit ihnen vergesellschaftete Seesaibling ist die bunteste Fischart des Freistaats: Während der Laichzeit kommt er mit seinen orangeroten Punkten, seinen schwarz-weißen Flossensäumen und seinem feuerroten Bauch daher wie ein Kasperl.

Salmoniden haben noch etwas gemeinsam: Ihr zartes, rosafarbenes oder weißes Fleisch, das keine lästigen Gräten aufweist. Das hat sie

Das Fischbruthaus an der Söllbachmündung in Bad Wiessee

Die meisten Maßnahmen waren erfolglos und viel zu teuer, als dass sie in der regulären Seenbewirtschaftung hätten Fuß fassen können. Schließlich mussten ja Eisenbahn und Dampfschiff bemüht werden, um an die exotischen Fischeier zu kommen, und oft schlug das Vorhaben schon beim Transport fehl. Heute hält man von solchen »Faunenverfälschungen« nichts mehr und sieht in dem Bestreben, das heimische Fischblut rein zu erhalten, trotz Globalisierung und europäischer Freizügigkeit keinen Anachronismus. In dem vom Bezirk Oberbayern an der Söllbachmündung erbauten und vom jeweiligen

Pächter der staatlichen Fischereirechte des Tegernsees zu betreibenden Fischbruthaus werden heimische Fische künstlich befruchtet, erbrütet und aufgezogen. Es sind Renken, Seesaiblinge und Seeforellen, die dort seit 1998 das Licht der Welt erblicken und das ersetzen sollen, was der Mensch den Fischen an Lebensräumen genommen hat. Seither ist der Bestand dieser drei Arten im Tegernsee wieder gesichert.

Die Krebse, die es einmal im Tegernsee so überreichlich gegeben hat, fielen allesamt der »Krebspest« zum Opfer, einer Pilzkrankheit, die nach dem Zweiten Weltkrieg aus Amerika eingeschleppt wurde und gegen die immer noch kein Kraut gewachsen ist. Ein groß angelegter, sündteurer Wiedereinbürgerungsversuch schlug 1990 fehl. Und Muscheln gibt es auch kaum mehr: Die vielen Millionen Teich- und Malermuscheln, die einst überall im Bodenschlamm der Uferbereiche steckten und das Wasser filterten, sind schlicht verhungert – ein Kollateralschaden der staatlichen Seenreinhaltungsprogramme und der mit ihnen in Zusammenhang stehenden Ringkanalisationen. Dass es diese Muschelbänke einmal gegeben hat, zeigen uns die riesigen »Schalenfriedhöfe« in sechs bis zwölf Meter Tiefe; das glänzende Perlmutt der leeren Hüllen ist inzwischen matt geworden und schlammbedeckt.

Epilog

Wasserflächen stellen für die Landbewohner Zauberspiegel dar. Die Fischer vermuten hinter diesen Spiegeln das Glück. Ihr Glück, nach dem sie ein Leben lang suchen. Je weniger sie es finden, je mühsamer ihre Suche danach ist, desto sicherer werden sie sich: Es liegt ganz gewiss unter dieser glitzernden Oberfläche, ihr Glück. In der Tiefe, unter dem Wasserspiegel. Es ist wie eine Liebe, die ein Leben lang unerfüllt bleibt und die sich gerade deshalb nie verzehrt, sondern ewig währt. Könnte es diese Gefühle auf der anderen Seite des Spiegels nicht auch geben? Ist es ganz und gar undenkbar, dass die Welt unter Wasser von jener darüber träumt?

Manchmal wünschte ich mir, ich wäre wirklich ein Fisch.

Großaquarium beim Fischbruthaus in Bad Wiessee
An der Söllbach-Mündung stehen eine Fischbrutanstalt des Bezirks Oberbayern und ein öffentlich zugängliches Großaquarium mit einheimischen Fischen des Tegernsees. Manche Fische können zwar im Tegernsee noch gut leben, sich aber wegen zahlreicher Umweltbelastungen nicht mehr selbständig fortpflanzen. Im Bruthaus werden daher die Eier im See gefangener bedrohter Fischarten ausgebrütet und die Brütlinge zu Setzlingen herangezogen.

Die Tegernseer Ringkanalisation – eine Weltpremiere

Annette Lehmeier

Von 1957 bis 1965 dauerten die Bauarbeiten, dann hatte sich der schützende Ring geschlossen. Statt weitgehend ungefiltert in den See gelangten die Abwässer der Talgemeinden fortan über einen Ringkanal in eine Kläranlage. Was die Wasserqualität des Sees und damit – in vielerlei Hinsicht – die gesamte Region rettete, verschaffte dem Tegernseer Tal einen Eintrag in die Geschichtsbücher: Die Ringkanalisation um den Tegernsee ist die erste Ringleitung der Welt.

Ungetrübte Badefreuden
Dank einer durchgängigen Ringkanalisation rund um den See zählt der Tegernsee zu den saubersten umbauten Seen Europas. In den 1950er Jahren war der See so verschmutzt, dass die Behörden ein Badeverbot erwogen.

Die Ausgangslage acht Jahre zuvor war dramatisch. Durch die steigende Bevölkerungszahl und den florierenden Tourismus hatte die Verschmutzung des Tegernsees in der Mitte der 1950er Jahre ein erschreckendes Ausmaß angenommen. Stand der Technik war bis dahin, dass flüssige Abfallstoffe aus Haushalt und Gewerbe über einfache Absetzgruben dem Grund- bzw. Oberflächenwasser zugeführt wurden. Die Inhaltsstoffe der Absetzgruben brachte man auf den umliegenden Feldern als Düngemittel aus. So gelangten immer mehr Nährstoffe in den See, das Algenwachstum explodierte. Wie stark das biologische Gleichgewicht zerstört war, zeigte sich vielerorts an der Rotfärbung des Wassers, hervorgerufen durch die Burgunderblutalge *(Oscillatoria rubescens)*. Ein Badeverbot für den Tegernsee schien unausweichlich.

Im Herbst 1956 dann der Durchbruch: Statt ihre bestehenden, völlig unzureichenden Abwasseranlagen zu modernisieren, entschlossen sich die fünf Talgemeinden zu einer gemeinsamen Lösung: Man gründete einen Zweckverband und beauftragte ihn mit dem Bau und Betrieb einer Abwasserbeseitigungs- und Reinigungsanlage (Ringkanal und Sammelkläranlage). Im Winter 1957/1958 wurde mit den Kanalbauarbeiten begonnen. Was gemeinhin »Ringkanal« genannt wird, ist in Wirklichkeit eine Gabellösung mit einem Ost- und einem Westsammler. Der Ostsammler beginnt in Weißach in der Straßenkreuzung B307 / B318, verläuft anfänglich in Richtung Bad Wiessee, dann über die Aribo- und Kobellstraße an das Seeufer, weiter um die Egerner Bucht herum nach Tegernsee, St. Quirin und Gmund. Dort unterquert er die Mangfall und mündet in den Westsammler, der, am Ringseeweg beginnend, die Abwässer eines Teils der Gemeinde Kreuth, von Bad Wiessee und ab Bayersäge von Teilen der Gemeinde Gmund aufnimmt und diese ins zentrale Klärwerk im Louisenthal befördert.

Um das notwendige Fließgefälle zu erzeugen, sind im Verbandssammler sechs Hebe- und fünf Pumpwerke installiert, deren Gesamtförderhöhe 57,5 m beträgt. Die Bauarbeiten für das Projekt wurden mit der Fertigstellung des Klärwerks Ende des Jahres 1965 abgeschlossen.

Land unter am Tegernsee
Überlegungen zum Hochwasserschutz

Hans-Ulrich Werner

Mit einem Hochwasser wie dem von 2013 hatte niemand gerechnet. In der Nacht vom 2. auf den 3. Juni schwoll der Tegernsee bis 727,53 m über Normal-Null an. Die Holztafel beim Bootssteg »Ortsmitte Bad Wiessee« der Tegernseer Schifffahrt mit den eingeritzten Hochwasserständen reichte nicht aus, um den Pegelstand 2,47 m anzeigen zu können. Das Überschwemmungsgebiet war damit deutlich größer als amtlich auf der Basis eines 100-jährlichen Hochwassers festgelegt. Die Stadt Tegernsee war längere Zeit weder von Norden noch von Süden mit dem Auto zu erreichen. Schäden in Millionenhöhe entstanden. Am Unterlauf der Mangfall stand Kolbermoor unter Wasser.

Beim Tegernsee handelt es sich um ein Risikogewässer; zusammen mit seinen Zuflüssen (im Wesentlichen Weißach, Rottach und Söllbach), die auch als Wildbäche eingestuft sind, ist daher der bayerische Staat für ihn zuständig. Der einzige Abfluss aus dem See, die Mangfall, kann bei Starkregen nicht so viel Wasser ableiten wie indirekt über die Bäche und direkt durch den Niederschlag auf den See sowie erhöhte Mengen an Oberflächen- und Grundwasser eingeleitet werden. Dadurch steigt der Seespiegel bis zu einigen Zentimeter je Stunde an. Jeder Zentimeter Pegelanstieg führt zu einem Rückhalt von 90 000 m³ Wasser, die im Juni 2013 gemessenen 1,98 m also zu 18 Millionen m³. Dieses natürliche Retentionsvermögen bietet einen Schutz der Mangfall vor Hochwasserwellen ungewohnten Ausmaßes. Einen gewissen Schutz vor dem extrem hohen Wasserstand im Tegernsee hätte es gegeben, wenn der Seespiegel zu Beginn des Starkregens deutlich tiefer gelegen hätte, als es der Fall war.

Das vom Wasserwirtschaftsamt Rosenheim entwickelte Projekt »Hochwasserausgleich Tegernsee« mit seinem steuerbaren Wehr in Gmund soll eine derartige »Vorabsenkung« ermöglichen. Durch das Wehr kann aber auch mehr Wasser im Tegernsee gestaut werden als bisher. Im Katastrophenfall ist nicht auszuschließen, dass durch den geplanten technischen Eingriff im Tegernseer Tal ein noch größeres als im derzeitigen Zustand zu erwartendes Hochwasser eintritt – oder gar herbeigeführt wird, um die dicht besiedelte Region im Unterlauf der Mangfall besser zu schützen.

Weil sie dies befürchten, haben sich viele Talbewohner in der Interessengemeinschaft »Rettet den Tegernsee« zusammengeschlossen. Sie hat eigene Vorschläge für Hochwasserschutzmaßnahmen im Tal öffentlich vorgestellt und sich gegen die Verwirklichung des geplanten Wehrs ausgesprochen. Es geht ihr auch um den Erhalt der Schilfbestände im See.

Es wird schwer sein, eine Lösung zur Minderung der Hochwassergefahr durch das »Risikogewässer« Tegernsee zu finden, welche die Interessen aller Betroffenen und Beteiligten berücksichtigt. Möglicherweise bringt die Überprüfung weiterer dem zuständigen Wasserwirtschaftsamt Rosenheim vorliegender Alternativen einen Durchbruch.

Seestraße wurde zum See
In der Nacht vom 2. auf den 3. Juni 2013 überflutete das Hochwasser die Straßen in Rottach-Egern; die Arkaden in der Seestraße von Egern waren nur noch mit dem Kanu passierbar.

Industriestandort Mangfall
Papiere von Weltrang aus Mangfall- und Louisenthal

Alexandra Korimorth

Büttenpapier – Banknoten
Die Papierfabrik Louisenthal (im Bild unten) beschäftigt im Gmunder Werk 700 Mitarbeiter, die Büttenpapierfabrik Gmund rund 110. Die Papiermacher vom Tegernsee gehören zu den besten und kreativsten der Welt.

Das Mangfall- und Louisenthal sind seit rund 200 Jahren der wichtigste Industriestandort des Tegernseer Tals. Mit der Büttenpapierfabrik Gmund und der Papierfabrik Louisenthal haben sich hier zwei Unternehmen von internationaler Bedeutung etabliert.

Die Kraft des einzigen Tegernsee-Ausflusses veranlasste vor rund 200 Jahren Johann Nepomuk Haas, am Mangfall-Oberlauf eine Papiermühle zu gründen. Haas hatte 1829 das Recht zum Sammeln von Lumpen (bairisch: »Hadern«) erhalten, welche seit dem Mittelalter als Rohstoff für die Papierherstellung verwendet wurden. Die erste Maschine zur Papierproduktion wurde 1886 vom zweiten Inhaber Gregor Fichtner installiert. Sie ist heute noch im Einsatz. Mit einer Länge von 30 Metern und einem Gewicht von 100 Tonnen nimmt das schwarze Industriedenkmal eine ganze Produktionshalle der Büttenpapierfabrik Gmund ein, die seit 1904 im Besitz der Familie Kohler ist. 1979 wurde in eine weitere Papiermaschine investiert.

Die Namen der Oscar-Preisträger werden von Gmunder Papier abgelesen

Die Erzeugnisse von »Gmund« werden für Unternehmensbroschüren oder Nachschlagewerke ebenso verwendet wie als edle Verpackungen. Im Konferenzraum stehen in ihrem unverkennbaren Türkis die kleinen Schächtelchen von Tiffany, die Verpackungen der Anna Sui-Parfüms und die von Dolce und Gabbana, die Godiva-Pralinen-Box,

die Papierschachteln von Hermes, Boss, Adidas ... Es ist höchste Papierkultur, die hier handwerklich fein und mittels energieeffizienter und umweltschonender Technologie entsteht. Anklang findet sie bei Privat- und Geschäftskunden, aber auch auf der großen Bühne – etwa wenn zu den Filmfestspielen nach Cannes oder zur Goldenen Kamera in Berlin geladen wird und die Oscar-Preisträger von Gmund-Papier abgelesen werden.

Louisenthal ist der alleinige Lieferant für das deutsche Banknotenpapier

Produkte der Papierfabrik Louisenthal keine hundert Meter weiter flussabwärts hat jeder schon einmal in der Hand gehabt. Hier wird seit 1965 von Giesecke & Devrient (G&D) Banknotenpapier hergestellt. Um die Papierfabrik von der Büttenpapierfabrik Gmund zu unterscheiden, heißt sie auch die »Geldfabrik«. Ihre Geschichte geht zurück ins Jahr 1818, als hier eine Maschinenfabrik gegründet wurde, die zunächst eine Uhrmacherei, dann ein Hammerwerk und ab 1863 eine Baumwollspinnerei beherbergte. Der bayerische König Max II. gestattete dem damaligen Inhaber Schultes, die Fabrik und das umliegende malerische Tal in Erinnerung an die Herzogin Ludovika, genannt Louise, »Louisenthal« zu nennen. 1878 kauften die beiden Papiermacher Carl Hauk und Carl Rosner die Anlagen und bauten sie zur Papierfabrik um. Ab 1889 leitete Hauk Louisenthal allein, bis dann auch sein Schwiegersohn Dr. Adolf Förderreuther in den Betrieb eintrat.

Die zugezogenen »Fabrikler« haben sich gut ins Gemeindeleben integriert

Der steigende Fachkräftebedarf ließ immer mehr Papiermacher zuziehen, die Ende des 19. Jahrhunderts selbst aus der Steiermark nach Gmund kamen. Rund um die Fabrik wurden Häuser und Höfe zu Werkswohnungen umgebaut. Mit der Siedlung entwickelte sich ein reges Gemeinschaftsleben. Feinsinnig und auch kulturellen Dingen gegenüber aufgeschlossen, brachten sich die »Fabrikler« in die Vereine ein, beim Theaterspielen, bei der Blasmusik und im Fasching. Gemeinsam mit den Bauern bildeten sie gesellschaftlich einen Gegenpol zu den Bürgerlichen und belebten die Gemeinde.

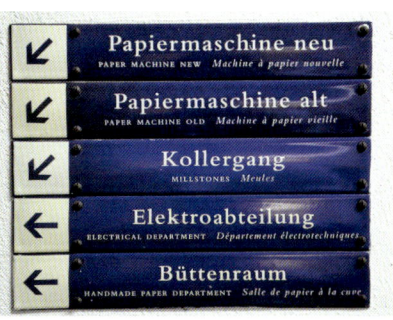

Zwischen den beiden Weltkriegen erlebte die Papierfabrik, die Pack- und Zeitungspapier herstellte, eine Blütezeit. Ab 1939 wurde sie von Rüstungsfirmen besetzt, die auch Zwangsarbeiter beschäftigten. Kurz vor Kriegsende konnte ein Zwangsarbeiter fliehen und sich zu französischen Einheiten durchschlagen. Mit einem Panzerspähwagen kehrte er zurück, um Vergeltung zu üben. Kommerzienrat Arthur Hauk, Hans Förderreuther und ein deutscher Soldat fanden dabei den Tod: Sie wurden vor der Fabrik erschossen. Nach dem Krieg konnten die Familien Hauk und Förderreuther trotz Rohstoffmangels die Papierproduktion wieder aufnehmen; 1948 wurde bereits wieder modernisiert.

Nach der Übernahme durch Giesecke & Devrient schritt die Entwicklung rasant voran – sowohl was die Produkte als auch die Industrieanlage selbst betraf. Für die Herstellung des Wasserzeichens entwickelte man eine neuartige Verfahrenstechnik, so dass Louisenthal 1967 alleiniger Lieferant für das deutsche Banknotenpapier und für zahlreiche Fremdwährungen wurde. Es folgten die Entwicklung und Produktion von Schecks und Karten. 1999 baute G&D für das Geschäftsfeld »Folienproduktion« ein eigenes Werk. Heute zählt das Unternehmen zu den innovativsten Banknoten-Herstellern und weltweiten Technologieführern für folienbasierte Sicherheitselemente.

Lebendes Industriedenkmal

Die Papiermaschine der Büttenpapierfabrik Gmund ist 30 Meter lang und wiegt 100 Tonnen; sie ist seit 1886 im Einsatz und gilt als eine der ältesten noch laufenden Maschinen Europas, steht in einer eigenen Produktionshalle und wird kontinuierlich nach den neuesten Standards ausgebaut.

Aus dem Fotoschatz

Auerhuhn

Tüpfelenzian
Gentiana punctata

Sperlingskauz

Birkhuhn

Lappland Knabenkraut
Dactylorhiza lapponica

Widerl
Epigog

Felsenschwalbe

von Georg Hofmann

Georg »Schorsch« Hofmann, erfolgreicher Skisportler und Kletterer, reifte als Fotograf vom Beobachter zum Kenner und Experten, der im Tegernseer Tal jedes Tier- und Pflanzenhabitat kennt und immer wieder neue entdeckt, ob es Säugetiere, Amphibien, Vögel, Insekten oder seltene Orchideen sind, einheimische Arten oder Neuankömmlinge. Hofmanns Archiv umfasst 120 000 Dias und 16 km Film. Hier eine Auswahl seiner schönsten Raritäten aus 50 Jahren fotografischer Pirsch.

Steinadler

Weißrückenspecht

*Zwergalpenrose
Rhodothamnus chamaecistus*

Schneehase

*Berg-Alpenglöckchen
Soldanella montana*

Eisvogel

Die Tier- und Pflanzenwelt

Vom »Duckanterl« bis zur Gams, von Kräutern, Blumen, Wald und Wild

Christine Miller

Links
Kolbenentenerpel
Die Kolbenente ist eine Tauchente, die sich von Muscheln und Schnecken, aber auch von anderen Kleintieren und Insekten ernährt.

Gänsesäger-Weibchen
Die geschickten Fischjäger verbringen ihre Paarzeit gemeinsam im Winter auf dem See. Zum Brüten ziehen sich die Weibchen in Baumhöhlen zurück.

Eingebettet in dunkle Wälder und umkränzt von einem breiten Schilfgürtel – so lag der Tegernsee einst vor den durchziehenden Händlern und Hirten, lange bevor das Tal dauerhaft besiedelt wurde. Heute ist der stille Ort ein Anziehungspunkt, und den einst mächtigen Schilfgürtel muss man suchen. Bojenketten schützen die verbliebenen Reste, etwa am Ringsee, nördlich von St. Quirin oder in der Finnerbucht, und damit wichtige Rückzugs- und Brutgebiete für Vögel und Fische vor der Störung und Zerstörung, etwa durch Wassersportler.

Beliebtes Rast- und Brutgebiet

Der Tegernsee erfreut sich steigender Beliebtheit als Rast- und Brutgebiet für Enten, Säger, Taucher, Rallen, Gänse oder Möwen. Da er im Winter nur noch selten zufriert, bietet er reichlich Nahrung im und am Wasser. Es lohnt sich, im Januar und Februar mit Fernglas und Bestimmungsbuch das Treiben zu beobachten. Unverwechselbar sind die kleinen schwarz-weißen Reiherenten-Erpel mit ihrem eleganten Schopf, genauso wie der orangerote Kopf und der leuchtend rote Schnabel der Kolbenerpel oder der dunkelrote Kopf über der schwarzen Brust des Tafelentenerpels. Da sieht man kleine Knäckerpel mit dem weißen Streifen über den Augen, die schwarz schimmernde Vorderpartie des Bergenten-Erpels und die Schellenten mit dem weißen Wangenfleck, die beim Auffliegen klingelnde Fluggeräusche von sich geben – und natürlich die allseits präsenten Stockenten. Zu Beginn des Jahres sind sie oft schon in Begleitung ihres Weibchens. Die vielen noch unverpaarten Erpel versuchen ab Februar nochmals ihr Glück auf dem Hochzeitsmarkt. Dann beginnt die so genannte Reizeit, die immer leidenschaftlicher wird, je näher der Frühling kommt.

Familienleben im Schilf

Die Haubentaucher beginnen ab März mit ihren höflichen Balztänzen: den Kragen und

die Federhaube gespreizt, Kopf links, Kopf rechts drehen und zurückbeugen, Kopf links, Kopf rechts. Das kann lange dauern. Für kurze Zeit sind die Gänsesäger nicht mehr zu beobachten: Die Männchen haben sich nach der Paarung in ihre Mausergebiete zurückgezogen. Das Weibchen sitzt in einer Bruthöhle auf den Eiern. Wenn die Jungen geschlüpft sind, führt sie ihre Küken zurück ans Wasser. Anfangs sieht man die Familie manchmal »Boot fahren«: die Kleinen sitzen auf dem Rücken der Mutter. Auch die Haubentaucher transportieren so ihre Jungen – manchmal tauchen sie sogar mit dem Nachwuchs. Während bei Ente und Säger die Familienarbeit Frauensache ist, kümmern sich bei Haubentaucher und Blässhuhn beide Eltern um den Nachwuchs. Die schwarzen Rallenvögel mit dem rahm-weißen Stirnschild, von den Einheimischen »Duckanterl« genannt, sind der häufigste Anblick, wenn man Wasservögel am See beobachtet.

Der Tegernsee wird von einem halben Dutzend großer Bergbäche gespeist: Rottach und Weißach im Süden, Alpbach in Tegernsee sowie Breiten-, Zeisel- oder Söllbach im Westen. Jeder dieser Bäche schüttet in seinem Einlauf einen mehr oder weniger großen Schwemmkegel auf. Diese Geländeformen sind unter der heutigen Bebauung kaum mehr zu erahnen. Nur im Süden zeigt die Landschaft noch Erinnerung an die »alten Verhältnisse«. Im Bereich von Weißach und Ringberg steht zwischen Altwasserarmen noch der Rest eines Bruchwaldes mit Erlen und Weiden, in denen Eisvogel, Wasseramsel und Buntspecht brüten; daneben gedeihen in Sumpfwiesen Knabenkraut, Schwertlilien und Sumpfdotterblumen.

Im Süden des Sees hat der Biber seine alte Heimat wiederentdeckt

Hier hat auch der Biber seine alte Heimat wiederentdeckt. Vor etwa zehn Jahren hat er sich aus dem Inntal die Mangfall aufwärts bis nach Gmund gearbeitet. Im Süden des Sees steht heute seine Burg. Das pummelige Tier schwimmt mühelos weite Strecken und holt sich frische Knospen, Blätter, Rinde von den gefällten Bäumen. Nagespuren an Uferbäumen sind entlang des Südufers leicht zu finden. Wasser bedeutet für den Biber Sicherheit; er legt seine Baue so an, dass der Eingang unter Wasser liegt. Damit ist er vor Räubern wie Marder oder Fuchs geschützt. Sinkt der Wasserspiegel, weiß er sich zu helfen und macht durch Staudämme den Bau sicher und seine Wege »beschwimmbar«.

Die Talhänge weichen in den Ortsteilen Holz und Gasse auf halber Höhe zurück und machen Platz für sanft geschwungene Wiesen. Wer Heilkräuter kennt, wird entlang der Wegränder und Baumhage rasch fündig: Blutwurz und Johanniskraut, Zahntrost und Echte Nelkenwurz, Labkraut und Königskerze, Wundklee und Eisenhut, Schafgarbe und Augentrost, Hirtentäschel und Wilde

Möhre. Der Turmfalke rüttelt auf Beutefang über den Wiesen. Im Morgengrauen schiebt sich ein Hase durchs Gras und nascht an fetten Blütenknöpfen. Wildbienen finden hier ebenso Nahrung wie Honigbienen. Immer wieder stehen Bienenhäuser in den alten Obstgärten der Bauernhöfe.

Jede Zeit hat ihren Wald

Mensch, Boden und Klima verändern das Gesicht der Wälder – auch rund um den Tegernsee. Seit der Besiedlung des Tals war der Wald der wichtigste Weidegrund für das Vieh. Daneben musste er Brennholz liefern. Die zu Boden gefallenen Blätter und Nadeln der Bäume wurden von den Bauern sorgfäl-

Der Rothirsch
Im Bergwald wird es eng und ungemütlich für die Hirsche. Heute darf Rotwild die Voralpen per Gesetz nicht mehr verlassen. Nördlich des Tegernsees beginnt die amtliche »Rotwildfreie Zone«, hinter der jedes Stück Rotwild geschossen werden muss.

Weitere Raritäten
von Georg Hofmann sind die Alpen-Mosaikjungfer, eine Libellenart (links), und der Alpenbock (rechts). In der Mitte die Fliegen-Ragwurz (Ophrys insectifera), deren Blüten in Form, Farbe und Duft eine bestimmte Wespenart nachahmen, um die Chancen auf Bestäubung zu erhöhen.

tig mit dem Rechen gesammelt und winters im Stall als Einstreu und als Viehnahrung verwendet. Dieses Wirtschaften hat Platz für eine bunte Vielfalt an Waldkräutern, Insekten und Vögeln geschaffen. Der Frauenmantel, ein kleines, unscheinbares Kraut mit fächerförmigen Blättern, zeigt die Stellen an, die früher beweidet wurden. Es ist überall in den Wäldern rund um den See zu finden.

Der Waldbesitz des Klosters Tegernsee ging nach dessen Aufhebung vor über 200 Jahren fast geschlossen in den Besitz des Bayerischen Staatsforstes über und wurde dann ganz im Sinne der damals aufkommenden modernen Forstwissenschaft bewirtschaftet. Die Wälder mussten jetzt vor allem viel und rasch Holz produzieren. Die vielen Nebennutzungen, ob Streurechen oder Waldweide, verbannte man weitgehend, und Freiflächen wurden zügig mit schnell wachsenden Fichten wieder aufgeforstet. Die Waldfläche wuchs und wuchs, wie man an Bildern aus den vergangenen 200 Jahren deutlich sehen kann, und hat heute wahrscheinlich ihren Höchststand erreicht. Gleichzeitig wurden die Wälder einheitlicher und einförmiger.

Bunte Bergwälder, die von selbst aus Samen wachsen, sind im Kommen

Im Laufe der vergangenen 40 Jahre erkannte die moderne Forstwissenschaft den Wert der Vielfalt und fördert nun bunte Bergwälder mit Buchen und Fichten, Bergahorn, mit Ulmen, Tannen, Linden und Vogelbeeren. Auf den abgeholzten Flächen sollten die Jungbäume nicht mehr gepflanzt werden, sondern von selbst aus Samen wachsen. Durch die veränderte Forstbewirtschaftung gab es Gewinner und Verlierer im Wald. Die alte Kahlschlagswirtschaft ahmte nämlich – ohne es zu wollen – die Zerfallsstrukturen sehr alter natürlicher Wälder nach. Auch waren Lage und Ausmaß der Schläge von den Geländeformen und der Möglichkeit, das Holz auf Pferdeschlitten oder in aufgestauten Bächen ins Tal zu bringen, begrenzt.

Das große Auerwild tut sich schwer

Hunderte Kilometer Forstwege erlauben es, fast überall Holz zu schlagen und abzutransportieren. Die Wälder sind durch Baumverjüngung und Unterwuchs dichter, grüner und dunkler geworden. Das Haselhuhn weiß solche Bedingungen zu schätzen, auch das Reh. Dagegen fehlt dem Auerhuhn immer mehr von dem, was es zum Überleben braucht: alte Fichten- und Kiefernwälder, wo viel Platz zwischen den Bäumen bleibt und reichlich Licht auf den Boden fällt. Dort wachsen auf magerem Boden Heidelbeerfelder, auf die Auerhühner angewiesen sind.

Über Jahrhunderte hatten Waldweide und gemäßigte Kahlschläge dem großen Auerwild das Leben in den bayerischen Bergen ermöglicht. Auch andere Tierarten tun sich heute schwerer: Rothirsche leben von Natur aus im Grenzbereich von Wäldern und offenen Flächen. Wenn im Winter der Schnee in

Kaisermantel
Den auffallend großen Falter sieht man häufig auf Waldwiesen und anderen lichten Waldstellen. Der Kaisermantel bevorzugt Nektar aus Distelblüten und anderen Korbblütlern.

den Bergen zu hoch wurde, zogen sie in tiefere Lebensräume und standen in den Auwäldern rund um den See; vielleicht wanderten die Tegernseer Hirsche sogar weiter die Mangfall flussabwärts. Heute darf das Rotwild den Waldbereich kaum noch verlassen. Nördlich des Tegernsees beginnt die amtliche »Rotwildfreie Zone«, hinter der jedes Stück Rotwild geschossen werden muss. Im Bergwald wird es deshalb sehr eng und ungemütlich für die Hirsche, die eigentlich lieber tagsüber in Ruhe Gräser und Kräuter weiden möchten und im Winter ihren Stoffwechsel und Hunger soweit dämpfen, dass sie fast im Stehen Winterschlaf halten könnten. Doch da werden sie im Bergwald noch bis in den Januar hinein gestört, zum Teil mit Hunden gejagt, um anschließend an einer Fütterung, manchmal auch umgeben von einem Zaun, bis ins Frühjahr im Bergwald ausharren zu müssen.

Für die Gams wird es immer enger

Die Gams trifft es noch schlechter. Für sie wird es auf den Freiflächen rund um die Gipfel und Almen immer enger. Neben Weidevieh tummeln sich dort das ganze Jahr auch Freizeitsportler. Der Berg ist Partyzone und Sportgerät geworden. Ruhige Plätzchen für die Gams: Mangelware. Man darf sich nicht täuschen lassen, wenn direkt neben dem viel begangenen Wanderweg ein, zwei Gams scheinbar ruhig stehen und neugierig auf die Menschen schauen. Meist sind das jüngere Böcke, die lieber einzeln stehen und keinen großen Wert auf eine besondere Ausstattung ihres Lebensraums legen. Entscheidend für den Gamsbestand ist, wohin die empfindlichen Rudel der Geißen und Kitze sich zurückziehen können. Steile, felsenreiche Waldpartien, oft auf Südseiten und mit Lichtungen sind bester Gamseinstand. Doch dort werden sie heute nicht mehr geduldet. Auf großer Fläche wurde die Gams in den Wäldern rund um den Tegernsee zum Freiwild erklärt; dort wo sie sich am liebsten aufhalten, wurde zum Teil sogar die Schonzeit im Winter aufgehoben.

In den Latschen- und Alpenrosenflächen rund um die Felsgipfel watscheln nach einem Gewitterregen die schwarzen Alpensalamander über den Weg, Alpendohlen umkreisen die Gipfelkreuze auf der Jagd nach Brotzeitresten. In abgelegenen Ecken leben Birkhühner. Auch sie haben Probleme, wenn sie im Winter und Frühjahr aus der Ruhe gescheucht werden. Ganz im Süden des Tegernseer Tals trifft man noch auf ein paar Schneehühner. Sie gehören aber schon in die nächste Bergetage, von der die Tegernseer Berge nur eine erste, sanfte Ahnung bieten.

Keine Ruhe für die Gams
Sichere und ruhige Rückzugsgebiete für Geißen und Kitze im steilen Bergwald sind für Gams überlebensnotwendig. Doch gerade hier stören sie die forstlichen Ziele, die zur Zeit verfolgt werden.

Weißach, Rottach, Söllbach & Co
Vom Wildwasser zur Wasserstraße und zurück

Annette Lehmeier

Am Anfang war auch hier das Eis. Es waren die eiszeitlichen Gletscher, die das Profil der Tegernseer Berge, Flusstäler und des Sees so formten, wie es uns heute begegnet. Vom Inntal kommend schoben sich die Eismassen durch die Flusstäler von Weißach, Schwarzenbach und Söllbach, durch die Valepp und das Rottach-Tal nordwärts. Die einst engen Flusstäler, die V-förmig in die Bergwelt eingeschnitten waren, vertiefte und verbreiterte der mächtige Gletscher zu einem U. Schürfend und mahlend weitete er etwa das Tal bei Kreuth auf bis zu 1,5 km Breite und öffnete sich schließlich nördlich des Ringbergs in das Tegernseer Tal. Auf seinem Rücken und in seinem Inneren eingefroren führte er Abertausende Tonnen von Geröll mit sich: Steine jeder Größe, vom Sandkorn bis zum Felsblock. Als das Eis verschwand, blieb dieses »Geschiebe« liegen. Das Geröll und die Ablagerungen bildeten den neuen Talboden, in dem sich fortan die Flüsse ihren Weg suchten.

Die Weißach war einmal ein weit verzweigter Wildfluss

Weißach und Rottach, aber auch Söllbach oder Alpbach taten dies mit Kraft und Kreativität. Die Weißach etwa, die heute an den meisten Tagen des Jahres friedlich in ihrem Bett dahinplätschert, war bis vor wenigen hundert Jahren ein weit verzweigter Wildfluss, der sich mit jedem Hochwasser ein neues Bett grub – und vor dem die Menschen einen Heidenrespekt hatten. Als die Tegernseer Benediktiner in den Jahren nach

Der Söllbach ist einer der wichtigsten Zuflüsse des Tegernsees. Er entspringt in 1400 Meter Höhe unterhalb der Seekarspitze. Das Bild zeigt den Söllbach im Bad Wiesseer Ortsteil Abwinkl kurz vor der Mündung in den See.

Der Klausenbau
auf einer Fotografie aus Hans Halmbachers Mammutwerk »Das Tegernseer Tal in historischen Bildern«. In der Mitte das Klausentor. Dahinter wurde das Wasser mitsamt den geernteten Holzstämmen aufgestaut. Zur Holztrift wurde das Tor mit einem Schlag, dem »Klausenschlag«, geöffnet. Die Wasserkraft trug das Holz hinunter in den See.

der Klostergründung (746) die ersten Bauern ins Kreuther Tal schickten, um die Region urbar zu machen, legten diese ihre Rodungsinseln und Höfe wohlweislich oberhalb der Schotterterrassen an. Das Land am Fuße der »Bichl« – man erkennt sie noch gut zwischen Kreuth und Brunnbichl – gehörte dem Fluss.

Der Talboden war jedoch viel zu wertvoll, um es auf Dauer dabei zu belassen. Zwar dienten die Randbereiche des Flusslands schon früh als gemeinschaftliche Heimweide außerhalb der Almperiode. Um ihr Vieh zu ernähren, waren die Bauern auf jedes Kuhmaul voll Gras angewiesen, das zwischen den Bachkugeln der wilden Weißach hervorspross. Und so machte man sich daran, den Fluss mit Hilfe von Verbauungen in ein festes Bett zu zwängen. Als 1320 die Handelsstraße über den Achenpass nach Tirol eröffnet wurde, kam ein weiteres Argument hinzu: Nur wenn man die Weißach in den Griff bekam, hatte diese wichtige Verbindung eine Zukunft. Fortan finden sich in alten Karten von Kreuth immer häufiger Hinweise auf »Wuhren« zur Absicherung der Straße, die vor allem an Prallhängen wie dem Grüneck wegen der Überflutungsgefahr besonders gefährdet war. Das mit Geröll und Sträuchern bedeckte Ufergebiet zwischen Fluss und dem hinter der Straße beginnenden Grasland wurde darin bereits als »Au« bezeichnet.

Holztrift aus den Kreuther Wäldern für die Saline Rosenheim: Aus Wildbächen wurden Wirtschaftskanäle

Die Weißach, die sich in dieser Au in Richtung See bewegte, mochte sich durch die frühen Verbauungen nicht mehr an allen Stellen winden und schlängeln, doch sie folgte noch immer einem weitgehend natürlichen Lauf. Dies änderte sich mit dem Beginn des 19. Jahrhunderts.

Etwa um 1810 gelangten die Kreuther Wälder in den Einzugsbereich der Saline Rosenheim. Die Salzgewinnung aus den Vorkommen in Berchtesgaden bildete für den bayerischen Staat eine wesentliche Einnahmequelle. Die dortigen Waldungen waren wegen des enormen Brennholzbedarfs der Salinenwerke schon so gut wie ausgebeutet. Neuer Brennstoff musste beschafft werden, der unter anderem aus den Tegernseer und Kreuther Bergen kommen sollte, und zwar auf dem Wasserweg: dies war die einzige gangbare Möglichkeit. Von den Bergflüssen in den Tegernsee und von dort über die

Mangfall bis in den Inn. Die Weißach, aber auch die Rottach und weitere Bäche wurden zu diesem Zweck zu »Triftkanälen« umgebaut, mit dem weitgehend schnurgeraden Flussverlauf, der sie bis heute kennzeichnet.

Große technische Leistung – auf Kosten der Natur

Der ehemalige Kreuther Forstdirektor Anton Böhm schreibt im Kreuther Heimatbuch von 1985: »Der Aufbau dieses Triftbetriebs aus dem Raum Kreuth-Tegernsee nach dem Salinenhof Rosenheim stellt eine große technische Leistung der damaligen Zeit dar. Sein Einzugsbereich war identisch mit dem Wassereinzugsbereich des Tegernsees – das Bergwasser trug fast alles verfügbare Holz aus den Revieren zu Tal. Das durchschnittliche jährliche Triftvolumen betrug um das Jahr 1860 rund 14 000 Klafter, was ungefähr 29 000 m³ Holz entspricht. Aus dem Revier Kreuth kamen im Jahresdurchschnitt etwa 4500 Klafter (9500 m³), was in etwa dem natürlichen Holzzuwachs entsprach.

Zur Trift wurden im Kreuther Revier der Reitbach, der Schliffbach, der Albertsbach, der Schwarzenbach, die Hofweißach (Siebenhütten) und die Waldweißach (Glashütte) genutzt. Zur Verstärkung der Triftwasserführung baute man Klausen im Reitbach und im Schwarzenbach. Die Großweißach, so genannt nach dem Zusammenfluss von Hofweißach und Waldweißach, wurde für die Zwecke der Holztrift fast auf der gesamten Strecke, das sind etwa zwölf Kilometer oder drei Wegstunden, mit steinernen Buhnen (Schutzwällen) und parallel laufenden Landdämmen, die mit Weidenreisig unterlegt wurden, »korrigiert und kanalisiert«. Die Seitenbäche wurden überall dort, wo es notwendig erschien, mit Steinanlagen befestigt. Vor allem in Kreuth war die Wald- und Holzarbeit von größter Bedeutung. 1818 gründete sich hier die brüderliche Vereinigung der Holzarbeiter, Holzmeister und Saliner unter dem Schutz des hl. Vinzentius. Den Vinzentius-Verein gibt es bis heute.

Die Renaturierung der Fließgewässer oder: Der Mensch leistet Abbitte

Als die Saline Ende der 1860er Jahre von Holz auf Kohle- und Torfbetrieb umstellte, wurde dennoch weiter getriftet; das Kreuther Holz wurde nun nach München auf den Weg gebracht. Mit der Hauptstadt hatte sich ein reger Holzhandel entwickelt – eine intensive Nutzung, die sich in der Weißach bald negativ bemerkbar machte. Das Flussbett tiefte sich ein, der Grundwasserspiegel sank. Gleichzeitig kam es, wohl auch ausgelöst durch die unnatürliche Verbauung des Baches, immer wieder zu heftigen Hochwasserereignissen. Die Konsequenz waren bis ins 20. Jahrhundert hinein weitere Verbauungen, die die zwischenzeitlich herangerückte Besiedelung zu schützen hatten. Als um 1912 auf der Weißach zum letzten Mal getriftet wurde, hatte der Mensch das Gesicht des einstigen Wildbaches von Grund auf verändert.

Kraftvoller Wildbach
Einen Eindruck von dem kraftvollen Wildbach, der die Weißach einst war, geben bis heute die Oberläufe des Flusses mit ihren typischen steinernen Wannen, den »Gumpen«.

Sieben Jahrzehnte später tut er es erneut. Diesmal rücken die Baumaschinen an der Weißach an, weil die Menschen Abbitte leisten wollen. Der Kanal soll wieder zum Bach werden – wo immer es mit den gewachsenen Siedlungen und Verkehrswegen in Einklang zu bringen ist. Die Erkenntnis hinter dem so genannten »Rückbau«, der 1980 begann: Die Flusskanalisierung mag aus damaliger Sicht logisch und wirtschaftlich sinnvoll gewesen sein, doch der Natur hat sie nicht gut getan.

Neue Schotterbänke, unterschiedliche Strömungen und Wassertiefen

Dabei geht es nicht nur um »weiche Faktoren« wie eine vielfältige Flora und Fauna, sondern erneut auch um die Sicherheit. An den alten Bauelementen der Quer- und Längssicherungen nagt der Zahn der Zeit; wo sie sich auflösen, vertieft sich die Sohle des Flussbetts, das frei werdende Geschiebe lagert sich im Mündungsbereich ab. Die Folgen: verringerte Abflussleistungen, Ausuferung von Hochwasser, Standsicherheitsprobleme an Brücken, Straßen und Gebäuden. Mit dem Rückbau schlägt man somit zwei Fliegen mit einer Klappe: Die Fließstrecke wird durch naturnahe Bauweisen gesichert und zugleich die natürliche Strukturvielfalt im und um das Gewässer wiederhergestellt. In mehreren Bauabschnitten werden die Holzschwellen durch naturnahe Sohlgurte und Sporne ersetzt, an die Stelle von höheren Betonabstürzen treten Sohlengleiten. Weitere Maßnahmen sorgen dafür, dass die Weißach auf Kreuther Flur wieder unterschiedliche Strömungen, Wassertiefen und Schotterbänke vorzuweisen hat, um die herum sie – fast wie in ihren Kindertagen – ein bisschen spielen kann. Auch die Menschenkinder freuen sich, die über abgeflachte Böschungen und Kiesufer den Fluss hautnah erleben. Im Fluss wiederum finden Fische und Kleinstlebewesen neue, natürliche Lebensräume. Und sogar die Au kommt als Rückhalteraum für extreme Hochwasser zu neuen Ehren: An besonders gefährdeten Stellen werden die Hochwasserdeiche abgesenkt, so dass im Ernstfall Wasser abfließen kann – bis zu 500 000 m^3 Hochwasser können mit dieser Maßnahme auf einer Fläche von 700 000 m^2 aufgenommen und gespeichert werden.

Knabenkraut im Weißachtal

Unberührte Natur
Altwasserbereich in den Weißachauen

Die Weißachau
Außergewöhnliche Allianz von Mensch und Natur

Annette Lehmeier

Flussauen als gemeinschaftliche Viehweide
Am 8. September 1810 erstritten sich 36 Bauern aus Kreuth, Brunnbichl, Point, Scharling, Schärfen, Pförn und Oberhof vor dem Königlich Baierischen Landgericht zu Miesbach die Eigentumsrechte an den

Weißachauen. Sie und ihre Vorfahren hatten das rund 146 Hektar große ehemalige Überschwemmungsgebiet im Auftrag des Klosters Tegernsee bewirtschaftet. Das Weidevieh-Foto, aufgenommen im heutigen Kreuther Kurpark, stammt von etwa 1900.

Die Weißachau zwischen Wildbad Kreuth und dem Rottacher Ortsteil Trinis gilt vielen als ideales Erholungsgebiet – ein weitläufiger und doch gut erschlossener Naturpark, in dem es sich entspannt spazieren, radeln oder schlicht zur Ruhe kommen lässt. Auch Fachleute zählen das Gebiet zu den bedeutendsten Tallandschaften des Alpennordrands, wenn auch aus anderen Gründen: Mit seinen Magerweiden, Feuchtgebieten und Wäldern und einer Pflanzen- und Tierwelt, die in Sachen Vielfalt und Seltenheit landesweit ihresgleichen sucht, gilt das Gebiet als einzigartig. Im Jahr 1953 wurden die Weißachauen deshalb als Landschaftsschutzgebiet ausgewiesen.

Was Naturschützer schwärmen lässt, ist vor allem das Nebeneinander unterschiedlicher Lebensräume. Da ist der Fluss selbst, der mit seinem klaren Wasser und der typischen Ufer-Vegetation Fisch- und seltenen Vogelarten wie der Wasseramsel oder dem Eisvogel einen Überlebensraum bietet. Eher versteckt liegen Moore und Feuchtwiesen. Wo sich Quellwasser in kleine Bäche ergießt, fühlen sich Sauergräser und rare Pflanzenarten ebenso wohl wie eine Vielzahl von Insekten, darunter bedrohte Arten wie die Zweigestreifte Quelljungfer oder die Listspinne. Wo der Grundwasserspiegel stärker schwankt, werden Quellmoore zu Pfeifengraswiesen, auf denen Orchideen- und Enzianarten gedeihen. Auf den Schottern alter Kiesbänke wiederum siedeln Magerrasengesellschaften. Deren gar nicht »magere« Mitglieder sind es, die schon im zeitigen Frühjahr mit Schneeheide, Mehlprimel, Schusternagerl und Co. ein Feuerwerk der Farben entfachen. Dazu gesellen sich alpine Pflanzen wie Silberwurz, Brillenschötchen und Kugelblume und Tiere wie die vom Aussterben bedrohte Gefleckte Schnarrschrecke.

Die von der Natur vorgegebene Weiterentwicklung vom Magerrasen zum Wald bringt lichte Kiefernwälder hervor, in denen Schneeheide sowie Sträucher wie Berberitze und Wolliger Schneeball gedeihen. Auf den ältesten und deshalb tiefgründigsten Flussablagerungen stehen Buchen, Bergahorn und Eschen – und in ihrem lichten Schatten eine Vielzahl von Orchideen wie Schwertblättriges und Rotes Waldvögelein, Frauenschuh und Großes Zweiblatt. Dieselben Bereiche dienen seltenen Tierarten als Rückzugsort, etwa dem Zwergschnäpper, dem Dreizehen- oder Weißrückenspecht und dem Alpenbockkäfer. Sie alle sind bayernweit gefährdete Arten, die heute nur noch punktuell in urwaldartigen Laub- und Laubmischwäldern mit hohem Totholzreichtum vorkommen.

Die Weißachau gehört seit 1810 den Kreuther Bauern

Was selbst viele Kenner der Region nicht wissen dürften: In der Weißachau bewegt man sich auf Privatgrund. Seit 1810 gehört die Au den Kreuther Bauern. Ohne ihr verantwortungsbewusstes Verhalten würde es das Landschaftsschutzgebiet und den Erholungsraum in seiner heutigen Form nicht geben. 1810 erstritten sie vor dem Königlich

Baierischen Landgericht zu Miesbach die Eigentumsrechte an den Weißachauen. Sie und ihre Vorfahren hatten das 146 Hektar große ehemalige Überschwemmungsgebiet im Auftrag der Klosterherren bewirtschaftet. Nach dem Ende des Klosters stand es unter königlicher Administration, doch es waren immer die Bauern, die das Land um den Fluss als zusätzliche Heimweide nutzten und pflegten. Das überzeugte letztlich auch die Obrigkeit. Per Gerichtsbeschluss wurden die Auen den ehemaligen Klosteruntertanen als deren gemeinschaftliche Viehweide »zum Eigenthum überlassen«.

Die »Corporations-Waldung von Kreuth« verantwortet heute das Landschaftsschutz- und Erholungsgebiet

Zwei Jahrhunderte nach ihrer Gründung verantwortet die »Corporations-Waldung von Kreuth« nicht mehr nur Wald- und Weideland, sondern auch ein Landschaftsschutz- und Erholungsgebiet. Die Anforderungen sind groß: Als Eigentümer eines Landschaftsschutzgebiets ist man verpflichtet, alles zu tun, um dieses schützenswerte Areal zu erhalten. Vor diesem Hintergrund hat sich in Kreuth eine außergewöhnliche Allianz gebildet: Die Bauern der Weißachau-Gemeinschaft arbeiten Hand in Hand mit den Naturschutzbehörden. Die wichtigsten Garanten dafür, dass aus der ungewöhnlichen Auenlandschaft nicht schon längst simpler Wald geworden ist, sind die Kühe. Sie sorgen dafür, dass die geschützten Pflanzen nicht überwuchert werden. Mit ihrem weichen Maul beißen sie ihr Grünfutter nicht bis zur Grasnarbe ab, sondern rupfen es mit der Zunge. Dadurch bleiben die eng am Boden liegenden Pflanzenteile erhalten und können wieder austreiben. Mit aufwendigen Entbuschungsaktionen halten die Bauern Bäume und Sträucher im Zaum.

Wichtige Entscheidungen in der Gemeinschaft müssen einstimmig fallen. Wie viel das wert ist, zeigte sich vor allem in den 1940er Jahren, als ein Teil der Mitglieder die Auflösung der Gemeinschaft anstrebte. Eine Zerstückelung und private Nutzung des damals noch ungeschützten Areals wäre die sichere Folge gewesen.

Heute sind unter den aktuell 30 Mitgliedern noch zwölf Bauern, die ihr Vieh in die Au treiben und die dafür ein Nutzungsentgelt in die Gemeinschaftskasse entrichten. Aus ihren Ställen kommen vor der Almzeit im Frühjahr rund 150 Kühe, die sich auf der Flussweide fühlen dürfen wie »Königinnen von der Au« – und dementsprechend sehr majestätisch auch auf Fußwegen und der Fahrstraße ruhen; später im Jahr ist vor allem Jungvieh anzutreffen.

Für die meisten Spaziergänger machen auch solche Begegnungen den Charme der Weißachau aus. Die wenigen anderen, die am frei laufenden Hornvieh Anstoß nehmen, erfahren spätestens beim Beschwerdegang im Rathaus, dass sie selbst es sind, die »drunt in der Au« nur Gastrecht genießen.

Der prächtige Frauenschuh und andere seltene Orchideen- und Enzianarten gedeihen in der Weißachau.

Erholungsgebiet Weißachau, ein weitläufiger, gut erschlossener Naturpark mit Magerweiden, Feuchtgebieten und einer vielfältigen Tier- und Pflanzenwelt

Die Touristen kommen

Glücksklee vom See
Die Postkarte mit Grüßen an die lieben Daheimgebliebenen wurde anno 1904 verschickt.

Der Beginn des Fremdenverkehrs
Wie das Tal »fashionabel« wurde

Verglichen mit anderen Regionen Bayerns hat das Tegernseer Tal nicht nur eine lange, sondern auch außergewöhnliche Fremdenverkehrs-Geschichte. Tatsächlich war es die Ankunft des ersten bayerischen Königspaares im Tal, die auch den Beginn des Fremdenverkehrs markierte. Im Sommer 1815 kam König Max I. Joseph mit seiner Gemahlin Karoline zum ersten Mal nach Tegernsee. Auf Einladung des Gastgebers Freiherr von Drechsel erlebte das hohe Paar ein fünftägiges Programm mit Kahnfahrten, Besichtigungen, Ausflügen zu Bauernhöfen und Almen, frühen Heimatabenden und magischen Bergfeuern. Danach war es um den sonst so nüchternen Monarchen geschehen. Man hatte sich ins Tal verliebt. Doch es bedurfte noch mehrerer Angebote an Herrn Drechsel (einschließlich des Grafentitels), bis Max I. Joseph Tegernseer Schlossherr wurde. Dann aber entwickelte sich die Sommerresidenz rasch zum neuen kulturellen und wirtschaftlichen Zentrum der Region, das prominente Gäste anzog, Künstler und Sommerfrischler, Minister, Beamte, Diplomaten und gar gekrönte Besucher. Der Tegernsee war »in« geworden. Die höchstrangigen Besucher suchten den König im Jahr 1822 auf. So heißt es auf einer der Marmor-Gedenktafeln in der Vorhalle der Tegernseer Kirche:

In / Tegernsees / friedlichem Thale / dem / Lieblingsaufenthalte / Maximilian Josephs I. / besuchten ihn und seine königliche Gemahlin / Carolina Friederika Wilhelmina / auf ihrer Reise zu dem Congresse / von / Verona / Seine erhabenen Freunde / Franz I. Kaiser von Oestreich / mit seiner kaiserlichen Gemahlin / Carolina / des Königs geliebten Tochter / und / Alexander I. Kaiser von Russland / den VIII. October / MDCCCXXII. (…)

Vornehmer Kurort Wildbad Kreuth

Neben dem königlichen Schloss entwickelte sich im Tal ein zweiter früher Brennpunkt des Fremdenverkehrs, den man eher mit den heutigen Begriffen Gesundheitstourismus oder Wellness verbinden könnte: Wildbad Kreuth. 1818 hatte Max I. Joseph das seit der

Säkularisation heruntergekommene Bad mit der eisen- und schwefelhaltigen Quelle gekauft. Gegenüber dem Alten Bad ländlichen Zuschnitts ließ er ein neues, klassizistisches Badgebäude errichten, das schon bald wieder zu klein war und erweitert werden musste. Schließlich umfasste die Anlage 216 Betten in 115 Zimmern unterschiedlicher Ausstattung, einen repräsentativen Festsaal sowie eine Wandelhalle mit Trinkbrunnen aus Tegernseer Marmor, dazu die notwendigen Ökonomiegebäude. Im Kurangebot waren neben den Heilbädern auch Trinkkuren mit Molke und Alpenkräutersäften (s. S. 126) verzeichnet. Wildbad Kreuth entwickelte sich zum bekannten und vornehmen Kurort mit prominenten Gästen aus ganz Europa.

»Kein Trinkgeld für die Postillons«

Ende der 1820er Jahre erschienen die ersten gedruckten Reiseführer. Joseph von Hefner etwa, Mitglied der Bayerischen Akademie der Wissenschaften, gab 1838 in seinem Büchlein »Tegernsee und seine Umgegend« auch Ratschläge zu praktischen Fragen, etwa zur Anreise: »Zur Bequemlichkeit der Reisenden geht von München nach Tegernsee und in's Bad Kreuth, von 20sten Mai bis Ende Septembers wöchentlich dreimal ein Eilwagen ab. (…) Den Postillions wird kein Trinkgeld bezahlt und 25 Pfund Gepäcke sind frei.« Es folgen Hinweise zu Sehenswürdigkeiten, Spaziergängen und Ausflügen am Alpbach entlang oder hinauf zum Westerhof, zu den Rottacher Wasserfällen, nach St. Quirin und Kaltenbrunn, zum Bauern in der Au oder zum Marmorbruch nach Enterbach – und sogar Ratschläge für Bergpartien.

Besonderes Augenmerk galt schon damals den Almen: »Ehe man einen Berg besteigt, erkundige man sich, ob auf ihm oder in seiner Nähe noch Alpenhütten bewohnt sind, in denen man bei Hereinbrechen der Nacht oder eines Ungwitters Schutz suchen kann.«

Der einst so stille Klosterbezirk war ein Ort geworden, »der im europäischen Touristenverkehr liegt und sich teilweise von diesem Verkehr nährt«, konstatierte 1865 Heinrich August Noë in seinem »Bairischen Seenbuch«. Mit dem ersten Dampfzug von München, der 1883 das Tal erreichte, nahm dieser Verkehr neue Dimensionen an.

Tegernsee — Bräustüberl

Der saubere See und Bergerlebnisse

Durch seine Lage nur 50 km südlich von München entwickelte sich der Tegernsee nicht nur als Fremdenverkehrsregion, sondern auch zum beliebten Wochenend-Ausflugsziel. Die Besucher schätzen den See als eines der saubersten Gewässer Europas und genießen die Berg- und Naturerlebnisse, die ihnen das Wandern in den touristisch gut erschlossenen Tegernseer Bergen verheißt.

Die Wallbergbahn, die 1950 gebaut wurde, war eine neue Attraktion für das Tegernseer Tal. Die Bahn fügte sich so gut in die Landschaft ein, als wäre sie schon immer ihr Bestandteil gewesen. Der Wallberg wurde zum alpinen Wahrzeichen des Tegernseer Tals und auch zum Startpunkt für Gleitschirm- und Drachenpiloten.

Neben dem Erholungstourismus spielen der Kongress- und Seminar-Tourismus sowie Gesundheitsdienstleistungen eine immer wichtigere Rolle. Viele Hotels sind für große und kleine Konferenzen und Workshops für nationale und internationale Unternehmen eingerichtet. Insbesondere Firmen, die im Großraum München ihren Sitz haben, nutzen diese Angebote.

Weltoffenheit und Toleranz

Nach 200 Jahren Tourismus darf als Fazit gelten: Wer zählt die Häupter, nennt die Namen? Die Gästeliste des Tegernseer Tals ist eine Mischung aus »Gotha« und »Who is who«. Oft sind aus Gästen Bürger des Tals geworden, Sesshafte, »Dasige« sozusagen. »Und nicht die Schlechtesten«, wie Hans Sollacher schon 1988 in der Sonderausgabe des Tegernseer Tal Verlags mit dem Titel »Das Tal und seine Gäste« feststellte. »Sie brachten neues Blut und neue Ideen. Sie trugen dazu bei, dass Weltoffenheit, Toleranz und Lebensstil hier ebenso daheim sind wie bäuerliches Brauchtum, Gläubigkeit und die kaum zu beschreibende *Liberalitas Bavariae.*«

Schließlich haben die Feriengäste und das Bemühen um sie früher als anderswo dazu beigetragen, dass der Schutz von Natur und Umwelt als höchste Lebensgüter einen besonderen Stellwert eingeräumt bekam.

Frei zugängliche Badestrände
Von München ist man mit dem Zug oder dem Auto in einer knappen Stunde am Tegernsee, der deshalb auch von vielen Einwohnern der Landeshauptstadt als Naherholungsziel und für Wochenendausflüge genutzt wird.

Der Zug zum See – das Tal und seine Bahn

Michael Heim

Er liebte seine Pferde, er träumte sogar davon, einmal in den Himmel hineinzureiten – für das Dampfross hingegen konnte er sich nie erwärmen: Prinz Karl von Bayern (1795-1875), Erbe der Wittelsbacher Besitzungen am Tegernsee und wohl der erste Grüne im Land, der sogar alte Bäume adoptierte, um sie vor der Axt zu retten. Für Technik, insbesondere für die Eisenbahn, war in seiner Welt kein Platz.

Ein makabrer Zufall wollte es, dass am 12. Juli 1875 Ferdinand von Miller, einer der großen Ingenieure seiner Zeit, bei den Behörden einen Vorstoß zum Bau einer Sekundärbahn von Schaftlach nach Gmund mit Verlängerung bis Tegernsee unternahm – und wenige Wochen später, am 16. August 1875, Prinz Karl vom Pferd stürzte und starb ... sein letzter Ausritt, als wär's sein letzter Wunsch gewesen.

1883 kommt der girlandengeschmückte Eröffnungszug

Die königliche Verkehrsadministration wahrte, in Respekt vor dem Toten, eine Zeit der Zurückhaltung, aber dann stimmte sie der Schienenanbindung des Tegernseer Tals an die Welt zu. Seit 1858 gab es mit der »Maximiliansbahn«, die über Holzkirchen und durch das Mangfalltal Richtung Kufstein führte, bereits eine Direktverbindung München-Rom. 1871 war als Abzweigung die Vizinalbahn Holzkirchen-Tölz genehmigt worden (ein schöner Name, vom lateinischen *vicinus* für Nachbar) und 1882, nach Jahren des Hoffens und des Bittens, haben Seine Majestät König Ludwig II. »Allergnädigst die Concession zum Baue und Betriebe einer normalspurigen Sekundär-Eisenbahn von Schaftlach nach Gmund zu genehmigen geruht«. Im August 1883 fährt der girlandengeschmückte Eröffnungszug in den Gmunder Bahnhof ein, im Mai 1902 wird die Lokomotive »Ottokar« nach ihrer Jungfernfahrt im Bahnhof Tegernsee von einem Festkomitee begrüßt.

Seither kamen auf diesem Schienenweg, als wär's ein Schicksalsfaden durch die Jahrzehnte, Hunderttausende Menschen ins Tal und fuhren so wieder hinaus in die Welt: Gäste und Pendler, Flüchtlinge und Verwundete in der »Lazarettstadt Tegernseer Tal«, dann wieder Heerscharen von Touristen – befördert und betreut zunächst unter der Trägerschaft der Tegernsee Bahn AG, jetzt im Verbund der Bayerischen Oberlandbahn mit der Stadt Tegernsee, der Gemeinde Gmund und dem Landkreis Miesbach, die die Bahnhöfe und die Gleis-Trasse erwarben – in öffentlichem Interesse. Denn der »Zug ins Tal« wird immer Konjunktur haben, vor allem, wenn sich die Ära des Autos ihrem Ende nähert. Das Tegernseer Tal sei nun aus seiner Isolation befreit, sagte der Bürgermeister vor dem Festkomitee vor mehr als hundert Jahren und die Lehrerin Zöpfl steuerte das prophetische Verslein bei: »Und wenn der Wechselstrom der Kräfte / kommt nimmermehr zum Stillesteh'n / Wird auch in unserem Erdenwinkel / Des Lebens Pulsschlag lauter geh'n.«

Mit Volldampf durchs Tal
Ausfahrt der historischen Tegernseer Localbahn

Der Tegernsee und seine Berge

Das Bild zeigt das Idyll der Tegernseer Berge mit seinen charakteristischen Elementen: gemütliche grüne Gipfel wie den Risserkogel (links), kleine Seewannen, schroffe Kalkzähne wie den Blankenstein sowie Leonhardstein, Ross- und Buchstein (rechts im Hintergrund), und in der Kulisse die Felsketten von Rofan, Karwendel und das Wettersteinmassiv mit der Zugspitze.

Der Tegernsee und seine Berge

Michael Pause

Ausblicke
Oben stehen und hinunterschauen – die Faszination dieser Perspektive lässt sich auf den Tegernseer Gipfeln besonders schön erleben, wie hier auf der Bodenschneid.

Wasser und Berge – das ist eine Kombination von Landschaftselementen, die Menschen offensichtlich besonders berührt. Wo immer in den Alpen Seen und Berge zu finden sind, ziehen sie die Menschen an: in Kärnten, im Salzkammergut, am Gardasee, im Tessin – und in Bayern rund um den Tegernsee.

Nicht von allen, aber von den meisten Gipfeln über dem Tegernsee schaut man hinunter zum blauen See, lässt den Blick zu den Nachbarbergen und den höheren Gipfeln in der Distanz schweifen und hinaus ins flache Alpenvorland. Was sich da um den See versammelt, sind Gipfel, die zwar einige durchaus markante, aber insgesamt doch wenig spektakuläre Profile in den Himmel zeichnen; ihre Flanken sind weitgehend bedeckt von mächtigen Forsten, ein paar freche Felszacken ragen da oder dort aus dem Grün, und einige Almwiesen leuchten hell. Alpine Heldentaten erfordern eine andere, wildere Szenerie, für eine Bergheimat aber bieten die Tegernseer Berge beste Voraussetzungen.

Der vielfältige alpine Spielplatz verspricht vor allem Wandergenuss

Bei einer Festlegung der Tegernseer Berge bietet es sich an, die Grenze über jene Gipfel zu ziehen, über die man die Augen beim Ausblick von Kaltenbrunn wandern lassen kann: Da reicht die Tour dann also von der Neureuth im Osten bis zum (etwas versteckten) Fockenstein im Westen. Das ist buchstäblich überschaubar, aber mit einigen Extratouren zu Gipfeln in der zweiten Reihe ein überraschend vielfältiger alpiner Spielplatz. Bergsteigerischer Ehrgeiz lässt sich bei Kletterei an vereinzelten Kalkfelsen befriedigen, im Vordergrund des Bergerlebnisses steht jedoch eindeutig der Wandergenuss.

Natürlich kann man klagen oder ins Grübeln kommen, wenn man an einem schönen Herbsttag auf dem Promenadeweg zwischen Neureuth und Gindelalm unterwegs ist – und sich dort in einer Art Völkerwanderung wieder findet. Man vernimmt ein babylonisches Sprachengewirr, begegnet entspannten Menschen in heiterer Stimmung, der Himmel leuchtet weißblau – die Welt ist hier und jetzt in Ordnung. Die Leute sind begeistert, dass sie gefahrlos und ohne allzu große körperliche Plage diesen besonderen Wechsel der Perspektive erleben dürfen: Oben stehen und hinunter schauen – schon ein harmloser Buckel wie die Neureuth gewährt dieses essentielle Bergsteigererlebnis.

Neureuth und Baumgartenschneid

Neureuth-Experten finden wohl auf einem Dutzend Wegen und Steigen zum großen Wiesenviereck, das sich am nicht erkennbaren Gipfel ausbreitet und beim Wirtshaus – weil sie »antizyklisch« unterwegs sind – auch noch einen Platz zum Brotzeitmachen. Der einfachste Anstieg führt vom Wanderparkplatz oberhalb von Tegernsee auf einem ausgebauten Fahrweg in rund einer Stunde nach oben; viel schöner sind die schattigen Routen durch die Westflanke oder die Tour vom Wanderparkplatz bei Oberbuchberg (statt der Forststraße zu folgen, sollte man sich mit etwas Orientierungssinn an den alten Fußpfaden orientieren). Eine klassische Tegernseer »Reibn« (für Nichtbayern: Rundtour) führt von der Neureuth hinüber zur Gindelalmschneid, weiter zur Kreuzbergalm und zum Sattel, von dem rechts der Prinzenweg (Forststraße) durch das Alpbachtal nach Tegernsee zurückführt.

Eine etwas markantere Gipfelform als die Neureuth hat die 1444 Meter hohe Baumgartenschneid zu bieten – aber es steht kein Wirtshaus am höchsten Punkt. Das findet sich auf etwa halber Strecke am Galaunsattel, und weil's dort so schön ist, erklären es viele Ausflügler gleich zum Tourenziel. Der kürzeste Weg zum Galaun beginnt am Wanderparkplatz in Tegernsee-Süd, die längere Variante führt vom mächtigen Viereck des Tegernseer Schlosses über das Pfliegeleck in die Höhe.

Direkt über dem Galaunsattel ragt schroff der Riederstein mit seiner Gipfelkapelle aus dem Wald und lockt noch ein paar eifrige Wanderer hinauf. Zum Gipfelkreuz der Baumgartenschneid steigt man vom Gasthaus noch etwa eine Stunde; der Lohn ist bei klarem Wetter ein verblüffend weiter Blick bis zu den Firngipfeln der Hohen Tauern (am besten zu bewundern vom Westgipfel).

Die Bodenschneid ist nicht überlaufen

Der dritte Gipfel im Höhenzug östlich des Tegernsees ist die 1667 Meter hohe Bodenschneid mit ihrem längeren Gipfelkamm. In ihrem nördlichen Ausläufer erhebt sich übrigens auch jener Bergkamm »Peißenberg«, an dem der legendäre Wildschütz Jennerwein 1877 erschossen wurde. Im Vergleich zum Betrieb auf Neureuth und Baumgartenschneid ist die Bodenschneid fast schon ein einsamer Gipfel. Da das Bodenschneid-Haus

Klettern im Winter
Auch im Winter zieht es Kletterer in die sonnigen Südwände, hier an der Rosssteinnadel.

Wallberg-Kircherl
Ein Wahrzeichen des Tegernseer Tals: das Wallberg-Kircherl vor seiner Traumkulisse

als Zwischenziel und Brotzeit-Station auf der Ostseite – also der Schlierseer Seite – des Bergs steht, ist es auf den Wegen und Steigerln der Westflanke ruhiger. Zwischenstation beim Aufstieg von einem Parkplatz an der Mautstraße in die Valepp ist die Hangschulter bei der Bodenalm, von der aus ein baumfreier Wiesenhang zum Gipfel zieht.

Der Wallberg – das alpine Wahrzeichen des Tegernseer Tals

Vis-à-vis von der Bodenschneid baut sich der Wallberg auf, das alpine Wahrzeichen des Tegernseer Tals: Die Trapezform des Gipfelaufbaus und die 1000-Meter-Flanke über dem See ziehen alle Blicke auf sich. Der Hausberg von Rottach-Egern ist touristisch voll erschlossen: Seit 1951 kann man per Seilbahn nach oben schweben. Die meisten Seilbahngäste verzichten auf den 20-minütigen Gipfelaufstieg – auf dem kurzen Vorgipfelrücken ist das Angebot noch verlockender: Da ist ein großes Restaurant mit Sonnenterrasse, nur wenige Schritte entfernt das idyllische Kircherl und in alle Richtungen ein Fernblick, wie ihn Flachländer halt nur selten erleben. Dass sie im Süden die Dreitausender zwischen Großglockner, Großvenediger und Olperer sehen, im Westen Karwendel, Wetterstein und Zugspitze stehen – den meisten sind solche Details der alpinen Geographie egal; Hauptsache, das »Selfie auf dem Wallberg« ist scharf und zeigt einen glücklichen Menschen vor Bergkulisse.

Am Wallberg starten Gleitschirm- und Drachenpiloten zu ihren Flügen hoch über dem Tal in Richtung Norden, er ist auch idealer Ausgangspunkt für die unmittelbare Nachbarschaft im Süden. Dorthin zieht über den Setzberg ein langer Kamm, der in den Gipfeln von Risserkogel und Blankenstein zwei herrliche alpine Schlusspunkte hat. Die Höhenwanderung zum Risserkogel (kraftschonend um den Setzberg herum) ist ein Klassiker in den Münchner und natürlich Tegernseer Hausbergen; wenn es am Schluss steiler hinaufgeht zum Gipfel, muss man an kurzen Felsstufen auch einmal die Hände aus der Hosentasche nehmen. Da der Weg hier durch Latschengassen führt, hält sich die Belastung für schwache Nerven in Grenzen.

Ein Zahn im gemütlichen Vorgebirge: der Felsriff des Blankensteins

Blickfang ist in diesem Hinterstüberl des Wallbergs natürlich das Felsriff des Blankensteins (oft auch mit »P« geschrieben, aber logischer ist angesichts des blanken Felsgeländes das »B«); er gehört zu jenen Zähnen im gemütlichen Vorgebirg', an denen schon vor mehr als hundert Jahren die Größen der Münchner Kletterzunft für ihre Touren an den höheren Zielen im Karwendel oder im Wilden Kaiser trainierten. Auch heute, da viele Menschen in den Städten unter Dächern in geheizten Hallen »klettern«, hat der Blankenstein noch immer seine Anziehungskraft; das beweisen moderne Routennamen wie »Freedom«, »Rauh wia d'Sau« oder »Geht's noch, Doc«. Wanderer können allein beim Zuschauen ihre Nerven kitzeln.

Die Riesenwand der Blauberge

Ganz hinten im Tegernseer Rund steht – aus der Ferne betrachtet – die Riesenwand der Blauberge. Bei näherer Betrachtung entpuppt sich die Flanke dann doch als ein gegliederter steiler Aufschwung mit felsigen Rippen und Rinnen sowie viel Latschendickicht; das alles verschwimmt bei entsprechendem Licht zu einer großen blauen Fläche – daher der Name. Die Wege dort hinauf sind schön und weit, aber ebenfalls schön und viel weniger weit ist eine Tour auf den Schildenstein (1613 m), der dem Blaubergkamm im Westen vorgelagert ist. Der Anstieg von den Wanderparkplätzen bei Wildbad Kreuth über das romantische Siebenhütten und durch die Wolfsschlucht gilt noch immer als ein besonderes Schmankerl: Man geht unten in die Schlucht hinein und steht wie vor einer Wand, durch die ein schmaler Pfad im Zickzack nach oben leitet, mit einigen ausgesetzten und sogar kurz gesicherten Stellen – gute Kondition, Trittsicherheit und Schwindelfreiheit sind hier gefordert. Umso einfacher ist dann der Abstieg über die bekannte und denkmalgeschützte Königsalm (Abstecher) und die Geißalm.

Der Prachtblick vom Hirschberg

In gewisser Weise das Pendant zum Wallberg steht westlich des Weißachtals: der Hirschberg. Sein Aufbau ist nicht so geometrisch streng wie am Rottacher Hausberg, aber der Gipfelgrat mit seinen beiden Höckern fällt jedem auf, der sich dem Tal von Norden nähert. Der westliche »Gupf« übertrumpft den östlichen um ganze 15 Meter, und deswegen gilt der Gipfel erst, wenn man noch das flache Finale hinter sich gebracht hat. Im Gegensatz zum Wallberg gibt es am Hirschberg im Sommer weder Bahn noch Lift – mit allen Konsequenzen. Das Hirschberg-Haus steht auf einem nördlichen Vorgipfel, nah genug am Gipfel, um zuerst hinaufzugehen und dann die Brotzeit zu genießen.

Vom Hirschberg hat man einen Prachtblick zum nahen Ross- und Buchstein. Das Gip-

Skitouren
Die verschneiten Vorberge sind im Winter ideales Skitourengelände.

felbrüderpaar ist bei der Anreise ins Tal von Norden eine Zeit lang zu sehen, bis es sich dann doch in der zweiten Reihe versteckt. Die Situation ähnelt jener an Risserkogel und Blankenstein: Der eine Gipfel ist auch für Wanderer einfach zu meistern, der andere ohne (leichte) Kletterei nicht zu erreichen. Für fast alle, die dort hinaufwandern, steht das eigentliche Tourenziel aber sowieso in der Scharte zwischen den beiden Gipfeln – die Tegernseer Hütte. Von der Terrasse bricht nach Süden eine senkrechte Wand ab, so dass man während der Brotzeit gespannt die Kletterer an der Rosssteinnadel beobachtet und den Fernblick zu den Zillertaler Firngipfeln genießt. Nicht überrascht sollte man sein, wenn plötzlich von unten ein Kletterer

Tegernseer Hütte
Viel Platz hat die Tegernseer Hütte nicht in der Scharte zwischen Ross- und Buchstein (unmittelbar hinter der Hütte). Und an schönen Wochenenden wird es auch auf der Terrasse manchmal eng.

auftaucht, denn die Hüttenterrasse ist mehr oder weniger der letzte Standplatz der Route »Via Weißbier«. Alle Bergsteiger-Generationen des Tals haben hier im steilen Fels ihre Fingerübungen absolviert.

Die Tegernseer Berge waren Zwischenstation einer für die bayerische und Münchner Bergsteigerei legendären Unternehmung: 1842 unternahmen die Schlagintweit-Brüder Hermann und Adolph, gerade einmal 13 und 16 Jahre alt, einen bemerkenswerten Streifzug in und durch die Berge. Sie wanderten vom Ausgangspunkt Wessobrunn zum Tegernsee, wo sie sich über die Begegnung mit den damaligen Touristen amüsierten (»…prächtig gekleidete Städter, Herrn mit Federhüten und Fracks, Damen in Samt und Seide, die mit der einfach erhabenen Pracht der Natur, die uns hier umgibt, einen lächerlichen Kontrast bilden«); zu Fuß zogen die Buben weiter zum Achensee, ins Zillertal, nach Innsbruck und übers Außerfern und Garmisch zurück. Später bereisten sie (ergänzt um ihren Bruder Robert) auf abenteuerlichen Forschungsreisen die halbe Welt; unbestritten gehören sie zu den bedeutendsten Entdeckern des 19. Jahrhunderts.

Spitzenbergsteiger an den Kletterfelsen in den Tegernseer Bergen

In jedem Fall an den Kletterfelsen in den Tegernseer Bergen unterwegs waren Spitzenbergsteiger wie die aus Rottach-Egern bzw. Bad Wiessee stammenden Toni Kinshofer und Anderl Mannhardt, die sich bei der ersten Durchsteigung der Eiger-Nordwand (1961) und der ersten Durchsteigung der Diamir-Flanke am Nanga Parbat (1962) in die Geschichtsbücher des Alpinismus einschrieben. Noch heute kann man Anderl Mannhardt in seinen Heimatbergen begegnen. Dort ist auch Hans Engl aus Waakirchen regelmäßig unterwegs, der 1978 als dritter Mensch (nach Reinhold Messner und Peter Habeler) ohne Sauerstoffflasche auf dem Gipfel des Mount Everest stand.

Nördlich von Ross- und Buchstein steht in einem Dreieck über Söllbach und Stinkergraben (der seinen Namen einigen Schwefelwasserquellen verdankt) der Ochsenkamp, der von Tegernsee gesehen eine gute Figur macht, aber offensichtlich einen Schönheitsfehler hat: Am Gipfel oder in der Nähe steht kein Wirtshaus! So mancher Bergfreund wandert genau deshalb gelegentlich hinauf.

Auf dem Weg zum Fockenstein bleibt mancher an der Aueralm hängen

Der letzte Gipfel, der dann in Richtung Norden noch deutlich aus dem Vorgebirge zwischen Tegernsee und Isarwinkel hervorlugt, ist der Fockenstein. Vom westseitigen Seeufer kann man ihn nicht sehen, denn er verbirgt sich hinter bewaldeten Höhenzügen, die vom Bad Wiesseer Sonnenbichl sanft ansteigen. Das bedeutet, dass die Wege dort hinauf zwar nicht besonders steil sind, man aber eine gewisse Strecke zurückzulegen hat, bis die Gipfelpyramide in greifbare Nähe rückt. Und gerade wenn er dann plötzlich vor einem steht, erreicht man auf einer offenen Wiese eine Wirtschaft, die Aueralm – und schon gibt sich so mancher mit dem Blick zum Gipfel statt vom Gipfel zufrieden. Dabei lohnt sich die letzte Etappe, denn wie drüben auf der Neureuth hat man oben etwas Distanz zur Tegernseer Kulisse, und das hat auch seinen Reiz.

Natürlich hat jeder Einheimische im Tegernseer Tal »seinen« Hausberg und kennt rundherum mindestens ein Dutzend »Geheimtipps«. Eigentlich ist ja schon der Begriff ein Widerspruch in sich, denn wer einem anderen einen Tipp gibt, der gibt immer etwas preis – und verrät gegebenenfalls ein Geheimnis. Deshalb werden manche Leute, wenn ein Nicht-Hiesiger (ein »Fremder« also) sie in dieser Richtung anspricht, plötzlich ganz »staad« (»still«, für Nichtbayern) und machen auch nach dem zweiten oder dritten Bier im Bräustüberl keinerlei Andeutung über alte Pfade und stille Jägersteige. Da helfen dem wissbegierigen Touristen dann nicht einmal das GPS-Gerät oder dreidimensionale Landkarten-Apps weiter. Man kann sich aber mit Neugier und zunehmender Erfahrung Jahre herumtreiben in diesen Bergen und wird beglückende Entdeckungen machen und – wenn man auch sonst etwas gelernt hat – beim nächsten Bräustüberlbesuch rechtzeitig den Mund halten können.

Almrast
Die Aueralm auf 1266 m Höhe ist ein Magnet für Bergwanderer. Von der Terrasse hat man einen schönen Rundblick in die Bergwelt.

Die stärkste Jodquelle und eine der reichsten Schwefelquellen Deutschlands sprudeln in Bad Wiessee. Seit 1910 werden Wiesseer Quellenbäder verabreicht. 1922 wurde Wiessee zum Bad ernannt. Das Werbeplakat stammt aus den 1920er Jahren.

Gesundheit aus der Tiefe

Vom »Oleum Sancti Quirini« zu den Jod-Schwefelquellen von Bad Wiessee

Alexandra Korimorth

Nach der Legende war es ein Mönch des Klosters, der anno 1411 nach der Messe in der Kirche von St. Quirin einen leuchtenden Streifen bemerkte, der sich vom Westufer her über das Wasser zog. Er ruderte über den See und fand eine Quelle, aus der Steinöl sickerte. Dem *Oleum Sancti Quirini* wurde rasch Wunderkraft zugeschrieben. Der Klosterapotheker verabreichte es mannigfach: bei Ohren-, Kopf- und Zahnschmerzen, bei entzündeten Augen, Husten und Verstopfung, gegen Wundfraß und Gicht; man gab es Besessenen, Verkrüppelten und krankem Vieh. Und immer wieder »ward wunderbare hülff erlangt«. 19 Indikationen waren bekannt, deren Anwendung detailliert beschrieben war.

1803 wurde das Tegernseer Kloster säkularisiert, das wundertätige Quirinusöl im Zuge der Aufklärung respektlos als Petroleum analysiert. Als während der Industrialisierung die technische Verwendung von Erdöl an Bedeutung gewann, erinnerte man sich der »Ölquellen« von Wiessee. Eine Reihe mehr oder weniger erfolgreicher Grabungs- und Bohrversuche folgte, bis 1903 der holländische Bergbauingenieur Adrian Stoop nach Wiessee kam. Der 47-Jährige hatte in den Jahren zuvor auf eigene Faust in Niederländisch-Indien (Indonesien) eine blühende Petroleum-Industrie begründet. 1904 begann er mit Probebohrungen, am 6. Dezember nahm er Turm I in Betrieb. Am 2. Januar 1905 folgte Turm II, dann die Türme III, IV, V …. Insgesamt sollte Stoops »1. Bayerische Petroleum-Gesellschaft« in Wiessee zwölf Bohrtürme errichten. Das heutige Heilbad erinnerte damals an »Baku und Texas«.

In Schacht I wurden in den ersten fünf Jahren über 650 000 Liter Erdöl gefördert. Im Jahr 1908 erbrachte Schacht IV in 40 Tagen 327 000 Liter, aus Schacht VII kamen im ersten Betriebsjahr 1910 mehr als eine Million Liter. Die Erträge wurde mit pferdebespannten Tankwagen nach Gmund gebracht und dort auf die Eisenbahn verladen. Später verlegte man unter der Straße eine Rohrleitung, durch die das Öl nach Gmund gepumpt wurde. Doch schneller als erwartet reichten die Erträge nicht mehr aus, um die Bohrspesen zu decken. Schließlich musste selbst der hartnäckige Stoop die Ölförderung aufgeben. 1927 wurden die letzten Wiesseer Bohrlöcher geschlossen.

Das aus Bohrloch III sprudelnde Wasser, das nach faulen Eiern roch …

Es war der Wiesseer Arzt Dr. Erwin von Dessauer, der als einer der ersten erkannte, dass die eigentliche Sensation schon 1909 stattgefunden hatte. Damals, noch mitten im Erdöl-Boom, war man am Bohrloch III auf eine Quelle gestoßen, die kein Petroleum enthielt. Stattdessen roch das sprudelnde Wasser nach faulen Eiern. Eine chemische Untersuchung ergab starke Anteile von Jod und Schwefel. Mit dem Wasser strömten übel riechende Gase aus dem Bohrloch, die »das Tal bis in die Höhe des Wallbergs erfüllten«. Zudem rann ab dem Tag der Erbohrung, dem 27. Mai 1909, ein stinkendes Bächlein vom Bohrturm hinab in den See, immerhin 600 Liter pro Minute. Der neu entdeckte Bodenschatz stieß, gelinde ausgedrückt, auf wenig Begeisterung. Im Tal stank's, den Einwohnern ebenso, man fürchtete um den aufkommenden Fremdenverkehr und das Leben der Fische. Vier Monate lang suchte man an Loch III weiter nach Öl. Erst als bis September nichts gefunden wurde, ließ der Bohrmeister das sechszöllige Rohr mit einem Absperrkopf verschließen.

… entpuppte sich als die stärkste Jodquelle und eine der reichsten Schwefelquellen Deutschlands

Erwin von Dessauer machte sich an die balneologische Auswertung des Bodenschatzes, der sich als stärkste Jodquelle Deutschlands und eine der reichsten Schwefelquellen entpuppen sollte. Die balneologisch besonders wirksamen Inhaltsstoffe liegen um das Vierzigfache (Jod) bzw. Siebzigfache (Schwefel) höher als die jeweils geforderte Mindestkonzentration von 1 mg/l Heilwasser. Eine Zusammensetzung, die Balsam ist für Rheumakranke und Herz-Kreislauf-Geschwächte, für Menschen mit Atemwegserkrankungen oder Hautleiden. Dessauer reagierte schnell: Schon 1910 ließ er in der Nähe der Quelle zwei Badekabinen errichten, am 22. Juli 1910 wurde das erste Wiesseer Quellenbad verabreicht.

Das beschauliche Bauerndorf Wiessee wurde förmlich in die Zukunft katapultiert. Aus 300 Anwendungen noch im Jahr 1910 wurden

Bohrtürme in Bad Wiessee
Die »1. Bayerische Petroleum-Gesellschaft« errichtete ab 1904 zwölf Bohrtürme. Im Betriebsjahr 1910 wurden aus Schacht VII mehr als eine Million Liter Erdöl gefördert. Mangels Rentabilität wurden 1927 die letzten Wiesseer Bohrlöcher geschlossen.

2000 in 1911 und 6000 in 1912. Man errichtete eine Badeanstalt, die ein Jahr später schon wieder zu klein war, baute das Obergeschoss aus und erweiterte die Kureinrichtungen um ein Inhalatorium. 1914 erhielt die Heilquelle mit allerhöchster Genehmigung den Namen »König-Ludwig-III.-Quelle« – und die »1. Bayerische Petroleum-Gesellschaft« benannte sich um in »Jod- und Schwefelbad Wiessee GmbH«.

1922 wird Wiessee zum »Bad« ernannt

1922 dann der Ritterschlag: Wiessee wurde »Bad« – und konnte die Heilungsuchenden

Quelle, nur in der Temperatur besteht ein Unterschied: Die Ludwig-III.-Quelle hat 21 Grad, die Wilhelmina-Quelle 17,1 Grad.

Immer mehr Heilung Suchende von immer weiter her, aus Amerika, Südafrika, Australien, Israel, Persien und ganz Europa reisen an den Tegernsee, um mit dem Jod-Schwefelwasser zu genesen. Bad Wiessee war ein florierender Kurort, ja, ein Weltbad mit 35-köpfigem Kurorchester und gesellschaftspolitischer Bedeutung, das international keinen Vergleich zu scheuen brauchte. Man kurte und – en passant – wurden Geschäfte

Das Kurgebäude des Jod-Schwefelbades

kaum aufnehmen: Die Zahl der verabreichten Jod-Schwefelbäder stieg bis 1935 auf knapp 157 000. Das Haus verfügte nun über 165 Badekabinen, man feierte die Einweihung der neuen Wandelhalle mit Konzert- und Theatersaal und traf sich zum Flanieren an der Seepromenade. Auch gebohrt wurde noch einmal: Zur Sicherung des Bades erschloss man 1930 in 602 Metern Tiefe die Wilhelmina-Quelle, benannt nach der holländischen Königin. Sie gleicht in ihrer Zusammensetzung der König-Ludwig-III.-

getätigt und Ehen angebahnt, weit voneinander entfernt lebende Familienzweige wählten den Tegernsee für regelmäßige Treffen. Nach dem Zweiten Weltkrieg leistete das Bad durch Sonderkonditionen für jüdische Gäste einen Beitrag zur Wiedergutmachung und Völkerverständigung.

Zu Wiessees besten Zeiten wussten stolze 50 Kur- und Badeärzte so detailliert über die Wirkweise des Wassers Bescheid, dass auf Minute und Gradzahl, individuell auf die

Bedürfnisse jedes einzelnen Patienten abgestimmte Bäder und Wasseranwendungen verschrieben werden konnten. Sie wurden von den Badefrauen minutiös eingehalten. Der maximale Kurerfolg war gewährleistet. Damals hieß es: »Eine Kur in Bad Wiessee ist ein Weihnachtsgeschenk.« Selbst wenn man im Frühjahr kurte, spürte man die positive Wirkung noch an Weihnachten. Manche Patienten kamen 25 Jahre nacheinander zur Kur. In den 1980er Jahren wurden in der Hauptsaison täglich rund 1500 Bäder verabreicht. Die Gewinne aus dem Badebetrieb flossen nach Holland an die Nachkommen von Adrian Stoop, der zur Entwicklung der Badeanstalt eine Million Gulden aus dem Familienvermögen investiert hatte. Darüber hinaus profitierte der Standort: durch die Gäste, die sich rundherum einmieteten, einkauften und Restaurants besuchten, und durch die bis zu 70 Mitarbeiter, die über Generationen hinweg ihren Lebensunterhalt für sich und ihre Familien verdienen konnten.

Areal samt Heilquelle Gemeindebesitz

Als die Gesundheitsreformen ab Ende der 1980er Jahre sowohl die Weiterentwicklung der Balneologie als auch die Auslastung der Bad Wiesseer Kureinrichtungen bremsten, sank das Interesse der holländischen Betreiber an ihrem bayerischen Bad. Angesichts notwendiger Investitionen zogen sie 1997 einen Schlussstrich: Das Jod-Schwefelbad wurde geschlossen und zunächst unter privater Führung wieder eröffnet. Seit 2001 findet der Badebetrieb unter der Regie der Gemeinde Bad Wiessee statt, unterstützt von einer örtlichen Solidargemeinschaft. Seit 2011 ist das gesamte Areal inklusive der Heilquelle im Besitz der Gemeinde Bad Wiessee, die nun die zukünftige Ausrichtung plant. Gemeinsam ringt man darum, dass aus dem Bad mit der großen Vergangenheit ein neuer Wellnesstempel mit ebensolcher Zukunft werden könnte – trotz Gesundheitsreform, sinkender Kassenleistungen und zweifellos sehr hohem Investitionsbedarf.

Dem Gast stehen heute moderne Kabinen für Wannen- und Sprühbäder zur Verfügung. Letztere hat der Wiesseer Kurarzt Dr. Gerhard Miecke speziell für Bad Wiessee entwickelt. Als Bad hilft das Wiesseer Heilwasser der Mobilisierung des Bewegungsapparates bei Arthrose und Spondylose, bei chronischer Polyarthritis, Osteoporose und Rheuma. Es ist angezeigt bei Erkrankungen des Herz-Kreislauf-Systems, bei Bluthochdruck und Durchblutungsstörungen.

Das Heilwasser in der Augentherapie

Interessant sind auch die Augentherapien: Während bei oberflächlichen Beschwerden wie chronischer Bindehaut- und Lidrandentzündung, chronisch gereizten Augen und dem so genannten trockenen Auge die Aerosol-Augenbäder mit feinstzerstäubtem, entschwefeltem Quellwasser zum Einsatz kommen, werden bei den degenerativen Veränderungen des Augenhintergrunds, bei Netzhauterkrankungen, Glaskörpertrübungen und Sehnerverkrankungen die Iontophorese-Augenbäder mit galvanischem Gleichstrom verschrieben. Inhaliert lindert das Wasser die akute Bronchitis, Asthma, Erkrankungen der Atemwege, Sinusitis und Entzündungen im Nasen- und Rachenraum. Aber auch bei Neurodermitis, Psoriasis (Schuppenflechte) und chronischen Ekzemen kommt es erfolgreich zum Einsatz.

Bei der Makula-Degeneration schafft es das Jodwasser Bad Wiessees, das Auge zu stabilisieren, eine Verschlechterung aufzuhalten und so der Erblindung entgegen zu wirken.

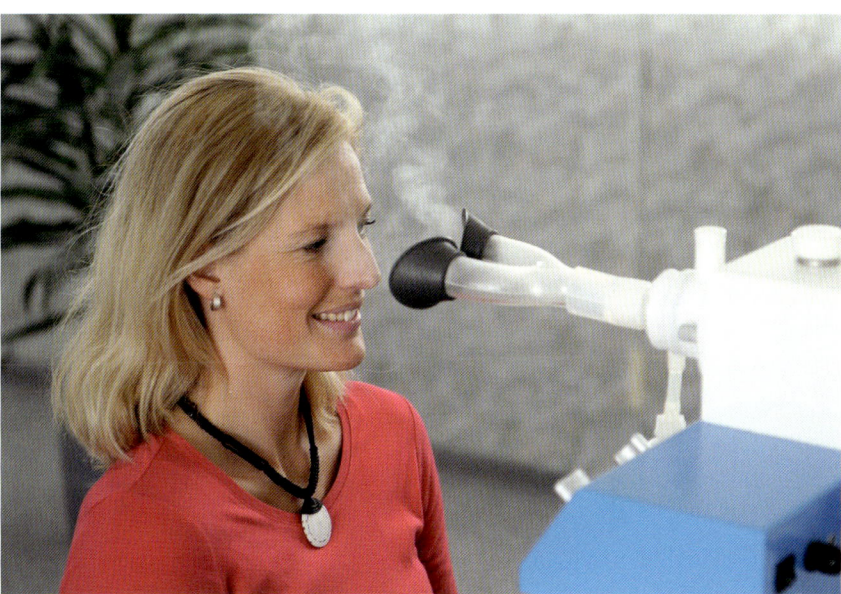

Erfolge der Augentherapie
Der Augenarzt Dr. Hans Bauer legte in den 1960er Jahren den Grundstein für die erfolgreiche Augentherapie mit Wiesseer Heilwasser.

»Von starkbitterem Geschmacke«
Kräuter- und Molkekuren in Wildbad Kreuth

Annette Lehmeier

Brunnenkresse

Fieberklee

Bachbunge

Fast zur gleichen Zeit wie das Wiesseer Steinöl entdeckte man die eisen- und schwefelhaltigen Quellen im heutigen Wildbad Kreuth. 1511 ließ das Kloster dort das erste Badhaus errichten. 300 Jahre später waren es einmal mehr König Max I. Joseph und seine Nachfahren, die Bad Kreuth zum international renommierten Kurbetrieb ausbauten. Die Quellen versprachen Heilung bei »Steinkrankheit, Gicht, Rheumatismus, Leberleiden und Bleichsucht«. 1822 nahm man die Kräutersaftkuren, Soledampfbäder und vor allem Molkekuren nach Schweizer Vorbild ins Angebot.

Die Molke stammte von Ziegen auf der Geißalm und wurde jeden Morgen »noch heiß« ins Bad gebracht. Man darf annehmen, dass sich die Begeisterung der Patienten angesichts der gelblich-grünen, süßlich-aromatischen Flüssigkeit in Grenzen hielt. Doch der Trank half – wirkte reizmindernd und stärkend u.a. bei Darm- und Hautkrankheiten, Nervenleiden und Schwindsucht. Die besondere Heilkraft der Bad Kreuther »Schotten« resultierte aus dem Ziegenfutter: Auf Almboden gedeihen nämlich 80 bis 120 unterschiedliche Gräser und Kräuter – ein grüner Cocktail aus Vitaminen, Mineralstoffen, ätherischen Ölen, Ballaststoffen und Eiweißbausteinen, aus dem die königlichen Geißen einen »Energydrink« erster Güte produzierten.

Für die Kuren mit Kräuterpresssäften fanden vor allem vier Pflanzen Anwendung: Bachbunge, Brunnenkresse, Fieberklee und die Löwenzahn-Familie. Dank des Kreuther Klimas waren diese Kräutlein wahre Powerpakete der Phytotherapie, die so manchen Flachland-Kurgast, salopp gesagt, aus den Schuhen hauten. Dr. Carl Ph. Krämer konstatiert in seinem Standardwerk »Die Molken- und Bad-Anstalt Kreuth in ihrer medizinischen Bedeutung« (1841) ungerührt: »Der Saft ist grün, undurchsichtig und von etwas scharfem starkbitterem Geschmacke, und schon eine Quantität von einer bis zwei Unzen (1 Unze = ca. 29 ml) hinterlässt im Gaumen und im Magen einige Zeit ein

Gefühl von Brennen und Hitze. Desshalb werden zuweilen diese Pflanzensäfte (…) nicht wohl vertragen, erregen krampfhaftes Zusammenschnüren in der Magengegend, Aufblähen, Aufstossen, Schwindel etc.« Wer empfindlich war, dem kredenzte man den Kräutersaft mit einer Tasse Fleischbrühe.

Bitter oder nicht: Die Säfte »sind ein den Apetitt erregendes, die Verdauungsorgane stärkendes, (…) die Blutbildung umstimmendes und verbesserndes Mittel«, bilanzierte Krämer, der freilich auch erkannte, dass hinter dem Erfolg der Kreuther Kuren ein Gesamtkunstwerk steckte, zu dem neben Wasser, Molke und Kräutern auch das Reizklima (die Höhenlage, Luftbeschaffenheit, Ozongehalt) sowie die – wenn auch mäßige – Bewegung der Kurgäste im Freien zählte.

Wildbad Kreuth heute
Bildungszentrum der Hanns-Seidel-Stiftung

Hubertus Klingsbögl

Nach langer und bewegter Geschichte hat Wildbad Kreuth in den 1970er Jahren eine neue Bestimmung gefunden. Als der von Franz Josef Strauß verkündete Kreuther Trennungsbeschluss im November 1976 aus den Tegernseer Bergen durch die ganze Republik hallte, war das neue Bildungszentrum der Hanns-Seidel-Stiftung gerade einmal ein Jahr eröffnet. Die CSU-nahe Stiftung hatte der ehemaligen Kureinrichtung neues Leben eingehaucht: Das repräsentative Gebäude mit über 100 Gästezimmern und einem Festsaal mit 400 Sitzplätzen gilt seitdem als Zentrum für politische Diskussionen und Bildungsarbeit, als geistig-kultureller, aber auch politisch geprägter Ort. Rund 450 Veranstaltungen werden pro Jahr ausgerichtet. Die deutschlandweit bekannteste ist die Klausurtagung der CSU im Januar. Spitzenpolitiker ziehen sich zur Beratung zurück oder tauschen sich mit internationalen Gästen aus.

In 40 Jahren 700 000 Teilnehmer an den Veranstaltungen der Stiftung

Wildbad Kreuth war nach dem Kloster Tegernsee der zweite große Kauf von König Max I. Joseph im Tal. Ab 1818 ließ er durch den Hofbauinspektor Simon Mayr gegenüber dem Alten Bad ein neues klassizistisches Badegebäude mit Festsaal und Wandelhalle errichten und begrüßte in Folge Monarchen aus ganz Europa, darunter Kaiser Franz von Österreich und die russischen Zaren Nikolaus I. und Alexander I. Unter Herzog Karl Theodor machte das Kurhaus später als Sanatorium für Augenbehandlungen von sich reden. Der Sanatoriumsbetrieb im Besitz des Hauses Wittelsbach wurde 1973 eingestellt.

Ein Neuanfang begann mit der Hanns-Seidel-Stiftung. Sie betreibt politische Bildungsarbeit mit dem Ziel, die »demokratische und staatsbürgerliche Bildung des deutschen Volkes auf christlicher Grundlage« zu fördern. Konkret bedeutet dies, politische Entscheidungsabläufe zu erklären, Orientierung zu geben sowie die Bereitschaft zur Mitwirkung in der Gesellschaft und Übernahme von Verantwortung im demokratischen Rechtsstaat zu wecken.

Jedermann kann in Klausur gehen

In vier Jahrzehnten zählte man bei Veranstaltungen in Wildbad Kreuth knapp 20 000 Teilnehmer pro Jahr, was einem Besucherstrom von fast 700 000 Personen entspricht. Ist Motivation hierfür die schöne Gebirgsidylle, die Politik oder der sprichwörtliche »Geist von Kreuth«? Vermutlich eine Mischung von allem. Die Menschen kommen zur Hanns-Seidel-

Stiftung, weil sie sich auf einem bestimmten Politikfeld wie der Frauen-, Europa- oder Umweltpolitik weiterbilden wollen. Die Stiftung bietet daneben Seminare an für Kommunalpolitiker, ehrenamtlich tätige Bürger, für Schüler und Jugendliche etc. Sie stehen allen Interessenten offen, die Teilnehmer müssen nicht einer bestimmten Partei angehören.

Jedermann darf also in Wildbad Kreuth in Klausur gehen, die CSU macht es bekanntlich – begleitet von großem Medieninteresse – alljährlich im Januar.

Bildungsauftrag
Der damalige CSU-Vorsitzende Franz Josef Strauß bei der Eröffnung des Bildungszentrums im Jahr 1975 mit Staatsminister Franz Pirkl (rechts), der die Hanns-Seidel-Stiftung von 1967 bis 1993 leitete, und dem späteren Staatssekretär Siegfried Lengl aus Tegernsee.

»Der Geist von Kreuth«
Zur Erinnerung: Am 19. November 1976 fasste die CSU-Landesgruppe im Bundestag im Bildungszentrum der Hanns-Seidel-Stiftung den Beschluss, die Fraktionsgemeinschaft mit der CDU im Bundestag aufzukündigen. Am 12. Dezember wurde der Beschluss zurückgenommen.

Die Spielbank von Bad Wiessee

Alexandra Korimorth

Schon als die Spielbank Bad Wiessee noch im Ortskern am See lag, besaß sie eine große Anziehungskraft für Urlaubs- und Kurgäste ebenso wie für Ausflügler. Seit sie 2005 in das neue, architektonisch außergewöhnliche und aussichtsreiche Gebäude über der Finnerbucht umzog, entwickelte sie sich endgültig zu einem Magneten für Unterhaltungssuchende. Unter der viel sagenden Adresse »Winner 1«, die tatsächlich auf den alten Flurnamen an dieser Stelle zurückgeht, legte die Spielbank den in die Jahre gekommenen 1960er-Jahre-Schick ab und entwickelte sich konzeptionell weg von einer traditionellen Spielbank hin zu einem Casino mit internationalem Flair, das sich vor allem als Ort der gepflegten Unterhaltung versteht. Heute gilt die Bad Wiesseer Einrichtung als Zugpferd und Vorbild aller bayerischen Spielbanken.

Gelungen ist dieser Imagewandel aus einem Grund: Die Staatliche Lotterieverwaltung in Bayern als Betreiberin hat von vornherein akzeptiert, dass durch die Verlagerung der Spielbank an den Ortsrand die Besucher von einst, die spontan für ein, zwei Spiele ihren Promenaden- oder Einkaufsbummel unterbrachen, durch neue Kunden ersetzt würden, die mit der Erwartung kommen, hier einen außergewöhnlichen Abend zu erleben.

Packende Pokerturniere

Sie erwartet neben einem faszinierenden Interieur mit stilisierten Goldnuggets an den Wänden, einem glitzernden roten Teppich aus Kunststein und einem über zehn Meter hohen beleuchteten Natursteinbrunnen unter der Glaskuppel das so genannte kleine Spiel im Erdgeschoss: eine bunt leuchtende Welt mit modernsten Automatenmodellen und einigen beliebten mechanischen Automaten-Klassikern; die Auszahlungsquote liegt hier zwischen 94 und 95 Prozent – garantiert, transparent sowie dokumentiert und staatlich geprüft. Einen Stock höher bietet das »große Spiel« Spannung pur bei Roulette, Black Jack und Poker. Hier finden die packenden Poker-Turniere statt, die auch deshalb bei Fans weit über die Region hinaus so beliebt sind, weil der Einsatz zu zirka 90 Prozent ausgeschüttet wird.

Show- und Veranstaltungsprogramm

Neben Sonderaktionen wie Verlosungen, neben der Prosecco-Bar und dem Glücksrad zu den Casino-Geburtstagen sowie den gehobenen Mittelklasse-Wagen als Sonderpreis setzt man in Bad Wiessee auf ein breit gefächertes Show- und Veranstaltungsprogramm. In dem Eventareal Winner's Lounge werden Konzert- und Kabarettabende mit hochkarätigen Künstlern veranstaltet.

Die Spielbank Bad Wiessee wurde 1957 eröffnet und seitdem mehrmals erweitert, zuletzt mit einem Neubau im Jahr 2005. Der Casinobetrieb beschäftigt rund 150 Mitarbeiter.

Europas erste Schönheitsfarm

Annette Lehmeier

Die ersten Gäste schlichen verschämt durch den Hintereingang ins Haus, und die Einheimischen spotteten über die »Runzelranch«. Doch die Pionierin im weißen Kittel ließ sich nicht beirren: Am 1. Oktober 1955 gründete Gertraud Gruber in Rottach-Egern die erste Schönheitsfarm Europas, mit Präparaten auf natürlicher Basis und speziell entwickelten ganzheitlichen Behandlungsmethoden.

Heute wird Gertraud Gruber branchenübergreifend als »Grande Dame der Kosmetik« verehrt. Nicht nur, weil mit ihrer Einrichtung der Begriff »Schönheitsfarm« geboren wurde, sondern vor allem für ihre Herangehensweise: Gertraud Gruber war die Erste, die in Sachen Kosmetik ganzheitlich dachte und die neben Gesicht und Körper auch Geist und Seele in die Behandlungen einbezog – frei nach ihrem Motto: »Wenn es drinnen nicht stimmt, nützt die teuerste Creme nichts.« Gruber-Gäste, darunter berühmte Namen aus Politik, Wirtschaft und Showgeschäft, schwören auf das Farmangebot aus Gesichts- und Körperbehandlungen, Bewegung und gesunder Ernährung. Die hochwertige hauseigene Kosmetikserie ist zu einer international gefragten Marke gereift, die auch auf dem anspruchsvollen asiatischen Markt erfolgreich gestartet ist.

In Sachen Kosmetik ganzheitlich denken

1921 in München geboren, wollte Gertraud Gruber ursprünglich klassische Tänzerin werden. Der Krieg machte den Plänen ein Ende. Sie lässt sich zur Heilgymnastin ausbilden und spezialisiert sich auf die Behandlung der Gesichtsmuskulatur nach Nervenverletzungen. Nach Kriegsende absolviert sie die Kosmetikschule von Friedl Groh in München und heiratet den Rottacher Josef Gruber. Zu ihren ersten Kundinnen fährt Gertraud Gruber mit dem Fahrrad. Ihre Cremes – die Zutaten bringt ihr eine Kräuterfrau, dazu kommen Öle und Vitamine – rührt sie selbst an. »Kosmetik«, lacht sie heute, »war damals eine schamvolle Angelegenheit. Zu manchen Kundinnen durfte ich nur kommen, wenn der Mann am Stammtisch oder beim Schafkopf war.«

Nach einigen Übergangslösungen – anfänglich residierten die Gäste in einer umgebauten Silberfuchsfarm, was zur späteren Wortschöpfung »Schönheitsfarm« führte – erwarben Gertraud Gruber und ihr Mann ein kleines Haus am Berta-Morena-Weg. Ausgebaut und erweitert ist dieses Haus bis heute das Herzstück im Farmgelände.

Getreu ihrem Leitsatz »Wer aufgehört hat, besser sein zu wollen, hat aufgehört, gut zu sein«, entwickeln Gertraud Gruber und ihr

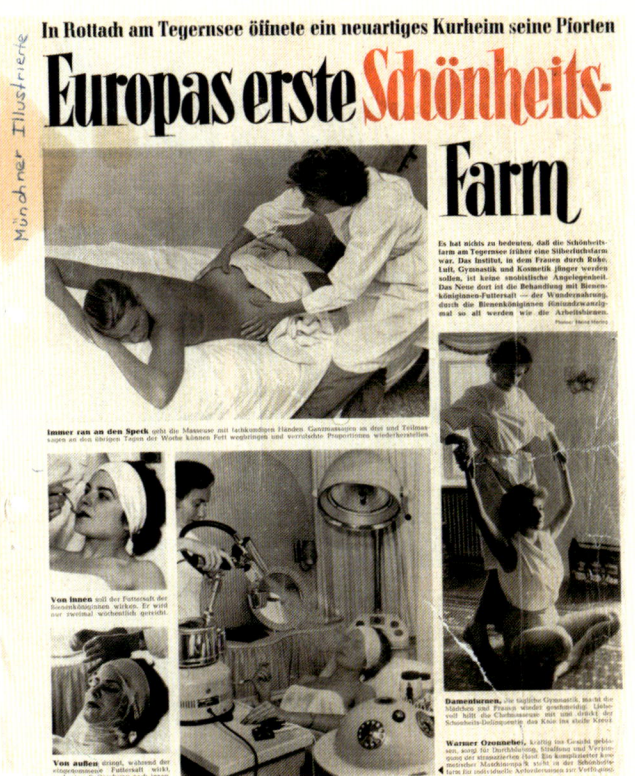

Gertraud Gruber
Jahr für Jahr betreuen Gertraud Gruber und ihre 120 Mitarbeiterinnen in dem gediegenen Landhaus und den neu hinzu gekommenen Nebengebäuden 5000 Damen. Auch die Kosmetikerinnen, die Gruber in ihrem Schulungszentrum gleich nebenan fortbildet, zählt sie längst nach Tausenden.

Team die Ingredienzien, Herstellungs- und Anwendungsweisen ständig weiter. Neue Erkenntnisse werden konsequent in das Farmleben und die Ausbildung der Kosmetikerinnen integriert. So wie in den Anfangsjahren, als Gertraud Gruber Themen wie Lymphdrainage oder Yoga (in den 1950er und 1960er Jahren mehr als exotisch) entdeckte und für gut befand. Beides gehört bis heute ebenso zum Farmprogramm wie Qi Gong, Shiatsu, meditativer Tanz oder Klangtherapie.

Der Tegernsee und seine Künstler

Das Tal im Spiegel der Literatur

Sonja Still

Das Kloster, das 746 gegründet wurde, entwickelte sich schon bald zu einem Ort, der »Tegernsee« zum Synonym für Geist und Kultur werden ließ. Das Ordensleben des Konvents galt als vorbildlich. Die Schreib- und Malschule war im gesamten Abendland bekannt. Eines der frühesten Lieder, das zum Kloster Tegernsee überliefert ist, stammt von Walther von der Vogelweide (wohl 1170-1230), dem bedeutendsten Lyriker des Mittelalters. Auf einer seiner Reisen wanderte der berühmte Minnesänger auch nach Tegernsee. Die Klosterschreibstube und der gute Wein, der in den Klosterkellern lagerte, lockten ihn.

Man seit mir ie von Tegerse
Wie wol daz hus mit eren ste:
Dar kerte ich mehr dan eine mile von der straze.
(...) Ich nam do wazzer, also nazzer
Muost ich von des münches tische scheiden.

Da hört der Dichter also auf andere, geht den weiten Weg zum Kloster und dann bekommt er Wasser statt Wein angeboten…

Walther von der Vogelweide, *der bedeutendste deutschsprachige Schriftsteller des Mittelalters, in der Weingartner Liederhandschrift (um 1300). Walthers Besuch im Kloster Tegernsee verlief eher enttäuschend.*

Die Buchkunst trägt den Namen Tegernsees in die Welt

Als das Abendland das Schreiben lernte, war Tegernsee ein Vorreiter. Die Tegernseer Schreib- und Malschule erlangte schon um das Jahr 1000 große Bedeutung und lieferte Kaisern und Königen Prachthandschriften. In den Jahren 1048-1068 ließ der Abt des Klosters für Kaiser Heinrich III. »*eine große Bücherei, mit Gold und Silber stattlich geschmückt*«, anfertigen. Kaiser Friedrich I. (1122-1190), genannt Barbarossa, bestellte beim Abt des Klosters *Meßbuch und Lectionarium*. In Tegernsee entstanden Prachtcodices und zahlreiche Handschriften, ab 1573 betrieb man auch eine eigene Druckerei. Die Mönche schufen gewissermaßen die Infrastruktur für das Entstehen und die Verbreitung von Literatur. Denn auch das erste überlieferte Gedicht in deutscher Sprache findet sich in dem *Codex Tegernseensis* des Klosterbruders Werinher Scholasticus:

Du bis min, ich bin din
Des solt du gewiß sin.
Du bist beslozzen in minem herzen:
Verloren ist das Sluzzelin:
Muost immer drinnen sin.

In der zweiten Hälfte des 11. Jahrhunderts entstanden hier der erste Roman des Abendlandes, der »Ruodlieb«, und das erste dramatische Opus des Mittelalters »Das Spiel vom Antichrist« – beide Werke sind noch in lateinischer Sprache in Versen abgefasst; zudem die deutsche Dichtung »Marienleben«.

Die Bibliothek des Klosters Tegernsee soll bis zur Säkularisation umfangreicher gewesen sein als die des Vatikans in Rom. Von 40 000 Bänden, andere Quellen sprechen von 60 000, sollen nach 1803 gerade 5580 in die Bayerische Staatsbibliothek gekommen sein. »Der Name Tegernsees wurde mit den Buchbänden in die Welt hinausgetragen«, schreibt Reinhard Wittmann, Professor für Buchwissenschaft an der Uni München.

Der Brandner Kaspar aus dem Alpbachtal verhandelt mit dem Tod

Im 19. Jahrhundert wurde Schloss Tegernsee die Sommerresidenz des bayerischen Königs und seiner Familie. In ihrem Gefolge kamen Künstler, Gelehrte – und eben Schriftsteller ins Tegernseer Tal. Franz von Kobell (1803-1882) schuf in einer Mundart-Erzählung die Figur des Büchsenmachers Brandner Kaspar aus dem Alpbachtal, der durch einen Handel mit dem »Boandlkramer« zusätzliche Lebensjahre gewinnen möchte, sich schließlich jedoch von den Segnungen des himmlischen Paradieses überzeugen lässt. Der Stoff feierte als Bühnenstück Erfolge nicht nur in Bayern und wurde mehrmals verfilmt.

kennt man ihn als Mundartdichter. Hier ein Ausschnitt aus dem Gedicht »Im Dialekt«:

Es ist um Sonnwendzeit; auf allen Wiesen
Steht noch der erste hohe Blumenflor;
Die Glocken lugen aus dem Gras hervor,
Die Heckenrosen überm Wege sprießen,
Und fröhlich zieht die Herde mit Geläut
Zur Alm in blaue stumme Einsamkeit.
Das ist die Wanderzeit in Bergeshöh'…

Stieler war auch als Reiseschriftsteller erfolgreich, ein politischer Autor, der früh über die Chancen der Demokratie und die Notwendigkeit des Naturschutzes schrieb. Seine Schilderungen der intakten oberbayerischen Landschaft als Sehnsuchtsort und das naive Land- und Leutebild beeinflussten das Bild der Heimat nachhaltig. In Tegernsee erinnert ein Denkmal am Leeberg an den Autor.

Karl Stieler
Detail des Denkmals am Leeberg in Tegernsee

»Der Brandner Kaspar und das ewig' Leben«
Der Boandlkramer (Toni Berger, rechts), soll den Büchsenmacher Kaspar Brandner (Fritz Straßner) aus dem Tegernseer Tal in dessen 72. Lebensjahr in die Ewige Seligkeit heimholen. Doch der Brandner überlistet den Boandlkramer beim Kartenspiel. Die Inszenierung von Kurt Wilhelm wurde 1975 für das Fernsehen des Bayerischen Rundfunks produziert und wird seitdem jährlich an Allerheiligen ausgestrahlt.

Karl Stieler (1842-1885)

Der Sohn des königlichen Hofmalers Joseph Stieler nahm sich den Mundartdichter Franz von Kobell zum Vorbild. Das Stieler-Haus auf der Point war der Sommersitz der Familie und ein beliebter Künstlertreff. Der Jurist Karl Stieler wurde 1867 Rechtspraktikant am Landgericht in Tegernsee. Er war ein volkstümlicher Mann, der mit Förstern und Bauern in den Wald zog und Holz schlug, aber auch mit dem Adel Umgang pflegte. Seine Erfahrungen und seine Beobachtungsgabe schlagen sich in seiner Dichtung und in vielen Artikeln nieder. Mit »Bergbleamln« (1865) oder »A Hochzeit im Gebirg« (1880)

Der »Simplicissimus« – Literaten-Netzwerk und der Treffpunkt Tegernsee

1896 wurde in München die satirische Wochenzeitschrift »Simplicissimus« gegründet, deren Chefredakteur 1900 Ludwig Thoma wurde. Viele bekannte Künstler und Autoren kamen danach im Gefolge Thomas an den Tegernsee, weil dieser verfügt haben soll, dass die Redaktionssitzungen im Sommer am Tegernsee stattfinden.

Thomas Mann »Herr und Hund«
Die Plastik an der Gmunder Seepromenade schuf der akademische Bildhauer Quirin Roth, ebenfalls aus Gmund, von dem zahlreiche Werke in den Gemeinden um den See zu sehen sind.

Ludwig Ganghofer (1855-1920), der Autor von Heimatromanen, die Millionenauflagen erlebten, fand seine Stoffe und Protagonisten in den Bergen. Er war mit Ludwig Thoma befreundet und ging mit ihm von seinem Tiroler Jagdhaus und auch in den Tegernseer Bergen zur Jagd. 1918 erwarb Ganghofer ein Haus in Tegernsee, in dem er jedoch nur wenige Wochen verbrachte. Der Autor liegt auf dem Egerner Friedhof neben Ludwig Thoma begraben.

Thomas Mann: »Tegernsee lebt noch in mir, mit dem erregenden Wasser«

Viele, die mit »Simpl«-Autoren bekannt waren, wurden auch zu Besuchern des Tegernsees – und genauso viele konnten sich der Idylle nicht entziehen. Auch für Thomas Mann wurde das Tal ein Zufluchtsort. Ob in Erwartung erster Kritiken zu den »Buddenbrooks«, nach dem Suizid seiner Schwester Julia oder zur Neukonzeption des Romans »Der Zauberberg« – er kam immer wieder. »Tegernsee lebt noch in mir, mit dem erregenden Wasser, dem Boot, den Lido-Eindrücken am Badestrand, der Besteigung des Hirschbergs...« Kreuth und Gmund erinnern mit Denkmälern an Thomas Mann.

Hedwig Courths-Mahler (1867-1950) siedelte von Berlin an den Tegernsee um, nachdem sie sich als Sommergast in die Tal-Landschaft verliebt hatte. Als sie 1950 in ihrem Haus in Tegernsee starb, hatte sie nicht weniger als 208 Unterhaltungsromane und -novellen veröffentlicht, die in viele Sprachen übersetzt wurden. Ihre Tochter Friede Birkner (1891-1985), auch sie eine erfolgreiche Schriftstellerin, lebte in Rottach-Egern.

Georg Stöger-Ostin (1874-1965): Die altbäuerliche Kost auf der Alm

Ein echter Volksschriftsteller vom Tegernsee war Georg Stöger-Ostin. Der Sohn eines Tagelöhners aus Bürstling bei Gmund verdingte sich als Holzknecht, Fuhrmann und Fährmann am See. Weil er gut schreiben konnte, bekam er eine Stelle als Redakteur bei der Lokalzeitung in Miesbach. Nebenher schrieb er fleißig Romane und Theaterstücke über das einfache Leben seiner heimatlichen Bauernwelt. Und so berichtet er über die gute Kost in seinen Schulferien beim »Kühhütn« auf der Alm:

»Auf diesem Bauernhof war noch die ganz altbäuerliche Kost in Brauch; am Morgen ein Schüsselchen Brennsuppe, dann eine große Kupferpfanne mit Mehlmus, auf dem meistens ein kinderfaustgroßer Brocken Butter schwamm. Hernach ein Weidling mit frisch gemolkener Milch und dazu Topfen – »Quark« nennt der Norddeutsche dieses schmackhafte, wohlbekömmliche Milcherzeugnis. Mittags gab es dann immer fette Schmalzkost, abends wieder Brennsuppe. Butter verkaufen und dafür Margarine einhandeln, wie es bei vielen Bauern Brauch und Mode geworden war, gab es bei der alten Schweinbergermutter nicht. Acht Wochen lang solche rare und anhaltende Kost ließ mein vorher grün schillerndes, mageres Gesicht rot und voll werden; war ich nach den Ferien wieder einige Zeit daheim, nahm es wieder seine frühere fahle Farbe an und verlor auch an Breite. Als ich nach den Kirchweihtagen, fast gemästet, nach Hause kam, brachte ich zudem acht Mark Lohn mit, welchen Verdienst meine Mutter freudigst begrüßte, konnte sie mir doch nun ein paar Schuhe kaufen, ohne ihrem kargen Lohn als Fabrikarbeiterin mit Tränen in den Augen etwas abzwacken zu müssen.«

Grete Weils Kindheitserinnerungen: »Niemand kann sich heute vorstellen«

Die jüdische Autorin Grete Weil (1906-1999) wurde in Egern geboren und verbrachte dort ihre Kindheit. 1935 floh sie mit ihrer Familie ins holländische Exil. Während ihr Mann im KZ Mauthausen ermordet wurde, überlebte sie die Verfolgung und kehrte 1947 nach Deutschland zurück. 1988 wurde sie mit dem Geschwister-Scholl-Preis der Stadt München ausgezeichnet. In ihrem späten autobiographischen Buch »Lebe ich denn, wenn andere leben« (1998) schreibt sie über ihre Kindheit in Egern, einem damals noch »stillen, verträumten Dorf«:

»Niemand kann sich heute vorstellen, was für ein stilles, verträumtes Dorf dieser aufgeblasene Kurort (Egern) einmal war. Das heu-

Georg Stöger-Ostin
schrieb Romane über Vorfälle und Lebensläufe aus dem Gebiet zwischen Tegernsee, Schliersee und Miesbach, die zu legendären Geschichten und Motiven in der späteren Heimatliteratur wurden.

tige Talmi-Nobelhotel, nahe bei unserem ehemaligen Garten gelegen, war eine kleine Wirtschaft, in der wir jeden Abend mit einem Henkelgestell in Maßkrügen das dunkle Bier holten, eine Wirtschaft mit knarrenden Dielen, in der sich auch eine Bäckerei befand, in der es herrlich nach frisch gebackenem Brot und Kümmel roch. Wie schön war es erst im Winter, wenn an einem mit Wasser übergossenen Holzgestell im Wirtschaftshof die schönsten Eiszapfen hingen, die in allen Farben leuchteten… Ein Ort, in dem einen jeder kennt, wo man die Dispeker Gretel heißt, auch wenn man schon längst einen anderen Namen hat.

Ein Ort in dem man zu Hause ist, wirklich zu Hause, auch dann noch, als über dem Ortsschild ein Transparent mit der Aufschrift hängt: 'Juden betreten den Ort auf eigene Gefahr.' Das Transparent macht die Menschen hässlicher, nicht den Ort.«

Mary Gerold, Witwe von Kurt Tucholsky, legte in Rottach-Egern den Grundstein für ein Kurt-Tucholsky-Archiv, ohne das sein Gesamtwerk nie die große Verbreitung gefunden hätte. Der Autor der »Feuerzangenbowle«, Heinrich Spoerl (1887-1955), lebte in Rottach-Egern und verfilmte 1944 mit Heinz Rühmann die Schulkomödie. Das Tegernseer Tal wird durch die vielfältigen Vernetzungen sowohl Ort der Literaturschaffenden als auch Ort in der Literatur. Sind die Erben des literarischen Feldes auch die modernen Heimatfilme der Regisseure Rosenmüller, die ihre Kindheit im Bereich Tegernsee verbrachten?

Krimi-Handlungs-Kulisse Tegernsee

Ende des 20. Jahrhunderts wandelt sich das Bild vom Leben am Tegernsee in der Literatur – er ist nun oft Handlungskulisse zum Beispiel von historischen Romanen wie »Wolfsbraut« von Angeline Bauer oder historisierenden Erzählungen wie »Sturm am Tegernsee« von Karl Weinberger. Der See, dem der Nimbus anhängt, Heimat der Reichen und Schönen zu sein, wird zum Schauplatz von Geschichten, die den Markt der Unterhaltungsliteratur bedienen, wie z.B. die Krimis von Andreas Föhr, Nicola Förg, Andreas Steinleitner oder Jörg Maurer.

Das Tegernseer Tal ist über die Jahrhunderte Spiegel und Ort der Literatur, es ist seit den ersten Tagen ein Feld für Literatur und Literaten aller Art geblieben.

Grete Weil
Tochter einer Münchner Anwaltsfamilie, verbrachte Ihre Kinderjahre im Sommerhaus der Familie in Egern. In ihrem späten autobiographischen Buch »Lebe ich denn, wenn andere leben« erinnert sie sich an die Zeit im »stillen, verträumten Dorf«.

Kunst- und Literaturtreff
Das Stieler-Haus auf der Tegernseer Point war der Sommersitz der Familie Stieler und ein beliebter Künstlertreff. Das neu eingerichtete Westerhof-Café im Stieler-Haus knüpft an diese Tradition an und hat Lesungen, Buchpräsentationen und Jazz Musik im Programm.

Anheimelnd und gar nicht literarisch
*»Die ungewöhnlich geräumige schön getäfelte Stube mit der umlaufenden Bank und dem Kachelofen duftete nach Latakia-Tabak.«
Aus: »Bayernbüchlein« von Josef Hofmiller, 1921*

Ludwig-Thoma-Haus
Auf der Tuften 12, Tegernsee

Hans Kratzer

In seinem 1921 erschienenen »Bayernbüchlein« erinnert sich Josef Hofmiller an den denkwürdigen Besuch in Ludwig Thomas Heim Auf der Tuften. Sein Bericht verschafft dem Leser wunderbare Einblicke in Thomas Heim, das untrennbar mit dessen Schaffen verbunden ist. Seine reflektierten Beobachtungen geben eine Ahnung von der einstigen Atmosphäre dieses Hauses.

»Als ich in die helle, warme Stube trat, saß er, ein ins Bayerische übersetzter Hieronymus im Gehäus, breit am großen Tisch mit der weißen Ahornplatte, hemdärmelig, die Pfeife im Mund, und schrieb. Die ungewöhnlich geräumige schön getäfelte Stube mit der umlaufenden Bank und dem Kachelofen duftete nach Latakia-Tabak. Es war anheimelnd und gar nicht literarisch.«

Fast 15 Jahre lang hat Thoma im Anwesen »Auf der Tuften 12« gelebt. Während seiner Haft in Stadelheim wegen Beleidigung der Sittlichkeitsvereine (1906) hatte er das Haus mit seinem Freund, dem Bildhauer Ignatius Taschner (1871-1913), geplant. Taschners Totenmaske hängt in Thomas Haus, das fast originalgetreu erhalten ist – ein einmaliger Glücksfall. Die Zwangseinquartierung eines Nazi-Dichters im Dritten Reich, die Beschlagnahme durch US-Besatzungsbehörden und die Umwandlung in eine Pension in der Nachkriegszeit, das alles hat das Haus Tuften 12 erstaunlich gut überstanden.

Vor allem Maidi von Liebermann, Thomas letzter Freundin, ist es zu verdanken, dass neben seinem schriftlichen Nachlass auch dieses Bauwerk annähernd im Original-Zustand erhalten blieb. Im Sommer 1918 war Thomas Liebe zu dieser Frau entflammt. Seine Bemühungen, mit ihr eine Ehe einzugehen, blieben freilich aussichtslos. Dennoch setzte Thoma seine Geliebte als Haupterbin ein.

Mit dem Geld aus dem Verkauf der Tuften sollte sie alle finanziellen und erblichen Verpflichtungen an die Verwandtschaft begleichen. Die tüchtige Frau schaffte die Zahlungen aber, ohne das Anwesen zu veräußern. Sie führte die Tuften als Pension weiter. Nudelsauber, wie Thoma gesagt hätte.

Nachlass und Haus gingen in die Hände der Stadt München über

Als Frau von Liebermann 1957 den literarischen Nachlass Thomas an die Handschriftenabteilung der Stadtbibliothek München übergab, bahnte sich eine Verbindung an, die den Fortbestand der Tuften bis heute sichert. 1964 rief der Stadtrat eine Stiftung ins Leben, der Frau von Liebermann das Haus übergab. Nach ihrem Tod am 22. November 1971 kam es in städtische Verwaltung. Seitdem hält die Stadt München in der Tuften regelmäßig Veranstaltungen ab.

Thoma hatte sich für sein Heim eines der schönsten Grundstücke im Tegernseer Tal ausgesucht. Er konnte es sich leisten, denn der Dichter kassierte reichlich Tantiemen für Erfolgsstücke wie »Ein Münchner im Himmel«, die »Lausbubengeschichten« und die »Filserbriefe«. Allein mit den Einkünften aus seiner 1908 uraufgeführten Komödie »Moral« konnte er das Haus bequem finanzieren. »Der schönste Platz, den ich im ganzen Landl Tegernsee gesehen habe«, so beschrieb Thoma sein Grundstück einem Schulkameraden. »Ich werde 2-3 Kühe halten, Obst bauen, mit Hilfe Taschners ein pikfeines Bauernhäusl errichten und in der Lederhose leben und sterben. Amen …« Er offenbarte damit, dass er sein Lebensglück neben seiner schriftstellerischen auch aus einer bäuerlichen Existenz schöpfen wollte. Tatsächlich wirkt die Tuften wie ein stattlicher Bauernhof.

Jenes Behagen, von dem Thoma zu Beginn umfangen war, ist noch zu erahnen. Ein Blick in sein Arbeitszimmer erweckt den Eindruck, der Dichter habe den Raum gerade verlassen und müsse jeden Augenblick zur

Eines der schönsten Grundstücke im Tegernseer Tal
Ludwig Thoma lebte und arbeitete 14 Jahre im Haus »Tuften 12« über dem Tegernsee, das er 1906 mit seinem Freund, dem Jugendstilkünstler Ignatius Taschner geplant hatte. Die meisten Zimmer des Hauses sind im Originalzustand erhalten. Von Thomas literarischen Werken spielt jedoch nur ein einziger Roman am Tegernsee: »Der Jagerloisl«.

Tür hereinkommen. Auf den Biedermeier-Schreibtisch fällt helles Seitenlicht. Von hier aus überblickte Thoma sein Grundstück. In diesem Zimmer widmete er sich seiner Arbeit. Und unten im Haus sollte eine brave Hausfrau werkeln. So stellte er sich das vor, ganz der biedere Kleinbürger vom Land.

Immer noch liegen persönliche Relikte auf dem Schreibtisch, der Zwicker, der Füller, mit deren Hilfe er Werke wie den »Andreas Vöst« schrieb, die zum Herzstück der bayerischen Literatur zählen. Auf den Regalen unter der Dachschräge ist die Bibliothek aufgereiht, viele Klassiker der Literatur und der Geschichtsschreibung, fein sortiert und in

Marietta de Rigardo
Im Jahr 1907 heiratete Ludwig Thoma die Tänzerin Marietta de Rigardo, die Tochter eines Schweizers und einer Inderin, mit der er drei Jahre im Haus Auf der Tuften lebte. Die Ehe erwies sich als Irrtum. In der Tegernsee-Idylle litt die lebenslustige Frau an Einsamkeit.

Leder gebunden. Von Thomas Wohnsituation können sich Interessenten selbst ein Bild machen, denn die Tuften steht nach Voranmeldung zur Besichtigung frei. In der Stube steht immer noch der von Hofmiller erwähnte wuchtige Tisch, dazu die umlaufende Wandbank, der klobige Kachelofen und die Rehgwichtln, Gamskrucken und Hirschgeweihe zwischen alten Fotografien und Zeichnungen. Durchs ausladende Vorhaus führt eine geschwungene Treppe hinauf ins Arbeitszimmer. Unzählige Besucher hat Irene Hausperger schon geführt. 1991 hatten sie und ihr Mann sich als Verwalter des Anwesens beworben. Die Hauspergers bewohnen eine Dienstwohnung im 1. Stock und haben im Auftrag der Stadt München das Haus zu betreuen und Führungen anzubieten.

Als Thoma im Jahr 1905 in München ein Fest gab, kam es zu einer schicksalshaften Begegnung. Sein Verleger Albert Langen hatte die Tänzerin Marietta de Rigardo mitgebracht; sie war die in Manila aufgewachsene Tochter eines Schweizers und einer Inderin. Thoma war wie elektrisiert von der jungen Frau. Er umwarb sie, obwohl sie verheiratet war. Ihr gefiel das Buhlen des Schriftstellers. Thoma verwandelte sich in einen vernarrten »Lucke«, der auf Marion, wie er sie nannte, alles übertrug, was er sich wünschte: Heimat, Geborgenheit, Behaglichkeit. Der Paradiesvogel sollte die ihn treu umsorgende Bäuerin auf der Tuften werden.

Die Idylle mit »Marion« als der treu sorgenden Hausfrau hielt fünf Jahre

Im September 1907 war Hochzeit, und am 8. April 1908 siedelten Marion und Ludwig Thoma in ihr neues Haus über. Thoma hatte die exotische Schönheit dem verkrachten Ehemann ausgespannt und für 10 000 Mark gleichsam abgekauft. Zum Einweihungsfest am 1. Mai 1908 kamen viele Koryphäen der Münchner Gesellschaft, aber schon da machten Thoma solche Feste keine Freude mehr. Dort »sehe ich wie auf fremde Vögel, die so ganz anders pfeifen … Was ist das alles leer und konventionell!« Er wollte lieber in seinen Revieren jagen, mit seinen Freunden beim Tarock sitzen und vor allem oben im Arbeitszimmer neue Werke schaffen – umwölkt von der Fürsorge seiner Hausfrau.

Knapp fünf Jahre, bis August 1910, lebten Ludwig und Marion Thoma zusammen. Länger hielt die Idylle nicht. Die lebenslustige Frau litt an Einsamkeit. »Der Paradiesvogel verlernt im bayerischen Käfig allmählich das Fröhlichsein«, brachte Ruth Bäumler das Elend einmal treffend auf den Punkt. Zu oft war Thoma ohne Marion unterwegs, ihre Bedürfnisse ignorierte er. Das Gesellschaftsleben, nach dem die Tänzerin lechzte, verabscheute er. »Von mir aus kann es anderswo nett sein, so schön wie hier ist es nirgends, und so behaglich erst recht nicht«, machte ihr der raubeinige Thoma klar. Er musste jedoch einsehen, dass die Ehe ein Irrtum war. Ein Ehebruch Marions zerstörte das Glück vollends. Frau Hausperger: »Die ist da versauert!«

Im Jahr 1913 war Thoma kurz davor, sein Anwesen zu verkaufen

Es wurde einsam um Thoma. Schriftstellerische Erfolge – 1911 erschien sein glänzender Bauernroman »Der Wittiber« – halfen ihm über seinen Verdruss nicht hinweg. Als 1913 sein Freund Taschner starb, zerriss es ihm fast das Herz: »Es war doch Abschied von Jugend und schönsten Jahren, als er begraben wurde.« Resigniert trug er sich mit dem Gedanken, sein Anwesen zu verkaufen. Selten nur noch war ihm die Tuften »ein Stück altes Bayern und altes Behagen« (Richard Lemp). Um der Leere zu entfliehen, meldete er sich 1915 freiwillig an die Kriegsfront, wo er aber an der Ruhr erkrankte und bald wieder in die Heimat zurückkehrte. Nur die Arbeit am Werk jagte »trübe und scheue Gedanken in die Ecke.« In tiefer seelischer Not verfasste er in der Adventszeit 1916 die Weihnachtslegende »Heilige Nacht«.

Das Drama der 1918 aufgeblühten Liebe zu Maidi von Liebermann

Das Drama der 1918 aufgeblühten Liebe zu Maidi von Liebermann ergab sich aus dem Widerstand des Ehemanns, der sich nicht von ihr trennen wollte. Thomas Wut entlud sich nicht zuletzt in Hetzartikeln, die so viele Thoma-Verehrer ratlos machen. Der Volksdichter, der mehrere Millionen Bücher verkaufte, glänzende Theatererfolge feierte, unsterbliche Figuren wie den Filser schuf, auf solchen Abwegen? Gerade bei ihm, bei dem jeder Dialog sitzt und jede Schilderung stimmig ist, sollte doch alles in Ordnung sein. War es aber nicht. Thoma war ein Zerrissener, erst recht nach dem verlorenen Krieg. In anonym verfassten Artikeln im »Miesbacher Anzeiger« hetzte er gegen Juden, verhöhnte die Weimarer Demokratie und verherrlichte einen radikalen Nationalismus. Krank, verbittert und voller Hass schrieb er in vier Monaten seinen letzten Roman: »Der Ruepp«.

Zuletzt vertrug Thoma nicht einmal mehr seinen geliebten Kaffee. Er litt unter Magenschmerzen und Depressionen, mögen seine Briefe auch noch einigermaßen optimistisch klingen. Am 24. Juli 1921 meldete er Maidi von Liebermann: »Du wirst sehen, die ganze Geschichte ist nichts als ein etwas hartnäckiger Magen- und Darmkatarrh.« Einen Tag später musste Thoma zur ärztlichen Untersuchung in München einpassieren, wo ihn eine bittere Diagnose traf: Magenkrebs. Am 24. August kehrte der Todkranke nach Hause zurück. Er wurde zu seinem Haus hinaufgetragen, wo er sich noch einmal aufrichtete, um den Rundblick zu genießen. »Schön ist's halt da dahoam«, flüsterte er leise. Am Abend des 26. August 1921 starb Thoma in seiner Jagdstube, noch keine 55 Jahre alt. Zwei Tage später trugen herzogliche Jäger seinen

Jagdgenossen
Mit seinem Freund Ludwig Ganghofer (links) ging Ludwig Thoma am Tegernsee und in Tirol zur Jagd. 1918 kaufte Ganghofer auf Betreiben

Sarg durch den Obstgarten zur Straße hinunter, wo ihn eine Kutsche zum Friedhof in Egern überführte. Als der Sarg in die Erde sank, sang Leo Slezak das Lied »Es ist bestimmt in Gottes Rat.«

Seitlich des Eingangstors ruht Thoma neben seinem Dichterfreund Ludwig Ganghofer und neben Maidi von Liebermann. Gut zehn Monate vorher hatte er noch seinem Gast Hofmiller freundschaftlich das Geleit zum Bahnhof gegeben. »Am Allerseelentag 1921, als sich mein Besuch jährte, ging der Gräberumgang schon an Ludwig Thomas Grab vorbei«, beendete Hofmiller den Aufsatz über seinen Besuch auf der Tuften.

Thomas ein Haus in Tegernsee, in dem er jedoch nur wenige Wochen verbrachte. Der Autor liegt auf dem Egerner Friedhof neben Ludwig Thoma begraben.

Das Tal und …

Hans Georg Asam, Hofmaler Joseph Stieler, Johann Georg von Dillis, Franz von Kobell, Lorenzo Quaglio, August Macke, Olaf Gulbransson (oben links), Herbert Beck (oben)… Seit Jahrhunderten haben bildende Künstler das Tegernseer Tal für sich entdeckt: wegen der Landschaft, der Farben der Berge und des Sees, wegen des Lichts. Sie kamen, um sich inspirieren zu lassen und in Ruhe zu arbeiten, viele blieben, um hier zu leben. Nicht zuletzt – davon erzählen eine Vielzahl von Porträts –, weil es ihnen auch die Talbewohner angetan haben: Menschen mit Ecken und Kanten und dem Anspruch, gemäß dem eigenen Wesen zu

… seine Maler

leben und nicht nur zu funktionieren und schon gar nicht nach den Vorstellungen anderer – Originale. Aus ihnen gingen ihrerseits Künstler hervor, die den Zugezogenen in nichts nachstehen: Ludwig Gschosmann (Seite 73), Hans Reiser (oben rechts), Klaus Altmann (rechts), J. Quirin Lindinger (links), Hans Schneider, Peter Keck… Auch ihr Auge, ihre Techniken sind brillant. Sie bilden eine Gemeinschaft, die sich austauscht und gegenseitig inspiriert. Davon zeugen die hochkarätigen Kunstausstellungen, die von den Künstlern für Künstler und Kunstliebhaber im Tegernseer Tal durchgeführt werden.   Alexandra Korimorth

Olaf Gulbransson
Der norwegische Bayer vom Schererhof

Sandra Spiegler

Der Schererhof
»Der liebe alte Schererhof. Schwarz verbrannt von Sonne und Wind«. 1929 erwarb Olaf Gulbransson die ehemalige Gastwirtschaft hoch über dem See in einem Holzbau, dessen Geschichte bis 1482 zurückreicht.

Das Zeichnen hatte ich schon mit vier gelernt. Ein anderer mit sechs zeigte es mir. Er ärgerte sich so darüber, dass ich es besser konnte, dass er nie mehr zeichnete, ich dagegen seitdem immer.« Diese Anekdote stammt aus der illustrierten Autobiographie von Olaf Gulbransson (1873-1958), der bereits mit 16 Jahren für das norwegische Witzblatt »Tyrihans« zeichnete. Ein Jahr später veröffentlichte er in der Tageszeitung »Trangviksposten« seine ersten Karikaturen. In seiner Heimatstadt Christiania (später Oslo) war er mit Persönlichkeiten wie Knut Hamsun, Edvard Munch und dem Polarforscher Fritjof Nansen befreundet und hat diese mit spitzer Feder festgehalten.

Durch »Berühmte Zeitgenossen«, eine Karikaturenreihe, wurde Albert Langen, der Schwiegersohn des norwegischen Dichters Björnstjerne Björnson, auf Gulbransson aufmerksam. Er hatte 1896 in München den »Simplicissimus« gegründet und war ständig auf der Suche nach neuen Mitarbeitern. Er lud 1902 Olaf ein, nach München zu kommen. Dieser dachte: »Sonderbar, der Langen kann ja nicht normal sein, aber wenn er es wagt, was riskiere ich denn mehr, als wieder heimgeschickt zu werden, und ich bekomme kostenlos eine interessante Reise.«

Karikaturen für den »Simplicissimus« von 1906 bis zu dessen Ende 1944

Er wurde aber nicht heimgeschickt, sondern arbeitete für den »Simplicissimus«, bis die Zeitschrift 1944 eingestellt wurde. Mit seinen Karikaturen wurde er in Deutschland berühmt. Er verstand es, mit wenigen Strichen ein Gesicht, eine Persönlichkeit, einen Charakter festzuhalten. Peter Bamm: »Köpfe! Köpfe! Köpfe! Gute und schlechte Köpfe, schöne Gesichter voller Glanz und schöne Gesichter voller Langeweile, hässliche Gesichter, in denen der Teufel sein Wesen treibt und hässliche Gesichter, in denen ein göttlicher Funke leuchtet.«

Nach der Scheidung von seiner ersten Frau Inga Liggern (Heirat 1897, zwei Töchter Liv und Inga Lisa) heiratete Olaf Gulbransson 1906 die Dichterin Grete Jehly. Mit ihr bezog er das »Kefernest« in der Nähe des Schwabinger Bachs in München. 1916 kam Olaf Andreas Gulbransson, genannt Oleman, auf die Welt, der Architekt wurde und u.a. die Auferstehungskirche in Rottach-Egern, die Thomaskirche in Augsburg und die Michaelskirche in Hammelburg plante.

Mit seinen Kollegen vom »Simplicissimus« erkundete Olaf Gulbransson das Tegernseer Tal, das Ludwig Thoma »entdeckt« hatte. Es war die Zeit der Künstlerkolonien; der Tegernsee war von München aus mit der Bahn gut zu erreichen. Das Tal war urig, ursprünglich und vor allem erinnerten das klare blaue Bergwasser des Sees und die aufragenden Berge Olaf Gulbransson an seine norwegische Heimat. »Der Tegernsee, das ist mein Fjord«, sagte er oft und so wundert es nicht, dass er 1929 mit seiner dritten Frau Dagny Björnson einen alten Bauernhof oberhalb von Tegernsee erwarb.

Der Blick vom Schererhof schweift über das gesamte Tegernseer Tal

Der Hof stammt aus dem Jahr 1482 und wurde von den Eheleuten liebevoll renoviert. Ein Besucher schrieb über seinen Aufenthalt auf dem Schererhof: »Urige Holzmöbel stehen in der Wohnstube, um einen riesigen Kamin, in dem des Teufels Großmutter sitzen könnte. Halbe Baumstämme verglimmen in ihm. Es ist warm und behaglich, wenn draußen der Schneesturm ums Haus fährt, und zur Sommerzeit laden geschweifige Bassins wie ein Rokokopark eines Prälaten zum Baden ein.« Die Aussicht ins Tal und auf die Berge gegenüber hat Gulbransson in vielen Zeichnungen und Gemälden festgehalten. Mit seiner Frau Dagny genoss er die traute Zweisamkeit, die von vielen Besuchen der Verwandten und berühmter Persönlichkeiten unterbrochen wurde.

Für die Bewohner des Tals wurde Gulbransson über die Zeit zum norwegischen Bayern: »Nur notgedrungen hat er Holzschuhe an den Füßen und als einzige Bekleidung eine Gärtnerschürze umgekettet. Am liebsten ist er, auch diesen Rest der Zivilisation los, im Wasser. Der in seiner Erscheinung an einen Seehund erinnert, fühlt das Wasser als sein Element.« Beruflich hatte Gulbransson auch neben seinen Karikaturen für den »Simplicissimus« großen Erfolg: 1929 wurde er als Professor an die Münchner Akademie der Bildenden Künste berufen; er veröffentlichte und illustrierte Bücher, fertigte Werbezeichnungen an und schuf Ölgemälde. Zur letzteren Technik war er eher zufällig gekommen. Bei einem Besuch in Berlin sollte Gulbransson Max Liebermann festhalten. Dieser fragte ihn: »Warum malen Sie mich nicht?« Gulbransson: »Weil ich es nicht kann.« Liebermann: »Hier ist ein Pinsel, und hier die Leinwand.« So kam Gulbransson zur Malerei! »Gott hat den Menschen die Zeit gegeben – aber von Eile hat er nichts gesagt«. Dieser Spruch stammt aus dem von Olaf Gulbransson illustrierten Buch »Sprüche und Wahrheiten« und kann als sein Lebensmotto gelten. Doch auch für Olaf war die Zeit auf Erden begrenzt. Am 18. September 1958 ist er im Kreis seiner Lieben gestorben.

Olaf Gulbransson
Der Hirschberg im Nebel

Das Olaf-Gulbransson-Museum

Sandra Spiegler

Dagny Björnson-Gulbransson ist es zu verdanken, dass für den bayerischen Norweger in seiner Wahlheimat eine Gedenkstätte entstand. Vier Jahre nach dem Tod des Künstlers rief sie 1962 einen Stifterverein ins Leben, durch dessen großzügige Spenden am 31. Mai 1966 das Olaf-Gulbransson-Museum im Tegernseer Kurgarten eröffnet werden konnte. Schirmherren waren der ehemalige Bundespräsident Theodor Heuss und der seit 1963 amtierende Bundeskanzler Ludwig Erhard. Weitere prominente Förderer waren Dr. Alfons Goppel, Herzog Ludwig Wilhelm in Bayern, Peter Bamm, Hans und Hermann Heinzelmann,

Annette Kolb, Ernst Maria Lang, Prof. Golo Mann, Prof. Josef Oberberger, Klaus Piper, Dr. Ernst von Siemens, Carl Zuckmayer und viele andere. Aus diesem Förderkreis bildete sich ebenfalls 1966 die Olaf Gulbransson Gesellschaft e.V. Tegernsee.

Zum Architekten des neuen Museums wurde einer der bedeutendsten Baumeister seiner Zeit berufen: Sep Ruf. Ganz nach den Gesetzen des Bauhauses stützt sich das Flachdach nur auf vier innen frei stehende Säulen; die Wand besitzt keine tragende Funktion. Das durchlaufende Fensterband gibt den Blick frei auf See und Berggipfel – ein Blick, wie ihn auch Olaf Gulbransson von seinem geliebten Schererhof aus gehabt hat. Sein Haus und seine Heimat hat der Künstler in unzähligen Gemälden festgehalten. Diese Bilder bilden zusammen mit Landschaftsdarstellungen und Porträts den Grundstock für die Dauerausstellung. Hierzu zählen außerdem Karikaturen, in denen Gulbransson seine Zeitgenossen mit spitzer Feder festgehalten hat, sowie Buch-Illustrationen.

Zweiggalerie der Bayerischen Staatsgemäldesammlungen

Im ursprünglich verglasten Innenhof steht die von Bernhard Bleeker geschaffene Büste mit dem Konterfei des Schalks vom Tegernsee nebst einer Bank, deren Holz aus Norwegen stammt (Abb. S. 143). Innen und außen, Realität und Abbildung, Norwegen und Bayern schienen in diesem Raum Eins zu werden. 1974 übergab die Familie Gulbransson das Kleinod in die Hände des Freistaats Bayern, der es seitdem zusammen mit dem Verein betreut und das Museum zu einer Zweiggalerie der Bayerischen Staatsgemäldesammlungen machte.

1984 wurde aus klimatischen und konservatorischen Gründen das Atrium entfernt und in den 1990er Jahren unterirdisch ein Anbau geschaffen. Die größte bauliche Herausforderung stellte der 2008 eingeweihte Erweiterungsbau dar, der ebenfalls aus Spendenmitteln finanziert wurde. Neben dem ursprünglichen, seit 1999 denkmalgeschützten Gebäude erheben sich drei Kuben, die als Oberlichter bzw. Eingang des Museums fungieren. Der Blick von oben auf zwei unterirdische japanische Gärten macht neugierig auf die Räumlichkeiten im Untergeschoss. In diesen finden Sonderausstellungen statt, die das Museum zu einer Begegnungsstätte für Menschen machen, welche sich im Geiste Olaf Gulbranssons zum offenen Gespräch treffen wollen.

Sep Ruf, Architekt, Designer im Tegernseer Tal

Sonja Still

»Die Makellosigkeit und Sicherheit der Federstriche von der Hand des norwegischen Bärs hatten ihren Resonanzkörper in der Feinlinigkeit der Architektur Sep Rufs gefunden. Ein architektonisches Juwel schloss sich um das kostbare Gut des künstlerischen Nachlasses«, schwärmte die Fachwelt anlässlich der Eröffnung des Olaf-Gulbransson-Museums im Jahr 1966. Der so gerühmte Architekt Sep Ruf hatte schon 1954/55 das Privathaus des späteren Kanzlers Ludwig Erhard am Gmunder Ackerberg gebaut – in direkter Nachbarschaft zu seinem eigenen und einem dritten Gebäude. Alle drei stehen heute auf der Denkmalliste.

Architektur sollte Ausdruck der Demokratie, Offenheit und Klarheit des neuen Deutschlands sein: Zwei aneinander gesetzte Quadrate mit zwei Atrien bilden den gläsernen Bau, der in der Parklandschaft direkt am Rhein zu schweben scheint. Ludwig Erhard sagte 1964 bei seinem Einzug: »Man lernt mich besser kennen, wenn man sich in diesem Haus umsieht, als wenn man mich eine politische Rede halten sieht.« Seit 2001 steht der Kanzlerbungalow unter Denkmalschutz.

Auch das Olaf-Gulbransson-Museum ist ein kubischer, ursprünglich innen offener Atriumbau. Häufig wurde es als kleiner Bruder des

Der Kanzlerbungalow in Bonn ist sein bekanntestes Werk

Das prominenteste Werk von Sep Ruf steht freilich in Bonn: der Kanzlerbungalow, das ehemalige Wohn- und Empfangsgebäude des Bundeskanzlers in Bonn. Es war wiederum Ludwig Erhard, der es 1962 in Auftrag gab, zu einer Zeit, als er noch Wirtschaftsminister war. Zusammen mit Egon Eiermann und Paul Baumgarten war Ruf eines der drei Mitglieder des Planungsrates, die unter strengster Geheimhaltung die Bauten im Bonner Regierungsviertel ausführen sollten. Zwei Millionen D-Mark kostete der Kanzlerbungalow. 1964 wurde er fertig gestellt. Seine ungewöhnliche

Kanzlerbungalows bezeichnet. Sep Ruf, von dessen Plantisch weitere Privathäuser im Tal stammen, prägte mit seinen leicht wirkenden Bauten im Bauhaus-Stil die deutsche Nachkriegsarchitektur, insbesondere in München, Nürnberg, Bonn und Fulda. Er war Vermittler einer an internationalen Vorbildern orientierten modernen Architektur. Wichtige Ruf-Bauten sind das Akademiegebäude der Akademie der Bildenden Künste in Nürnberg, die Neue Maxburg in München, ein Teil des Germanischen Nationalmuseums in Nürnberg und das Hochhaus der BHF-Bank in Frankfurt. Sep Ruf starb 1982 und fand im Gmunder Bergfriedhof seine letzte Ruhestätte.

Das Museum Tegernseer Tal
Schatzhaus und Wissensspeicher

Roland Götz

Öffnungszeiten
Juni bis Anfang Oktober täglich (außer Montag) 14 bis 17 Uhr, Mittwoch 11 bis 17 Uhr. Führungen auch außerhalb der Öffnungszeiten

Wer wissen will, warum das Tegernseer Tal so besonders ist, und wer sich die historische »Tiefenschärfe« holen will, um über Gegenwart und Zukunft dieser Region nachzudenken, für den gibt es eine unverzichtbare Wissenstankstelle: das Museum Tegernseer Tal im Alten Pfarrhof von Tegernsee.

Am 12. Juni 1999 öffnete es seine Pforten. Fast auf den Tag 95 Jahre zuvor hatte der neu gegründete Altertums-Gauverein Tegernsee e.V., der Historische Verein für das Tegernseer Tal, im Rathaussaal von Tegernsee seine erste heimatgeschichtliche Ausstellung eröffnet. In der Folgezeit hatte das bis heute ehrenamtlich von Vereinsmitgliedern betreute Museum mit seinen in Jahrzehnten gesammelten Schätzen verschiedene Ausstellungsorte. Im Alten Pfarrhof legen jetzt rund 850 Objekte vom 14. bis zum 20. Jahrhundert in 17 Räumen Zeugnis von der reichen Kulturgeschichte des Tals ab. Die Ausstellung hat die beiden Themenschwerpunkte: die Geschichte vom Mittelalter bis zur Gegenwart und Zeugnisse des bäuerlichen Lebens sowie des traditionellen Handwerks.

Die Entstehung des Tegernsees und der ihn umgebenden Landschaft kann man anhand eines Tal-Modells und eines von Schülern des Gymnasiums Tegernsee geschaffenen Zeichentrickfilms nachvollziehen. Die erdgeschichtlichen »Spezialitäten« des Tals werden vorgestellt: der Tegernseer Marmor, das heilkräftige Quirinusöl und die Jod-Schwefel-Quellen von Bad Wiessee.

Das Kloster als geistliches, kulturelles und wirtschaftliches Zentrum

Die Bedeutung des Klosters für die Region ist mit einer Fülle hochrangiger Exponate dokumentiert: Porträts der Äbte und Mönche, Bücher aus der Klosterdruckerei, aber auch das einzige Modell der nie gebauten barocken Kirchenfassade. Die beiden Altartafeln vom 1478 geschaffenen Evangelistenaltar der Klosterkirche, die 1996 mit Hilfe ei-

Ehrwürdige Sitze
Der Laienbruder Johannes von Reichenbach schuf 1448-1453 aus Eichenholz das spätgotische Chorgestühl der Klosterkirche. Erhalten sind nur Fragmente. Für die Ausstellung im Museum wurden die historischen Teile in die Rekonstruktion zweier Sitze in Originalgröße eingefügt.

Abt Gregor Plaichshirn
Gregor I. gilt als der glanzvollste Tegernseer Abt der Barockzeit. Während seiner 36-jährigen Regierung (1726-1762) nahm er 43 Mönche in den Konvent auf. 1746 feierte er das 1000-jährige Jubiläum des Klosters. Das Bildnis aus der ehemaligen Äbtegalerie zeigt den Abt ohne jedes Attribut; nur das kostbare Brustkreuz verweist auf seine Würde. Das Museum erwarb das Porträt 1907 aus dem Nachlass des Tegernseer Schlossbaumeisters Sebastian Herrle.

ner Spenderin erworben wurden, haben einen Ehrenplatz. Eine Auswahl von Klosterhandschriften, die sich seit der Säkularisation in der Bayerischen Staatsbibliothek befinden, wurde mit einer modernen Bildschirmpräsentation zumindest virtuell ins Haus geholt.

An die Zeit der königlichen Sommerresidenz im Schloss erinnern Gemälde, Stiche und vielfältige Erinnerungsstücke, etwa Porzellane der Manufakturen Nymphenburg und Berlin mit Darstellungen von Schloss Tegernsee und Bildnissen der königlichen Familie. Den Künstlern des Tals – Joseph und Karl Stieler, Franz von Kobell, Ludwig Ganghofer, Ludwig Thoma, Olaf Gulbransson, dem Kiem Pauli, Leo Slezak oder Herbert Beck – ist ein eigener Raum gewidmet.

Bemalter Truhenwagen von 1790

Die volkskundliche Abteilung beginnt mit dem Modell eines typischen Einfirsthofes und Einblicken in das bäuerliche Leben früherer Tage: Buchstäblich »von der Wiege bis zur Bahre« sind Lebensläufe aus dem Tal zu verfolgen, wenn Gegenstände und Dokumente des Alltags vom 18. bis 20. Jahrhundert gezeigt werden, ebenso ausgewählte historische Trachten und bäuerliche Möbel. Aus dem Bereich der religiösen Volkskunde ist ein bemalter Truhenwagen von 1790 für die Kreuther Leonhardifahrt zu sehen. Für die Geschichte der Jagd im Tal stehen eine Reihe von Trophäen wie der Schädel des 1836 erlegten letzten Wolfes und Waffen. Von der Tradition des Schützenwesens legen kostbar bemalte Scheiben und die alte Fahne der Tegernseer Gebirgsschützen Zeugnis ab. Dem Handwerk und Gewerbe ist das Dachgeschoss gewidmet: Dokumente, Zunftzeichen, Werkzeug bis hin zur Werkstatt des Kreuther Schuhmachermeisters Josef Petz. Die gefahrvolle winterliche Holzeinbringung per Schlitten wird ebenso gezeigt wie das Bohren hölzerner Wasserrohre.

Eine technikgeschichtliche Besonderheit ist das Uhrwerk des Gmunders Johann Mannhardt für den Uhrturm der Pfarrkirche Egern (1826). Der berühmte Turmuhren-Fabrikant hat hier erstmals seine Erfindung einer schmierungsfreien Hemmung angewandt.

Drei Aspekte stehen für den Weg des Tegernseer Tals vom 19. ins 20. Jahrhundert: Der Fremdenverkehr wurde immer mehr zum dominierenden Erwerbszweig, prägte Orte und Menschen. Wildbad Kreuth und Bad Wiessee entwickelten sich zu bekannten Kurorten, die Berge wurden erschlossen, der Wintersport nahm seinen Aufschwung. Die Schönheit der Landschaft zog auch die Mächtigen des Dritten Reiches ins Tal, was diesem die Bezeichnung »Lago di Bonzo« eintrug. Von Kampfhandlungen des Zweiten Weltkriegs blieb das mit Verwundeten und Flüchtlingen übervolle Tal weitgehend verschont. Mit den Jubiläumsfeiern der Klostergründung 1946 und 1996 schließt der Rundgang durch die über 1000-jährige Geschichte des Tegernseer Tals – nicht ohne wenigstens kurz auch die Gegenwart ins Auge zu fassen: Eine ständig aktualisierte Pinnwand mit Zeitungsausschnitten zeigt, was die Tal-Bewohner und ihre Besucher heute bewegt.

Tegernseer Himmelbett

Die Bauernmöbel aus dem Tegernseer Salitererhof bilden eines der qualitätvollsten Ensembles, die in Oberbayern erhalten sind. Sie wurden 1809 anlässlich einer Hochzeit angefertigt. Die Bemalung schuf Michael Böhaim vom Ratzenlehen bei Miesbach, der sein Werk auch signierte. Hauptelement der Dekoration im Stil eines späten bäuerlichen Rokoko sind Blumen und religiöse Motive. Diese Möbel wurden später vielfach nachgeahmt.

Zwei Theaterbühnen

LUDWIG-THOMA-BÜHNE

1903 gründete Michael Dengg die Tegernseer Bauernbühne und stellte den damals noch unbekannten Kiem Pauli als festen Musiker und Kassier an, der bald auch kleinere Rollen übernahm. Kiem sollte just hier Ludwig Thoma kennenlernen, der ihn mit dem »Raspelwerk« beschenkte und so zum Volksmusiksammeln anregte. Michl Dengg wiederum inspirierte Ludwig Thoma zu seinem Einakter »Erste Klasse«; der Dichter schrieb Dengg dieses Stück auf den Leib. 1910 wurde es in Egern uraufgeführt. Im Jahr 1933 übernahmen die Brüder Bertl und Maxl Schultes das Theater, das sie »Ganghofer-Thoma Bühne« nannten. Hieraus formte

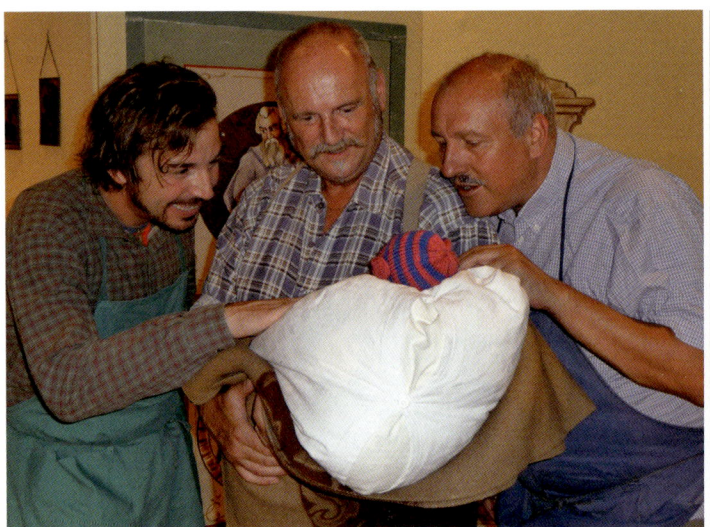

Hans Dengel 1953 seine »Dengel-Bühne«, die seit 1965 den Namen »Ludwig-Thoma - Bühne« tragen darf.

In der Anfangszeit spielte das Ensemble im Hotel Überfahrt, später im alten Gemeindesaal und seit 1983 im heutigen Seeforum. Neben den Engagements in Rottach-Egern geht die Bühne seit 1957 im gesamten Bundesgebiet auf Tournee. In den 1970er Jahren wurde dem Theater das Prädikat »künstlerisch hoch stehend« verliehen. Die Heimatbühne in Rottach-Egern stand viele Jahre unter der Leitung von Annamirl Wunschel. Seit 2002 wird sie von Walter Dengels Sohn Michael Janiczek geführt.

TEGERNSEER VOLKSTHEATER

Hans Lindner rief anno 1898 das Tegernseer Volkstheater ins Leben, das in den Anfangsjahren viel »auswärts« spielte. 1922 übergab der Patriarch an seinen Sohn Otto-Hans Lindner. Unter dessen Leitung wurde das Repertoire erweitert und der Name »Tegernseer Volkstheater« eingetragen. Nach dem Tod von Otto-Hans Lindner übernahm sein Neffe Lothar Kern die Geschicke des Theaters. Im Bayerischen Fernsehen wurde der erste »Komödienstadel« gesendet – mit dem Stück »Der Musikantensimmerl«, besetzt mit Lothar und Amsi Kern und weiteren Tegernseer Darstellern. Amsi Kern war damals längst eine bekannte bayerische

Volksschauspielerin. Als Partnerin des Weiß Ferdl hatte sie im Münchner Theater am Platzl früh erste Erfolge gefeiert.

Das Tegernseer Volkstheater wurde ab 1991 von Florian Kern geführt; seit 2009 liegt der Theaterbetrieb in den Händen von Andreas Kern, der das Angebot des Theaters um eine Studiobühne mit modern-minimalistischen und ungewöhnlichen Inszenierungen und um die Sparte »Jugendszene« erweiterte, die junge Menschen fürs Theater begeistern soll. Die drei Sparten nennen sich »Tegernseer 3 Bühnen«; gespielt wird meist im Ludwig-Thoma-Saal in Tegernsee und im Hotel zur Post in Bad Wiessee.

Der Tegernseer Tal Verlag
das kulturelle Gedächtnis des Tals

Michael Heim

Es könnte eine Zeit kommen, in der niemand mehr weiß, warum der Kaibiplärrer bis zum Jüngsten Tag am Ringsee umgehen muss, mit dem Wimmern eines Kindes Wanderer in den Wald lockt und um ihr Leben bringt. Oder die Sagen von der fliegenden Weizengeiß und vom Schatz im Gloggnersee – sie wären vergessen und verschollen. Wer wüsste noch von Trift und Klausenschlag zu berichten, die die Tegernseer Wälder bis nach Tirol schwimmen ließen? Und wer oder was ist, bitteschön, ein Pfingstochs oder ein Baamhackl? Schon mal gehört … aber wo? Oder wann?

Dieser Zustand eines Gemeinwesens, nennen wir ihn »kollektiven Gedächtnisverlust«, ist für das Tal schwer vorstellbar, weil es seit mehr als sechzig Jahren die Zeitschrift TEGERNSEER TAL gibt, die jetzt via Internet ihr gesammeltes Wissen über Geschichte und Kultur, über Traditionen und Menschen der Öffentlichkeit zugänglich macht, Jahrgang um Jahrgang. Zunächst wird ein digitales Archiv-Register mit Tausenden von Stichworten, Kurzfassungen und Querverweisen angeboten, das unter www.talverlag.de eingesehen werden kann. Für Recherchen finden sich hier erste Ansatzpunkte, zumindest weiß man, wo und wann welches Thema behandelt wurde; es gibt keinen allgemeinen Archivdienst, das würde einen kleinen Verlag überfordern, aber die Redaktion kann bei gezielten Anfragen weiterhelfen. Der generelle Zugang zu den älteren Archivbeständen, also den Print-Ausgaben, soll dann schrittweise im Rahmen einer künftigen Digitalisierung ermöglicht werden.

Es sind die vernetzten Erinnerungen einer Region, die zum kulturellen Gedächtnis einer Gesellschaft werden: Klicks führen zum »Ruodlieb« aus Tegernsee, dem ältesten Ritterroman des Abendlandes, durch die Napoleonischen Kriege und die Dynastie der Wittelsbacher am Tegernsee. Sie rufen die Tragödie der Säkularisation ab, Wildererdramen und Waldfestträume, Buchmalereien aus dem Kloster, die erhabene Parade der Künstler im Tal, der Alpinisten, Jäger und Geschichtenerzähler… Nach dem ersten Erscheinungsjahr, 1953, wurde Karl Alexander von Müller, Historiker und Mitbegründer der Zeitschrift TEGERNSEER TAL, von wohlmeinenden Freunden gefragt, wie lange die Redaktion in

der regional begrenzten Themenwelt noch durchzuhalten gedenke. Die Antwort war: »Wir haben ja erst am Rande dieses Pokals genippt.« Fast ein Menschenalter später dürfen seine Nachfolger in der Redaktion sagen: »Unser Wissensdurst ist enorm – aber auch nach mittlerweile 160 Ausgaben TEGERNSEER TAL ist der Pokal immer noch randvoll.«

Das Tegernseer Tal als Wiege der Volksmusikpflege

Birgit Halmbacher-Höplinger

Wenn wir die Charakterzüge des bayrischen Südens betrachten, so tritt uns einer vor allem entgegen: das ist die Vorliebe, die der Hochländer für alle Melodie hat«, schreibt Karl Stieler 1873 in seinem Aufsatz »Die Musik in den bayrischen Bergen«. Die Musik spielt in der Region um den Tegernsee eine prägende Rolle im Kulturleben. Sie ist mit dem Alltagsleben und Brauchtum eng verbunden. Wie in vielen Gegenden des Alpenraums stellt sie einen bedeutenden Teilaspekt des kulturellen und brauchmäßigen Handelns dar. Von Geburt an erstreckt sich der musikalische Bogen über die markanten Eckpunkte im Lebenslauf bis zum letzten Gruß am offenen Grab. Die Musik umspannt den Jahreslauf im kirchlichen und weltlichen Rahmen, vom Neujahrsanblasen über den Fasching, die Passion und Ostern, Waldfeste und sonstige Feierlichkeiten, den Rosstag, die Leonhardifahrt, die Kathrein-Tänze bis zur Advents- und Weihnachtszeit. Ganz selbstverständlich trifft man in Gaststätten im Tal hie und da auf Sänger und Musikanten, die für sich und alle, die es gerne hören, singen und spielen – und Volksmusik ist nicht nur etwas für Ältere!

Musikalisches Schaffen im Kloster

Am Tegernsee steht die Musikgeschichte in engem Kontext mit dem ehemaligen Benediktinerkloster, in dessen Handschriften die ersten Zeugnisse musikalischen Schaffens und Wirkens niedergeschrieben sind. Wie in vielen Klöstern üblich, verfügte auch Tegernsee über eine, wenn auch bescheidene, Singschule mit jeweils vier Chorknaben. Sie ersetzten bis ins späte 18. Jahrhundert in der Musizierpraxis der Klöster die hohen Frauenstimmen und erhielten neben ihrer gesanglichen und instrumentalen Ausbildung Unterricht in Latein, Deutsch und Rechnen sowie Kost und Logis. Wohl zur Freude der

Die Tegernseer Blasmusik in der Besetzung von etwa 1928. Musik umspannt den Jahreslauf vom Neujahrsanblasen über Fasching, Passion und Ostern, Waldfeste, Rosstag, Leonhardifahrt bis zur Advents- und Weihnachtszeit.

Chorknaben wurden neben geistlichen Werken auch volkstümliche deutsche Lieder gesungen. Dies bezeugen zwei handschriftliche Notenbücher um 1790 bzw. 1800 von dem späteren Hofkapellmeister Johann Caspar Aiblinger und Markus Seitz, die in der Bayerischen Staatsbibliothek erhalten sind. In den bezeichneten Büchern finden sich das bis heute weit verbreitete »D'Bäurin hat Katz' verlorn«, das »Knödellied« und das Hirtenlied »Holla, Lippei, was ist das« in einer hier zum ersten Mal überlieferten Version.

Aufschwung mit der Sommerresidenz

Mit der Säkularisation 1803 kam es auch musikalisch zu einem Bruch. Ein Neubeginn setzte erst mit der Übernahme der Tegernseer Besitzungen durch König Max I. Joseph ein. Die Sommerresidenz des Herrscherhauses brachte den wirtschaftlichen und kulturellen Aufschwung im Tal. Neben der 1821 vom König errichteten Kantoreistiftung zum Zweck der Hebung der Kirchenmusik in Tegernsee und der »Ausbildung der zur Musik lusttragenden und fähigen Jugend« schafften Feierlichkeiten und Besuche hochgestellter Persönlichkeiten Anlass zu musikalischem Wirken, in das die Bevölkerung eingebunden wurde, so das Zusammentreffen des österreichischen Kaisers Franz I. mit Zar Alexander I. von Russland 1822, die Hochzeitsfeier Herzog Maximilians in Bayern mit der jüngsten Königstochter Ludovika 1825 oder auch der Besuch des Zarenpaares 1838 in Bad Kreuth und in Tegernsee.

Herzog Maximilians Liebe zur Zither

Folkloristische Aufzüge, Schießen, Gesangs- und Musikdarbietungen von Bauersleuten sollten die höfische Gesellschaft unterhalten. Die Herzöge des Hauses Wittelsbach hatten von jeher eine große Hingabe zur Musik und zur Volksmusik im Speziellen. Am bekanntesten ist die Liebe von Herzog Maximilian in Bayern zur Zither. Vom gebürtigen Niederösterreicher Johann Petzmayer, der das Instrument überarbeitet und mit seinen Konzerten in ganz Europa hoffähig gemacht hatte, erlernte Herzog Max das Zitherspiel. Petzmayer wurde zum Kammervirtuosen ernannt und begleitete ihn auf seinen Reisen.

Die Hingabe der Herzöge
Die in Tegernsee ansässigen Wittelsbacher Herzöge Ludwig Wilhelm und Albrecht förderten im 20. Jahrhundert die Volksmusikpflege in Bayern.

Kiem Pauli,
der eigentlich Emanuel Kiem hieß, um 1930 in Wildbad Kreuth

»Zither-Maxl«
Herzog Max in Bayern (1808-1888) aus der Linie der Herzöge in Bayern war im 19. Jahrhundert einer der bedeutendsten Förderer der Volksmusik. Der virtuose Zitherspieler wurde wegen seiner Leidenschaft auch Zither-Maxl genannt.

Theatermusikanten
Mit Hansl Reiter, einem Musiker, der aus München an den Tegernsee kam (links), und dem Rottacher Bäcker Karl Holl spielte Kiem Pauli (rechts) am Tegernseer Bauerntheater im Trio mit Schoßgeige, Zither und Gitarre. Das Bild zeigt die drei auf einer Zeichnung im Gästebuch des Tegernseer Bräustüberls.

Von beiden sind Kompositionen im Anklang an volksmusikalische Weisen wie Ländler, Polkas und Mazurkas erhalten.

Die Zither gilt auch als Lieblingsinstrument Karl Stielers, dessen Familie in Tegernsee an der Point ihr Sommerhaus hatte. So mag es nicht verwundern, dass dieses Instrument bis heute einen besonderen Stellenwert in der Volksmusikpraxis im Tal einnimmt. Schon früh gab es in Gmund einen Zitherverein. Die Musikabteilung der Bayerischen Staatsbibliothek verfügt über 80 Kompositionen für Zither aus der Hand des Josef Bartl von Laffenthal. Seiner Kunstfertigkeit auf dem Instrument setzte Karl Stieler ein literarisches Denkmal.

Weit über ganz Bayern wirkten Einfluss und Unterstützung zweier in Tegernsee ansässiger Wittelsbacher Herzöge auf die Volksmusikpflege des 20. Jahrhunderts – Herzog Ludwig Wilhelm und Herzog Albrecht. Durch sie wurde das Tegernseer Tal ein Ort mit volksmusikalischer Strahlwirkung, die bis in die Gegenwart reicht. Herzog Ludwig Wilhelm zeichnete ein großes Traditionsbewusstsein aus. Er selbst spielte Klarinette und seine Vorliebe galt den in der Region überlieferten Klarinetten-Landlern.

Musikanten des Tegernseer Bauerntheaters im Saal des Hotels Überfahrt

Über Ludwig Thoma wurde er 1910 auf den geborenen Münchner Emanuel Kiem, der sich selbst Pauli nannte, aufmerksam. Mit dem ebenfalls aus München kommenden Musiker Hansl Reiter und dem Rottacher Bäcker Karl Holl spielte Kiem Pauli am Tegernseer Bauerntheater im Trio mit Schoßgeige, Zither und Gitarre. Da er sich von frühester Jugend an mit Musik über Wasser halten musste, war der Kiem Pauli zum Theatermusikanten geworden. Wie die niveauvollen Stücke, die im Saal des Gasthofs Überfahrt auf die Bühne gebracht wurden, hoben sich auch die drei Musikanten durch die Qualität ihres Repertoires von anderen Musikern in den Bauerntheatern ab. Das Tegernseer Terzett konnte auf die unter den ansässigen Spielleuten ausgetauschten Noten zurückgreifen, die der Holl Karl für ihre Instrumente setzte.

Im Schererhof oberhalb von Tegernsee, den Olaf Gulbransson und seine Frau 1929 erwarben, war zu dieser Zeit ein kleines Bauernwirthaus, in dem sich Ansässige und Künstler trafen. Es wurde gesungen und musiziert, wie es eben Brauch war, was den Kiem Pauli sehr beeindruckte und ihn zum Niederschreiben der Lieder anregte.

Nach der Unterbrechung während des Ersten Weltkriegs konnte man die musikalische Tätigkeit am Theater wieder aufnehmen. Durch das Einwirken von Ludwig Thoma und die Unterstützung der Herzöge, die ihm Unterkunft und Auskommen sicherten, begann der Kiem Pauli mit dem Sammeln von Volksliedern. Quer übers Land führten ihn seine Reisen, er machte Bekanntschaft mit Musikwissenschaftlern wie Karl Alexander von Müller und Kurt Huber, die ihn in seinem Wirken bestärkten. Gemeinsam mit

Dreigesang
Von links: Wieser Kaspar, Weckerlein Dori, Wieser Melchior sen.

Professor Huber gab er 1934 das Liederbuch »Alte Oberbayrische Volkslieder« heraus.

Erstes Oberbayerisches Preissingen 1930 in Egern

Im selben Jahr, am 30. März, veranstalteten die beiden im Gasthof »Überfahrt« in Egern das erste Oberbayerische Preissingen, zu dem Rundfunk und Presse eingeladen hatten. Unter den eingesandten Anmeldungen und 930 eingereichten Liedern wählte der Kiem Pauli sorgsam aus. Rund 40 Gruppen wurden zum Preissingen eingeladen. Zwischen den Liedern spielte der Gugg'n Sepp aus Rottach, ein Blasmusikant, wie man nur wenige findet und dessen Noten noch heute zu den wertvollsten Überlieferungen unter Tegernseer Musikanten zählen.

Als Sieger wurden die beiden Duos Treichl/Vögele aus Oberaudorf und Burda/Sontheim aus Parsberg ermittelt. Die vier Sänger führte der Kiem Pauli zu seinem »Musterkofferl« zusammen. Sie galten in den darauf folgenden Jahren als der Vorzeigegesang des bayerischen Oberlandes.

Die Veranstaltung in Egern gab die Initialzündung für die systematische Volksliedpflege in Oberbayern unter der Führung des Kiem Pauli. Er stand in regem Kontakt mit Sängern, Musikanten, Liedersammlern und Musikforschern im gesamten Alpenraum. Bekannte und weniger bekannte Persönlichkeiten trafen sich in Kreuth, um seinen Rat zu hören und sein umfangreiches Wissen zugunsten der Volksmusik zu nutzen.

Die Musikschule Tegernseer Tal

Neben seiner Sammeltätigkeit widmete er sein Engagement der musikalischen Ausbildung der Jugend. Ein Großteil der bekanntesten Musik- und Gesangsgruppen ist durch seine Schule gegangen oder war mit ihm freundschaftlich verbunden – unter ihnen Hubert und Sepp Winkler, Karl Edelmann, Rudi Rehle und viele andere. Ihnen allen gemeinsam ist, dass sie ihr Wissen als Multiplikatoren im Sinn der regionalen Überlieferung weitergaben. Die beiden Erstgenannten spielen noch heute in der Kreuther Klarinettenmusi, deren Landler, Mazurkas, Schottische und Halbwalzer den Inbegriff der Tegernseer Musizierweise darstellen – getragen, aber mitreißend. In der Tradition der musikbegeisterten Wittelsbacher Herzöge steht auch Herzog Maximilian in Bayern als ausgezeichneter Klarinettist, der gern mit den Kreuthern zusammen musiziert.

In gleicher Manier sieht sich die Musikschule Tegernseer Tal verpflichtet, neben der musikalischen Ausbildung im klassischen Sinn ihren Schülern die Bewahrung regionaler Musikkultur näher zu bringen. Ein überwiegender Teil der jüngeren Generation von

Musikern hat dort fundierte Kenntnisse erhalten. Diese schätzenswerte Fertigkeit am Instrument nutzen die ansässigen Musikkapellen und Blasmusikbesetzungen in ihrem Engagement für die Öffentlichkeit. Viele Festlichkeiten am Ort wären ohne diesen Einsatz nicht denkbar.

Ein noch so reicher Notenschatz – der über Generationen weitergegeben wird – könnte die in den unterschiedlichen Landschaften gepflegte Spielweise nie zur Gänze vermitteln. Vieles von dem, was in Betonung und Dynamik den besonderen Klang regionaler Musikkultur ausmacht, kann nur in der direkten Weitergabe unter den Musikanten und Sängern erfolgen.

Familienmusik Wackersberger

beim Mariensingen im Oktober 2014 in der Egerner Kirche. Mit Zither, Gitarre, Harfe, Hackbrett und Schoßgeige legten Toni, Monika, Vevi, Christa und Sepp Wackersberger in den 1960er Jahren den Grundstein für eine besondere und besonders feine volksmusikalische Qualität. Aus den »Geschwistern Wackersberger« sind die »Familienmusik Wackersberger« und mehrere neue eigenständige Gruppen gewachsen. Allen gemeinsam ist das Gespür für die »echten« Töne, gepaart mit der puren Freude am Leben und an der Musik.

»Tanz nach dem Schießen« am 16. August 1838 aus Anlass des Besuchs der Kaiserin von Russland in Bad Kreuth. Die kolorierte Version einer Lithographie zeigt deutlich oberbayerische Männer- und Frauentrachten, zum besonderen Anlass die Sonntagstracht.

Tegernseer Trachtenlandschaft

Beni Eisenburg

Wer heute ins Tegernseer Tal kommt, staunt über das Trachtenbild, das sich ihm bietet. Dirndl (Mädchen) und Burschen, Frauen und Männer tragen nicht nur an Festtagen die Tracht, sondern auch an den Werktagen. Dies ist ein Zeichen, dass die Tracht gesund ist und auch ohne Verein lebt. Volkstracht heißt die sich von der Mode unterscheidende bäuerliche Kleidung. Auch sie ist dem Wandel unterworfen, der sich aber langsam vollzieht, oft auch über Jahrzehnte hin. Die Trachten waren immer regional verschieden.

Abgesehen von Votivtafeln mit Trachten, deren Ursprung nicht genau zu lokalisieren ist, gibt es erst etwa um 1780 genaue Darstellungen oberbayerischer Trachten. Der Genremaler Lorenz Quaglio II (1793-1869) ist einer von vielen Künstlern, die genaue Trachtendarstellungen hinterließen. Eine Lithographie von 1838 »Tanz nach dem Schießen« zur Erinnerung an den Aufenthalt der Kaiserin von Russland in Bad Kreuth zeigt oberbayerische Männer- und Frauentrachten (s.o.). Die Paare, die hier tanzen, kamen aus Wiessee, Tegernsee, Rottach und Ostin. Zum besonderen Anlass zogen sie die Sonntagstracht an. Auf dem Bild haben die Burschen lange Loferl, Lederhosen bis zum Knie, nicht zu lange Joppen, Schmiesl, hohe Stopselhüte und genagelte Halbschuhe an, die Dirndln weiße Strümpfe, Miedergwand, Schmiesl und auch den hohen Stopselhut.

Joseph von Hazzi, unter König Max I. Joseph der »General-Landesdirectionsrath«, in seinen statistischen Aufschlüssen über das

Gericht Tegernsee: »Die Kleidung der Einwohner beiderlei Geschlechts besteht an Werktagen aus Loden oder Linnen und Wolle, die sie selbst verfertigen. Die Burschen oder Buben tragen gewöhnlich auch Hauben wie die Mädchen, an Feiertagen aber braune Röcke mit weißen Knöpfen, dergleichen Kamisole, schwarze Hosen, weiße und blaue Strümpfe, dann Schuhe mit Bändern und schwarze Hüte, im Wirtshaus aber und auf dem Tanz haben sie grüne Hüte mit Federn und scharlachrote Schalke…«

Bäuerliche Tracht und Jagdkleidung waren stets weitgehend identisch

Die oberbayerische Männertracht entlang der Alpen hat sich immer gern an der Jägerkleidung orientiert. Dadurch ist Jagdkleidung und bäuerliche Tracht weitgehend identisch. Jäger waren es, die an das Duxerhemd zuerst den grünen Kragen und an den Ärmeln grüne Aufschläge setzten. Deswegen sahen es die Jäger und Forstleute gar nicht gern, wenn sich auch Bauern so kleideten. Um 1850 berichtete Joseph Friedrich Lentner: »Ein Landrichter in Tegernsee ging in seinem Amtseifer so weit, die grünen Kragen den Bauern gänzlich zu verbieten und einem Widerspenstigen, dem so genannten Hennen Hansl von Egern, eigenhändig denselben abzuschneiden.«

Wenn von der Tracht die Rede ist und im Besonderen vom Tegernseer Tal, kommt man an der Familie der Wittelsbacher nicht vorbei. Das erste Foto eines Wittelsbachers in Tracht (Jagdkleidung) zeigt König Max II. etwa um 1855, eine helle graue Joppe mit grünem Ausputz. Jeder kennt auch das Bild von Herzog Max in der Tracht. Auch Prinz Luitpold von Bayern trägt die Tracht: kurze Lederhose, ausgestickte weiße Strümpfe, hochgeschlossene Weste, lange Joppe mit Ausputz und Hut.

Der Ingolstädter Gelehrte Franz von Paula Schrank bereiste 1788 das Oberland. Über das Tegernseer Gebiet schreibt er: »Ich betrachtete das Thal, in welchem Tegernsee und die weiter ins flache Land heraus liegenden Gründe liegen, als eine Fortsetzung des tyrolischen Achenthals und wähle den Ausdruck Achenthaler, um die Leute dieser Gegend zu bezeichnen. Sie kommen in Rücksicht der Kleidung sehr mit denen der Gegend von Miesbach überein. Die Männer tragen sie sehr wenig, von jener der übrigen Landleute in Baiern verschieden.« Franz von Paula Schrank hat nicht unrecht. Einflüsse zur Tracht kamen auch vom benachbarten Tirol. »Tuxerisch gehen« war ein üblicher Ausspruch. Wie kommt es dazu?

Karl Stieler schreibt um 1870: »Manchen Sommer ist das bayerische Hochland förmlich überschwemmt von Tirolern, meistens aus dem Zillertal.« Um 1800 wurden im Herbst in Gmund große Viehmärkte abgehalten, es wurde Vieh aus dem Kreuther Tal, aus dem oberbayerischen Voralpenland und aus Tirol angetrieben. Zweimal im Jahr, an Jakobi und Barthlmä, war außerdem Tanz in der Kaiserklause. Daher strömten von allen Seiten die Burschen und Dirndln herbei. Eine Schar Tiroler kam aus Brandenberg herüber, gegen Mittag ließ sich die elegante Welt aus Schliersee, Miesbach und Tegernsee sehen. Es gab Gelegenheit, sich etwas abzuschauen.

Schon im 19. Jahrhundert machte man sich Gedanken, wie man dem Vordringen der bürgerlichen Allerweltsmode auf dem Land Einhalt gebieten könnte, während die Tracht immer wieder als »Maschkragwand« degradiert wurde. Dazu der Kiem Pauli um 1933: »Der größte Fehler liegt darin, dass die Tracht nur mehr getragen wird bei besonderer Gelegenheit, um es gleich zu sagen, sie ist gestorben, hat mit unserem täglichen Leben fast gar nichts mehr zu tun und braucht aus diesem Grund einen Verein zur Erhaltung.« Diese Vereine hatten sich schon gebildet, die »Wallberger« in Rottach, die »Neureuther«

***Herbert Beck,
Frau im Schalk***

Der Schalk, das prächtige Festgewand der verheirateten Frauen aus schwarzer Seide, hat heute noch höfischen Einschlag. Der Blumenschmuck im Mieder war früher kaum üblich.

125 Jahre Trachtenverein D'Wallberger

1889 gründete sich der Volkstrachten-Erhaltungsverein D'Wallberger in Rottach. Zum 125-jährigen Gründungsfest 2014 zeigten sie die ganze Bandbreite von Lederhose und Anzug mit langer Hose bei den Männern sowie Schalk und Seidenmieder für die verheirateten bzw. unverheirateten Frauen und natürlich den »Almrock«, der beim Tanz zum Einsatz kommt. Die kurze Hose tragen die Männer traditionell vom Frühjahr bis Kirta – aber nicht zu Hochzeiten, hohen Feiertagen und Beerdigungen.

in Gmund bereits 1889, die »Leonhardstoana« in Kreuth und die »Hirschbergler« in Reitrain 1908; Wiessee folgte 1927 nach. Bei den Trachtenvereinen wurde meist die zweireihige, die so genannte Miesbacher Joppe getragen. Eine Ausnahme bilden nur die Leonhardstoana, sie bevorzugen die einreihige Joppe mit einfacher Rückenfalte und den grünen Samthut mit schmaler Krempe.

Zwölf Meter Seidenstoff und vierzig Meter Spitzen für das Festgewand

Die Vielfalt der Trachten nach Gegenden und Tälern zeigt sich besonders im 18. und 19. Jahrhundert. Karl Stieler schreibt in den 1870er Jahren von der Neuerungssucht der Männer und dem konservativen Geist der Frauen. In der Tat hatte sich die Tracht der Frauen nur wenig verändert. Das zeigt sich heute noch in den überkommenen Frauentrachten, dem Seidenmieder für die ledigen Frauen und dem Festgewand der verheirateten, dem Schalk. Dieses prächtige Gewand hat höfischen Einschlag. An die zwölf Meter Seidenstoff werden dazu benötigt und etwa 40 Meter Spitzen. Der Schalk ist heute aus schwarzer Seide, früher war er farbiger, z.B. aus blauer oder brauner Seide. Der Blumenschmuck im Mieder war früher kaum üblich. Dieses noble Festgewand hat ein begrenztes Verbreitungsgebiet. Schalk und Mieder werden im Oberland noch viel getragen, wenn auch Johann Friedrich Lentner im 19. Jahrhundert schreibt: »In dieser Landschaft befleißen sich die Mädchen und Weiber alles Nationale abzulegen und die Moden mitzumachen so gut sie es verstehen.«

Das Dirndlgwand hat seinen Ursprung in der Sommerfrische um 1900

Zu den Moden gehörte auch das heute so beliebte Dirndlgwand. Seinen Ursprung hat es in der Sommerfrische in der Zeit um 1900. Ludwig Thoma, der selbst am liebsten in der Lederhose und der Lodenjoppe ging, berichtet von einem Sommerfest folgendes: »Damen jeden Alters zeigten sich in Dirndlgewändern, manche in echten, die meisten in Kostümen, die aus Maskenverleihanstalten entnommen schienen.« Ein Satz, der auch in unserer Zeit nur allzu oft den Nagel auf den Kopf trifft. Doch sieht man im Tegernseer Tal auch viele echte Dirndlgewänder in zeitgemäßen Stoffen und praktischen Schnitten.

Die Männer tragen heute statt des Bauerngwands den Lodenanzug

Bei großen Festlichkeiten, an Feiertagen wie Ostern, Fronleichnam und Kirchweih oder zu Hochzeiten war früher bei Männern das Bauerngwand üblich. Es wurde nicht aus Loden, sondern aus dunklem Kammgarn gefertigt, meist war der Anzug klein gemustert oder gestreift und bestand aus einer engen »vierigeschnittnen« Hose, zum Fuß hin erweitert, einer zweireihigen Joppe mit Liegekragen und stoffbezogenen Knöpfen, dazu einer Weste vom gleichen Stoff oder aus Samt. Als Hut diente der schwarze Scheibling. Das Bauerngwand der Männer war die richtige Kleidung zum Schalk, seit Jahren ist an Stelle des Bauerngwands der Lodenanzug getreten. Er kann schwarz, dunkelgrau oder dunkelbraun sein.

Traditionelle Handwerker sichern den Fortbestand der Tracht

Wichtig für den Fortbestand der Tracht sind die Handwerker. Nur solange es die Schuhmacher, Hutmacher, Säckler, Weber und Schneider gibt, ist er gesichert. Herzog Ludwig Wilhelm hat die Handwerker gefördert, denn ein geschickter Handwerker sorgt dafür, dass es immer wieder neue Varianten gibt. So trugen die herzoglichen Jäger in Bad Kreuth um 1920 neben der grauen zweireihigen Joppe mit Steh- oder Liegekragen auch schon die Stehbrustjoppe, kurze Lederhosen und graue Strümpfe. Dazu gehört noch das Lodenkostüm der Frauen, das heute aus dem Kreuther und Tegernseer Tal nicht mehr wegzudenken ist. Seinen Ursprung hat es im herzoglichen Haus in Bad Kreuth. Die adeligen Damen trugen nicht nur zur Jagd das Lodenkostüm. Dieses praktische und gut aussehende Kleidungsstück wurde von den Einheimischen bald nachgeahmt.

Hoffen wir, dass das farbige Bild der praktischen, bodenständigen Tracht bei uns noch lange erhalten bleibt.

Der Nachwuchs
Bad Wiesseer Trachtlernachwuchs konzentriert beim Auftritt anlässlich des Seefests.

Altes Handwerk …

Ohne Handwerk keine Tracht, bringt es der Gmunder Heimatforscher Beni Eisenburg, seines Zeichens ein gefragter Trachtenschneidermeister, auf der vorherigen Seite auf den Punkt. Die »Huaterer« und Schuhmacher, Säckler, Weber und Schneider sorgen nicht nur dafür, dass alle, die sich »oberlandlerisch« kleiden wollen, ordentlich und fachgerecht angezogen sind – sondern eben auch für die Weiterentwicklung von Schnitten, Stoffen und Details. Schließlich war, wie Alexander Wandinger vom Trachteninformationszentrum des Bezirks Oberbayern es gern betont, Tracht stets auch Mode, die sich im Lauf der Jahre immer wieder »gemodelt« hat. Wohl auch deshalb kam sie nie »aus der Mode« …

... junge Meister

Von Gustav Mahler, dem Komponisten, stammt der Satz »Tradition ist die Weitergabe des Feuers und nicht die Anbetung der Asche.« Das Tegernseer Tal darf sich glücklich schätzen, dass eine ganze Reihe junger Meister das Feuer der überlieferten Handwerkskunst am Brennen hält. Dabei gesellen sich zu Hut- und Schuhmachern, Trachten- und Dirndlschneiderinnen, zur Handdruckerin, dem Federkielsticker und den Goldschmieden auch traditionsreiche, rare Gewerke wie Hufschmied und Wagner. Was alle verbindet: Sie sind interessante, manchmal eigenwillige Typen und selbstbewusste, kluge Köpfe, die ihren Weg oft schon in jungen Jahren gefunden haben. **Annette Lehmeier**

Die Tegernseer Waldfeste

Annette Lehmeier

Im Sommer 2014 waren zum ersten Mal bei einem Waldfest Tischreservierungen möglich, und ein Satiriker kam mit einem Aufruf zur Demonstration gegen die Überflutung der Tegernseer Waldfeste durch auswärtige, vorzugsweise Münchner Besucher in die Schlagzeilen. Letztlich ist aus beidem nichts geworden; die Tischreservierungen fielen dem schlechten Wetter zum Opfer, die Demo wurde, nachdem sie den beabsichtigten Widerhall in dem Medien gefunden hatte, abgesagt. Dennoch: Die beiden Ereignisse zeigen die Spannweite der Wünsche und Emotionen, welche heute die bald einhundert Jahre alten sommerlichen Feste in den Gemeinden des Tals umwehen. Sie reichen vom Ringen um Gäste hier bis zum Wunsch, unter sich zu sein, dort.

Dass sich einmal hippe »Stadterer« per Partybus aufs Land hinaustransportieren lassen würden, um den Traditionsfesten der einheimischen Vereine beizuwohnen – damit war eher nicht zu rechnen, als es mit den Waldfesten, die es in dieser Form nur in der Tegernseer Region gibt, begann. Beim Ski-Club Rottach-Egern etwa war das anno 1925. Ein paar Jahre vorher hatte der Verein dank Inflation noch Milliarden auf dem Konto; Anfang 1924 waren aus 34,9 Milliarden Mark 34,99 Goldmark geworden. Die aber reichten nicht aus, um die Schulden der Sprunghügelanlage zu decken. Auf der Suche nach Einnahmequellen, so vermerkt es die Chronik, »erschien ein Waldfest am geeignetsten und man beschloss, dasselbe am 19. Juli abzuhalten«.

Schöner Reingewinn für die Clubkasse

So unspektakulär sich der Protokolleintrag liest, so mühevoll gestaltete sich dann die Umsetzung: Holz musste herangeschafft und

Stände mussten gebaut werden. Es galt, einen Tanzboden herzurichten, für Speis und Trank zu sorgen, Musikanten einzuweisen. »Allein, die Mühe lohnte sich reichlich«, heißt es im Protokoll. »Überall herrschte reges Leben und Treiben; in kaum einer Stunde war das Erfrischungseis zu Ende, bald darauf konnte auch der Glückshafen ausverkauft melden. Aber es gab noch reichlich andere Belustigungen: ein Fischstechen, Ballwerfen, Zimmerstutzenschießen, nicht zu vergessen das Tanzvergnügen. Fast 15 hl Bier wurden verzapft und ein schöner Reingewinn für die Clubkasse entschädigte reichlich die aufgewendete Mühe und Arbeit.«

Und so blieb es bis heute. Die Waldfeste, die bei den Sportvereinen in der Regel zwei Tage und bei den Trachtenvereinen einen Tag dauern, bilden die Haupteinnahmequelle für das Geld, das übers Jahr etwa für die Nachwuchsarbeit dringend gebraucht wird.

Perfektionierte Organisation: Vom Glückshafen bis zum Sanitätszelt

Der Ablauf selbst ist längst perfektioniert. Ob Budenbauer, Schankkellner, Hendlbrater, Barfrauen und Losverkäufer – hinter den einzelnen Aufgaben steht eine Vielzahl ehrenamtlicher Helferinnen und Helfer, die sich mit Stolz und Hingabe für ihren Verein ins Zeug legen. In vielen Familien wird das Waldfest-Engagement von Generation zu Generation weitergegeben. Ihre spürbare Begeisterung ist wesentlich für die besondere Waldfest-Atmosphäre. Mit Professionellen, das wissen die Vereinsvorstände, wäre das so nicht hinzubekommen, »abgesehen davon, dass wir die nie bezahlen könnten«.

Das Waldfest beginnt mit dem Aufbau: Tische und Bänke wollen aufgestellt und kontrolliert werden. Um die Buden kümmern sich »vereinseigene« Schreiner, Elektriker und Installateure, die angesichts der fortschreitenden Bürokratisierung längst auch Spezialisten für Lebensmittelhygiene sind und deshalb genau wissen, wo die Nirosta-Arbeitsflächen stehen und die getrennten Kühlschränke für Lebensmittel und Getränke platziert werden müssen. Dann das Inventar: Die Gewinne für den Glückshafen und die Schießbude, Hendl, Grillfleisch und Würst', das Bier samt Zapfanlage, Kaffee und Kuchen, Sanitätszelt und Parkplätze.

Wenn alles vorbei ist, gehört der Rechen zu den wichtigsten Instrumenten: Papierschnipsel, Zigaretten, Scherben, »Hendlboana« – alles wird fein säuberlich aus dem Platz und den angrenzenden Wiesen gekämmt.

»Wir mieten das ganze Fest«: Kommen die Waldfeste in den Partykalender?

Und die neuerdings vermehrt kommenden Anfragen von Partyveranstaltern: »Macht's doch einen Tag länger, wir mieten das ganze Fest«? Sie stürzen die Verantwortlichen durchaus in Zwiespälte. Die erstmals erlaubten Reservierungen wenn auch nur für ein begrenztes Platzkontingent sind ein sehr deutlicher Hinweis. »Wenn's voll ist, verdienen wir mehr, wenn's nicht ganz so voll ist, ist es griabiger.« Die ganz großen Übernahmen werden die alteingesessenen Vereine wohl auch künftig abwehren – ebenso wie den Versuch von ein paar ganz schlauen Auswärtigen, die sich den Begriff »Waldfest« als Wortmarke patentieren lassen wollten. Wären sie damit durchgekommen, hätten die Erfinder der Waldfeste womöglich bald für die Verwendung ihres Festnamens Gebühren zahlen müssen.

Den Waldfest-Traditionalisten bleibt derweil die Hoffnung, dass die Party-Karawane eines Tages weiterzieht: zum nächsten »Event«, das noch aufregender, uriger und abgespacter ist als die hundertjährigen Sommerfestl der Trachten- und Sportvereine im Tegernseer Tal.

Zeno Mayr
Als Waldfestikone galt Hirschbergler-Vorstand Zeno Mayr (1930-2013) aufgrund seiner guten Beziehungen nach ganz oben. Von 1963 bis 1989 stand der Kaminkehrermeister dem Trachtenverein vor. In all diesen Jahren musste das Hirschbergler-Waldfest (Foto links) kein einziges Mal wegen schlechten Wetters verschoben werden oder gar ausfallen.

Das Herzoglich Bayerische Brauhaus Tegernsee

*Wir wollen auch sonderlichen/
dass für an allenthalben in unseren Stetten/
Märckthen/ un auff dem Lannde/
zu kainem Pier/ merer Stückh/
dan allain Gersten/ Hopfen/ un Wasser/
genomen un gepraucht solle werdn.*

Gedenktafel
Abt Bernhard Wenzl (1673 bis 1700) war es, der das Braurecht von Holzkirchen nach Tegernsee holte. Die in Eigenregie betriebene Brauerei konnte einen merklichen Beitrag zu den Kosten des Klosterbaus leisten. Gewinnträchtig war vor allem der »Bierverschleiß«, der öffentliche Ausschank und der Verkauf an die Wirte.

Als Herzog Wilhelm IV. im Jahr 1516 das berühmte Bayerische Reinheitsgebot und damit das erste Lebensmittelgesetz der Welt erließ, wurde am Ostufer des Tegernsees wohl schon seit 500 Jahren Bier gebraut. Wie überall in Bayern stand auch hier ein Kloster am Beginn der Brautradition. Freilich darf man sich unter dem »Brauhaus« der Benediktiner keine große Braustätte vorstellen. Das Bierbrauen war nur eines der vielen Gewerbe, die im Kloster Tegernsee betrieben wurden.

Dass mit der Säkularisation 1803 nicht auch das Brauwesen endete, verdankt das Haus dem ersten bayerischen König. Unter Max I. Joseph wurde die alte Klosterbrauerei zum »Königlich Braunen Brauhaus Tegernsee« – und der Monarch selbst zum ersten in einer langen Reihe Wittelsbacher Brauherren, darunter mit der Königinwitwe Friderike Karoline auch einer tüchtigen Brauherrin.

Wie eng die Verbundenheit zwischen Tegernsee und seinem Brauhaus war, beweist eine Episode aus dem Jahr 1846. Damals wollte die Stadt ihre 1100-Jahr-Feier begehen. Das Fest musste jedoch kurzfristig verschoben werden, da – entgegen aller Voraussicht – das Bier zur Neige gegangen war.

1875 fiel das Brauhaus an die herzogliche Linie des Königshauses. Nach Herzog Carl Theodor und Herzog Ludwig Wilhelm leiten heute Herzog Max in Bayern und seine Tochter Herzogin Anna die Geschicke der Braustätte: »Es ist uns eine Herzensangelegenheit, bei der Freude und Verpflichtung Hand in Hand gehen«, ließen sie verlauten.

Herzogliches Bräustüberl
Herzogin Anna in Bayern leitet die Geschicke des Brauhauses und des Bräustüberls. Hier stößt sie mit (v. l.) Geschäftsführer Christian Wagner, Bräustüberl-Wirt Peter Hubert und Braumeister Norbert Stühmer auf die langfristige Verlängerung des Pachtvertrags an.

Wo das Tegernseer Bier am besten schmeckt …
Einheimische und Urlauber, Alte und Junge, Fröhliche und Nachdenkliche – und natürlich Hungrige und Durstige: Das Bräustüberl nimmt sie alle auf. Gegründet als kleines »Bräustibl« für durstige Bräuburschen, ist es längst eine der bekanntesten Wirtschaften Bayerns. Ins Bräustüberl fanden – und verliebten sich – fast alle. Friedlich, bayerisch, zünftig und gemütlich geht es zu in diesem altbairischen Traditionstempel, der immer auch ein (H)Ort der wahren Kommunikation von Mensch zu Mensch war, bei der man sich anschaut und anlacht, ohne Unterschied des Geldbeutels, des Titels, der Herkunft und der Religion.

Stadt Tegernsee

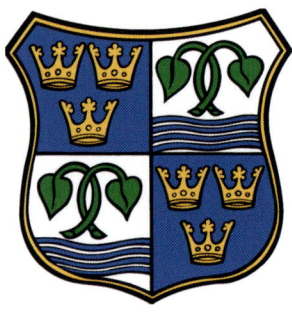

Das Wappen der Stadt entstand aus dem Tegernseer Klosterwappen. Die früheste Erwähnung der Tegernseer Seeblätter stammt aus dem Gudrunlied von 1233. Die drei Kronen werden oft als das burgundische Wappen erklärt. Eine andere Darstellung ordnet die Kronen dem Kaisersohn Quirin und den beiden Fürstensöhnen Adalbert und Otkar zu.

Das Rathaus von Tegernsee mit dem neuen Seesteg vom See aus gesehen

Der gesamte See einschließlich der Ringseeinsel als einziger Seeinsel ist Teil des Stadtgebiets von Tegernsee. Der Ort trägt das Prädikat »Heilklimatischer Kurort« und wurde dem Klimatyp Hochgebirgsklima, Klimabezirk »Bayerische Alpen«, zugeordnet.

Tegernsee hat etwa 3600 Einwohner mit Erstwohnsitz, die Fläche der Gemeindeflur beträgt 22,8 km^2; seit 2008 ist Dürnstein in der Wachau (Österreich) Partnergemeinde.

Geschichte

Die erste Besiedlung am Tegernsee durch illyrische Keltenstämme reicht bis in die jüngere Steinzeit zurück. Als eigentlicher Beginn der Tegernseer Siedlungsgeschichte gilt jedoch die Klostergründung anno 746. Im Lauf der Jahrhunderte reifte die Benediktinerabtei zu einem der bedeutendsten kulturellen Zentren des Mittelalters. In seiner Blütezeit um das Jahr 1000 zählte das Kloster 200 Mönche. Ein Klosterurbar aus dem 13. Jahrhundert verzeichnet über 1000 Besitzungen; im Kloster entstand unvergleichliches Kunst- und Kulturgut (zur Geschichte und Bedeutung des Klosters s. S. 24 ff.). Die Kriegs- und Notzeiten der Jahrhunderte berührten Tegernsee infolge seiner geschützten Lage weniger als andere bayerische Orte. Nach der Säkularisation prägten durch den Umbau des Klosters zum Schloss die Wittelsbacher Könige und Herzöge den Ort. Viele Künstler ließen sich nieder. Berühmte Besucher wie Zar Nikolaus und Kaiser Franz I. begründeten den internationalen Ruf des Tals. Im Zweiten Weltkrieg blieb das Tal vor Zerstörungen bewahrt. Im Mai 1945 lagen etwa 4000 Verwundete in Reservelazaretten im Tal, so auch im Tegernseer Schloss.

Sehenswürdigkeiten & Veranstaltungen

Neben dem ehemaligen Kloster Tegernsee mit der Kirche St. Quirinus (S. 34 f.) zählen das Sengerschloss, jetzt Teil des Hotels »Das

Tegernsee«, das Ludwig-Thoma-Haus, das Ganghofer-Haus und das Stieler-Haus am Leeberg (mit Westerhof-Café), das Palais Wedelstaedt und die Villa Arco (beide Teil der Orthopädischen Klinik) sowie das Sommerhaus des Lord Acton und die restaurierte Villa Frankenburg zu den historisch bedeutenden Tegernseer Bauwerken.

Anziehungspunkte für Kunst- und Kulturinteressierte sind das Olaf-Gulbransson-Museum (s. S. 142) sowie das Museum Tegernseer Tal (s. S. 144), Lesungen im Ludwig-Thoma-Haus auf der Tuften (S. 134), das Tegernseer Volkstheater ebenso wie die Aufführungen der Kantorei und des Palestrina Motettenchors Tegernsee, darunter Reihen wie die Tegernseer Schlosskonzerte und *musica sacra tegernsee* sowie Konzertveranstaltungen des Podiums für junge Solisten. Die Tegernseer Woche für Kultur & Brauchtum, die Tegernseer Kunstausstellung und das Internationale Bergfilmfestival ziehen alljährlich im Herbst Besucher aus nah und fern an.

Sport & Freizeit

Hier sind der Schneelaufverein Tegernsee, der Yachtclub Tegernsee, die Sportschützen und der Ruderclub als erste zu nennen. Deutschlandweit bekannt ist der Schachverein TV Tegernsee, der in der ersten Bundesliga spielt. Beliebte Freizeiteinrichtungen sind die »monte mare« Seesauna und das Strandbad an der Point mit seinem feinen Sandstrand.

In Tegernsee lebten

- Egid Quirin Asam (1692-1750) Stuckateur und Bildhauer
- Joseph Kriechbaumer (1819-1902) Zoologe
- Joseph Karl Stieler (1781-1858) Hofmaler des bayerischen Königs
- Karl Stieler (1842-1885), Jurist und Dichter
- Ludwig Ganghofer (1855-1920)
- Oskar Messter (1866-1943), Filmpionier
- Ludwig Thoma (1867-1921)
- Hedwig Courths-Mahler (1867-1950) Romanautorin
- Olaf Gulbransson (1873-1958)
- August Macke (1887-1914)
- Ludwig Gschosmann (1894-1988) Maler
- Sepp Mohr (1899-1981) Holzschnitte
- Herbert Beck (1920-2010) Maler
- Otto Guggenbichler (1924-2009), Filmemacher

Seefest

Beim Tegernseer Seefest Ende Juli zaubert die Freiwillige Feuerwehr Wasserfontänen auf den See und die DLRG Tegernsee veranstaltet ein Sautrogrennen. Die Hauptstraße rund um den Rathausplatz ist mit Tischen und Bänken dekoriert. Höhepunkt des Festes ist das große Brillantfeuerwerk.

Bad Wiessee

Das Gemeindewappen *versinnbildlicht den Dreiklang aus Bergen, See und Heilquelle. Die Symbole sind der goldene Dreiberg im unteren Teil, die beiden silbernen Wellenbalken im Mittelteil sowie die von zwei goldenen Händen getragene goldene Schale im oberen Bereich.*

Kirche Maria Himmelfahrt

Das prädikatisierte Heilbad, Kur- und Urlaubsort, liegt am westlichen Ufer des Tegernsees. Bad Wiessee ist dem Klimatyp Hochgebirgsklima, Klimabezirk »Bayerische Alpen«, zugeordnet.

Ende 2012 hatte Bad Wiessee rund 4700 Einwohner mit Erstwohnsitz, die Fläche der Gemeindeflur beträgt 32,79 km². Die Partnergemeinde von Bad Wiessee ist seit 1963 Dourdan in der Region Ile de France.

Geschichte

- 746 Klostergründung in Tegernsee
- 1017 Der Ort »Wesses« ist erstmals genannt; der um 1150 belegte Name »Westense« belegt eine Siedlung am »Westufer des Sees«.
- 1441 Erster Ölfund im Bereich des heutigen Robogner Hofes. Aufgrund seiner therapeutischen Eigenschaften wurde das Steinöl als »St.-Quirin-Öl« berühmt und die Quelle zur Pilgerstätte.
- 1904 Probebohrungen durch die Dordtsche Petroleum Maatschappy (mit Adrian Stoop) 1907 »Erste bayerische Petroleum Gesellschaft mbH« gegründet nach Erdölfunden in 500 Meter Tiefe
- 1909 Entdeckung der Wiesseer Heilquelle - intermittierender Sprudel von 1600 Minutenlitern Jod-Schwefel-Thermalwasser mit 19°C aus 676 m Tiefe
- 1910 Der Wiesseer Arzt Dr. Erwin von Dessauer begutachtet die Heilquelle und lässt die ersten Badegelegenheiten einrichten.
- 1912 Einstellung der Erdölsuche, Bau eines Badehauses. Ein balneologisches Gutachten bestätigt die hervorragenden Eigenschaften des erschlossenen Heilwassers: Deutschlands stärkste Jod-Schwefelquelle!
- 1922 Erweiterung des Badehauses auf 60 Bade- und 30 Ruheräume; neues Inhalatorium. Am 30. Juni 1922 erhält der Ort das Recht, sich Bad Wiessee zu nennen.
- 1933-35 Bau der Wandelhalle mit Konzert- und Theatersaal des Jod-Schwefelbades
- 1935 Höchste Badefrequenz vor dem Zweiten Weltkrieg: 156 000 Anwendungen
- 1948 Wiedereröffnung des Jod-Schwefelbades nach Unterbrechung durch den Krieg.
- 1969 Eröffnung der Spielbank im Ortszentrum am See
- 1989 Der Badepark löst das Kurhallenbad ab
- 1997 Die holländischen Eigentümer ziehen sich vom Jod-Schwefelbad zurück.
- 1998 Wiedereröffnung des Jod-Schwefelbades durch einen privaten Betreiber mit Unterstützung der Gemeinde und einer Solidargemeinschaft aus Vermietern und Gewerbetreibenden
- 2001 Die Gemeinde Bad Wiessee erwirbt das Jod-Schwefelbad und übernimmt den Badebetrieb, den die Solidargemeinschaft auch weiterhin unterstützt.
- 2005 Eröffnung des Neubaus der Spielbank im Ortsteil Winner

Montgolfiade
Alljährlich im Winter ist Bad Wiessee Schauplatz des Ballonfahrertreffens Montgolfiade. In diesem Rahmen wird auch die Deutsche Luftschiffmeisterschaft ausgetragen.

Sehenswürdigkeiten & Veranstaltungen

Die kath. Kirche Maria Himmelfahrt wurde 1924-1926 auf dem Wasserpointhügel von Rupert von Miller im gotisierenden Stil erbaut. Der schlanke Spitzturm ist das weithin sichtbare Wahrzeichen Bad Wiessees.

Zu den Höhepunkten im Bad Wiesseer Veranstaltungsjahr zählen das Ballonfahrertreffen »Montgolfiade«, dessen Bestandteil die Deutsche Luftschiffmeisterschaft wurde, die Offenen Internationalen Bayerischen Schachmeisterschaften im Herbst und das Seefest im August. Von den Musikfreunden geschätzt wird das vielfältige Angebot an Kurkonzerten an der Seepromenade.

Gesundheit, Spiel, Sport & Freizeit

Im Zentrum des Bad Wiesseer Kurbetriebs steht das Jod-Schwefelbad (s. S. 120 ff.). Bei Einheimischen und Gästen gleichermaßen geschätzt sind auch der Badepark mit seinen Schwimm-, Sauna- und Wellnessangeboten, die Spiel- und Sportarena sowie das Strandbad und die lange Seeuferpromenade.

Das Skigebiet am Sonnenbichl, bis in die 1980er Jahre Treffpunkt der internationalen Ski-Elite, dient dank des Einsatzes der Talskivereine und eines Fördervereins als Trainingsgelände für den professionellen Skinachwuchs und als Veranstaltungsort.

Gepflegte Unterhaltung bei Roulette & Co, aber auch interessante kulturelle Veranstaltungen und kulinarische Genüsse verspricht die Spielbank Bad Wiessee, die seit ihrer Neueröffnung 2005 am nördlichen Ortseingang als modernste und schönste Spielbank Bayerns gilt (s. S. 126).

Ebenfalls 2005 eingeweiht wurde das begehbare Aquarium »Aquadome« im Ortsteil Abwinkl. Hier können die Besucher bei freiem Eintritt in fünf großen Süßwasserbecken mit 60 000 Liter rund 20 heimische Fischarten betrachten.

In Bad Wiessee lebten

- Ludwig Marcuse (1894-1971), Philosoph und Schriftsteller
- Franz Grothe (1908-1982), Komponist und Kapellmeister
- Hans Carste (1909-1971), Komponist und Dirigent
- Rollo Gebhard (1921-2013), Weltumsegler und Autor
- Josef Ertl (1925-2000), Bundesminister

Gmund

Gemeindewappen
Die silbernen Wellen symbolisieren die Lage der Gemeinde am Tegernsee und an der Mangfall, die hier ihren Ursprung hat. Die zwei verschlungenen Seeblätter (Seerosenblätter) gelten als ältestes heraldisches Zeichen der Benediktinerabtei Tegernsee (um 1400). Die Krone stammt ebenfalls aus der Heraldik des Klosters. In der Tingierung dominieren die bayerischen Landesfarben Silber und Blau.

Gmund liegt am nördlichen Ufer des Tegernsees und ist seit 1975 »Staatlich anerkannter Erholungsort«. Ende 2012 hatte die Gemeinde etwa 5800 Einwohner mit Erstwohnsitz, die Gesamtfläche der Gemeindeflur beträgt 34,4 km². Partnergemeinde ist seit 2010 Fauglia, Provinz Pisa in der Toskana.

Geschichte

Noch bevor im 8. Jahrhundert das Kloster Tegernsee gegründet wurde, bestand der Ort Gmund als Urpfarrei. Diese Pfarrei muss mit ihrem bäuerlichen Umgriff wirtschaftlich sehr gesund gewesen sein, denn 1274 wurde sie durch Bischof Konrad von Freising auf Bitten des Abtes dem Kloster Tegernsee zu dessen finanzieller Sanierung einverleibt.

Der ursprüngliche Ortsname »Gmündt« verweist auf den Abfluss der Mangfall aus dem See. Schon 1250 klapperten drei Mühlen an diesem Fluss. 1805 erhielt der Ort das Marktrecht. Das viel zitierte »Tor zum Tegernseer Tal« war Gmund damals im wahrsten Sinn des Wortes: Die einzige von Norden kommende Straße führte durch ein Tor unter der Scheune des großen Kistleranwesens hindurch – so lange, bis es König Max I. Joseph abreißen ließ – es stand ihm auf seinem Weg in die Tegernseer Sommerresidenz im Weg.

Aus dem heimischen Handwerk entwickelte sich früh die Kleinindustrie. Schon in der ersten Hälfte des 19. Jahrhunderts nahmen ein Kupferwalzwerk, eine Papierfabrik, eine Maschinenfabrik, eine Drahtstiftfabrik und eine Baumwollspinnerei den Betrieb auf. In Gmund wurde der Dachstuhl der Walhalla gegossen. Die Papierfabrik Louisenthel und die Büttenpapierfabrik Gmund sind weltbekannte Papierhersteller (s. S. 92).

Nachdem 1883 der Bau der Eisenbahnlinie bis Gmund vorgedrungen war, erreichte der Fremdenverkehr ins Tegenseer Tal neue

Dimensionen. Zusammen mit dem landwirtschaftlichen Element bestimmt er heute das Leben auch in der Gemeinde Gmund.

Sehenswürdigkeiten & Veranstaltungen

Die Pfarrkirche St. Ägidius wurde 1688 bis 1692 von dem Graubündner Baumeister Lorenzo Sciasca im Barockstil erbaut und ist die älteste Kirche in der Umgebung des Tegernsees. Die Kirche wurde 1693 dem Benediktinerabt Ägidius geweiht. Das Gemälde »Geschichte des heiligen Ägid« des Hochaltars (1692) ist ein Werk von Hans Georg Asam. Die kleine Maria-Hilf-Kapelle am Fuß der Pfarrkirche an der Mangfallbrücke wurde 1634 als Pestkapelle gebaut und ist seit 1918 die Kriegergedächtniskapelle.

Das Heimatmuseum im »Jagerhaus« informiert über die Ortsgeschichte von Industrie und Handwerk bis hin zu traditioneller Kleidung. Wer es besucht, erfährt zudem alles über Johann Baptist Mayer. Der als »Wilder Jäger von Gmund« bekannte königliche Revierjäger erwarb das Gebäude im Jahr 1822.

Zu den beliebtesten Veranstaltungen im Gmunder Jahreskreis gehören im Sommer das Volksfest und der Tegernseer Tal Triathlon, die Veranstaltungen Lichterfest und Uferlos sowie der Tag der Blasmusik und der Tegernseelauf im Herbst.

Sport & Freizeit

Im Sommer sind beliebte Gmunder Treffpunkte die Strandbäder in Seeglas und Kaltenbrunn. Das Freizeitgelände am Oedberg bietet seinen Gästen u.a. eine Rodelbahn, Kletterwald und Streichelzoo im Sommer, Ski- und Snowboardbetrieb sowie eine Tubingbahn im Winter. Gmund verfügt von allen Tegernsee-Gemeinden über das längste naturnahe Seeufer.

In Gmund lebten

- Hans Reiffenstuel (1548-1620), Hofbaumeister; der 1617 bis 1619 zusammen mit seinem Sohn Simon Reiffenstuel den Bau der Soleleitung von Reichenhall nach Traunstein plante.
- Johann Mannhardt (1798-1878), Uhrmacher, Mechaniker und Erfinder; schuf Turmuhren für viele europäische Uhrentürme.
- Ludwig Erhard (1897-1977), Bundeswirtschaftsminister und Bundeskanzler
- Sep Ruf (1908-1982), Architekt und Designer, der die deutsche Architektur nach dem Zweiten Weltkrieg stark prägte.

Kultisches Tongefäß

1977 fand Georg Hofmann (s. S. 94) bei Erdarbeiten auf seinem Grundstück in Finsterwald Scherben eines kultischen Tongefäßes. Ein sensationeller Fund: Experten der Prähistorischen Staatssamm-

lung datierten das Gefäß in die späte Bronzezeit (ca. 1300-1500 v. Chr.). Es lässt den Schluss zu, dass die Besiedlung damals schon bis an den Alpenrand heranreichte. Zuvor war man nur von einer »gelegentlichen Begehung« der Region ausgegangen.

Ortspanorama von Gmund zum See (links) und vom See (rechts) aus gesehen

Kreuth

Gemeindewappen
Der Gemsenkopf – schon vor der Wappenannahme als Ortszeichen geführt – symbolisiert die alpine Lage der Gemeinde. Die zwei verschlungenen Seeblätter (Seerosenblätter) gelten als ältestes heraldisches Zeichen der Benediktinerabtei Tegernsee.

Kreuther Warmfreibad
Badespaß vor dem Hintergrund der Pfarrkirche St. Leonhard

Kreuth erstreckt sich im Süden des Tegernseer Tals bis zur Landesgrenze nach Österreich. Seit 1971 trägt der Ort das Prädikat »Heilklimatischer Kurort«. Kreuth hatte Ende 2013 etwa 3500 Einwohner mit Erstwohnsitz. Mit 122,7 km² ist es die flächenmäßig größte Gemeinde des Tegernseer Tals, mit viel Natur und schönen Berggipfeln. Seit 1976 besteht die Partnerschaft mit Achenkirch (Österreich), seit 2005 mit dem französischen Prunay-en-Yvelines.

Geschichte

17 Ortsteile bilden die Gemeinde Kreuth heute. Die Geschichte des Ortes reicht zurück in die Frühzeit des Klosters Tegernsee, von dem aus der Kreuther Winkel urbar gemacht und besiedelt wurde. Davon rührt auch der Name »Kreuth«, der soviel bedeutet wie »das Gerodete/das Gereutete«.

Erstmals urkundlich erwähnt wurde der Ort im Jahr 1184. Damals erbaute hier der Tegernseer Abt Rupert I., Graf von Neuburg-Falkenstein, dem heiligen Leonhard als dem Beschützer an Passstraßen eine Kirche aus Stein. Schon lange hatten »Urwege« in Form von Saumpfaden über Kreuth nach Tirol geführt, ehe Graf Heinrich von Tirol, der Herzog von Kärnten, im Jahre 1320 den Fahrweg durch das Achental und über den Stubenpass eröffnete. 1446 wurden die Silbergruben in Schwaz erschlossen; vor allem die Fugger aus Augsburg benutzten die Achenstraße für den Transport des Silbers von Tirol nach Bayern. Die jetzige Kirche, ebenfalls dem heiligen Leonhard geweiht, wurde im Jahr 1491 erbaut.

Im zwei Kilometer vom Dorf Kreuth entfernten Wildbad Kreuth wurde im 14. Jahrhundert eine Heilquelle entdeckt, bei der sich unter klösterlicher, später unter Wittelsbacher Herrschaft eine berühmte Kuranstalt entwickelte, die auch die Hocharistokratie Europas zur Kur aufsuchte (S. 124). Ein Wahrzeichen der Gemeinde Kreuth ‚0ist auch Schloss Ringberg (s. S. 48 f.).

Im Ortsteil Glashütte mit seiner Kirche Mariä Heimsuchung (erbaut 1698) wurde Ende des 16. Jahrhunderts eine Glasbrennerei betrieben, die mangels Rentabilität jedoch bald wieder eingestellt wurde. Im Ortsteil Enterbach entdeckte man 1683 den so genannten Tegernseer Marmor (s. S. 23).

Sehenswürdigkeiten & Veranstaltungen
Über der ursprünglichen Kirche aus dem 12. Jahrhundert entstand 1489-1491 der Neubau der Pfarrkirche St. Leonhard, der 1776 nach Westen verlängert wurde.

Die Heiligkreuzkirche von Wildbad Kreuth mit dem angebauten Priesterhaus (heute: Gasthaus Altes Bad) wurde zu Beginn des 18. Jahrhunderts errichtet; beachtenswert ist die große Kreuzigungsgruppe auf dem Altar (18. Jahrhundert) sowie ein Holzrelief mit der Auferstehung (16. Jahrhundert).

Eine Besonderheit für Mensch und Natur ist das vom Schneeheide-Kiefernwald geprägte Landschaftsschutzgebiet Weißachau (S. 104). Am südlichen Ende des Gemeindegebiets an der Grenze zu Österreich erstreckt sich die durch die Ramsar-Konvention geschützte Bayerische Wildalm.

Der Höhepunkt im Kreuther Kultur- und Brauchtumskalender ist die Leonhardifahrt, die am 6. November mit einer dreimaligen Umfahrt um den Kirchberg begangen wird (s. S. 76 ff.). Im Sommer zieht seit 1990 das Internationale Musikfest Kreuth die Liebhaber klassischer Musik an.

Sport & Freizeit
Zu den Kreuther Attraktionen zählen das Warmfreibad mit Bergblick sowie der Naturerlebnispfad entlang der Weißach. Als Mitglied der Pferderegion Oberbayern-Tirol bietet Kreuth ideale Bedingungen für Wanderreiter und pferdebegeisterte Urlauber. Für Wintersportler stellt neben dem weitläufigen Loipennetz die Naturrodelbahn in der Klamm (Austragungsort der Weltmeisterschaft 1984), eine Besonderheit dar.

In Kreuth lebten bzw. leben
- Kiem Pauli (1882-1960), Musikant und Volksliedsammler
- Sepp Oberberger (1905-1994), Maler, Zeichner, Karikaturist
- Erik Ode (1910-1983) Schauspieler
- Marcus Grausam (*1976), Naturbahnrodler
- Viktoria Rebensburg (*1989), Riesenslalom-Olympiasiegerin von 2010

Wildbad Kreuth
Im ehemaligen Kurbad hat das Bildungszentrum der Hanns-Seidel-Stiftung seinen Sitz.

Rottach-Egern

Gemeindewappen
Die Zweiteilung verweist auf die zwei Hauptorte der Gemeinde, Rottach und Egern. Der rote Wellenbalken versinnbildlicht die Lage der Gemeinde an der Roten Ache (Rottach). Der Fischreiher ist dem Wappen der ortsadligen Familie der Stöckl zu Rottach entnommen. Der Kahn mit den zwei Rudern steht als Symbol für den Gemeindeteil Egern. Seine Form erinnert an den Nachen des Überführers.

Rottach-Egern liegt am Südufer des Tegernsees und ist mit rund 5600 Einwohnern mit Erstwohnsitz aktuell die größte Ufergemeinde. Der Ort trägt seit 1976 das Prädikat »Heilklimatischer Kurort«. Die Gemeindeflur hat die Fläche von 59,1 km². Partnergemeinden von Rottach-Egern sind seit 1965 Diksmuide (Belgien) und seit 1986 Kastelruth (Südtirol, Italien).

Geschichte

Die Gemeinde Rottach-Egern (früher nur Rottach) ist unter dem Tegernseer Abt Eberhardt mit »Adalprecht de Rota« erstmals erwähnt. Als Fischer- und Bauerndorf empfing der Ort seine Impulse hauptsächlich aus dem Kloster. Als Herzog Heinrich von Tirol 1320 den Weg durchs Achental eröffnete, war Rottach vor allem Durchgangs- und Relaisstation. Zum Urlaubsziel wurde es, als im Gefolge der bayerischen Königsfamilie Feriengäste in die Region kamen. Die Umbenennung der Gemeinde von Rottach zu Rottach-Egern anno 1951 war eine formelle Bestätigung dessen, was sich real schon vollzogen hatte: Die beiden Ortsteile waren baulich zusammengewachsen. Am 19. März 1951 unterschrieb Innenminister Dr. Wilhelm Hoegner die vom Gemeinderat beantragte Umbenennungs-Urkunde.

Sehenswürdigkeiten & Veranstaltungen

Abt Aribo von Tegernsee ließ im Jahr 1111/1112 die erste Kirche in Egern bauen. Geweiht wurde sie dem heiligen Laurentius. Der heutige Kirchenbau wurde 1466 unter Abt Konrad Airinschmalz durch den Klosterbaumeister Alex Gugler errichtet. 1648 zeichnete Pfarrer P. Augustin Gugler auf, dass der dreijährige Jörg Biechl von der Brandstatt dank Marias Hilfe einen Sturz vom Stadel herab unbeschadet überstanden

Malerwinkel
Das Aquarell des Rottacher Künstlers Klaus Altmann zeigt das Boot des »Überführers« vor der Egerner Bucht.

hatte. Damit eröffnete er eine Reihe von so genannten Mirakelbüchern, die bis 1804 nicht mehr abriss. Die Bücher enthalten über 5000 niedergeschriebene Gebetserhörungen. Das Anwachsen der Wallfahrt führte im späten 17. Jahrhundert zur Neuausstattung der Kirche im Stil des Barock. Der Hochaltar erhielt ein Gemälde von Hans Georg Asam. 1707-1708 wurde die Pfarrkirche um zwei Fenster nach Westen hin verlängert und im Anbau eine doppelte Empore eingezogen.

Der Egerner Friedhof gilt als eine der meistbesuchten Grabstätten Altbayerns. Die Schriftsteller Ludwig Thoma und Ludwig Ganghofer, der Kammersänger Leo Slezak und sein Sohn Walter Slezak, die Schriftsteller Heinrich und Alexander Spoerl sowie der Maler Olaf Gulbransson sind in Egern beerdigt.

Die evangelische Auferstehungskirche wurde 1953-1955 von Olaf Gulbranssons Sohn, dem Architekten Olaf Andreas Gulbransson errichtet. Die Architektur bezieht sich durch verschiedene Dreieck-Strukturen auf die göttliche Dreifaltigkeit.

Im Mittelpunkt der Ausstellung des Kutschen-, Wagen- und Schlittenmuseum steht die Vergangenheit des Transportwesens: Pferde, Schlitten und Wagen, wie sie früher in der Land- und Forstwirtschaft sowie auf Reisen eingesetzt waren.

Mit dem 2012 sanierten Seeforum besitzt die Gemeinde ein attraktives Kultur- und Veranstaltungszentrum direkt am See mit Räumlichkeiten, die für Tagungen, Feiern und andere Anlässe anzumieten sind.

Zu den Höhepunkten im Rottacher Veranstaltungsjahr zählen das Seefest, der Rosstag im August, die Kunst- und Kulturtage sowie alle zwei Jahre das Bäuerliche Pferdeschlittenrennen. Der Trachtenverein und die Gebirgsschützen spielen eine wichtige Rolle.

Paragliding Tandemflug
Der Wallberg, der Hausberg von Rottach-Egern, ist ein alpines Zentrum für das Paragliding.

Sport & Freizeit
Magneten für Aktive wie Zuschauer sind das Mountainbike-Festival sowie das Internationale Stabhochsprung-Meeting. Neben dem Skigebiet Sutten-Spitzingsee und den bei Freeridern beliebten Wallberg-Abfahrten schätzen Wintersportler die Naturrodelbahn vom Wallberg, mit 6,5 km die längste Rodelstrecke Deutschlands.

Das See- und Warmbad mit Attraktionen rund ums Wasser ist die richtige Adresse für Schwimmer und Sonnenanbeter; das Sportgelände Birkenmoos nutzen auch renommierte Fußballteams als Trainingslager.

In Rottach-Egern lebten
- Leo Slezak (1873-1946), Kammersänger
- Heinrich Spoerl (1887-1955), Schriftsteller
- Mary Gerold (1898-1987), Witwe von Kurt Tucholsky
- Grete Weil (1906–1999), Schriftstellerin
- Josef Issels (1907-1998), Krebs-Therapeut
- Wilhelm Stross (1907-1966), Geiger und Musikprofessor
- Alexander Spoerl (1917-1978) Schriftsteller
- Bernt Engelmann (1921-1994), Buchautor
- Freddy Breck (1942-2008), Schlagersänger
- Otto Beisheim (1924-2013), Unternehmer

Die Autoren

Brenner, Leonhard und Rositha, Eigentümer der Villa Frankenburg

Darga, Robert, Dr., Diplomgeologe, Leiter des Südostbayerischen Naturkunde- und Mammut-Museums Siegsdorf

Eisenburg, Benno, Trachtenschneidermeister, Heimatforscher und Archivpfleger der Gemeinde Gmund am Tegernsee

Götz, Roland, Dr. theol., Leiter der Abteilung Archivische und bibliothekarische Querschnittsaufgaben im Erzbischöflichen Ordinariat München

Greipl, Egon Johannes, Dr., Historiker und Denkmalpfleger, bis 2013 Generalkonservator des Bayerischen Landesamtes für Denkmalpflege.

Halmbacher-Höplinger, Birgit, M.A., Studium der Volkskunde, Leiterin der Tegernseer Woche, 2. Vorstand des Altertums-Gauvereins Tegernsee

Heim, Michael, Dr. phil., Publizist und Filmautor, von 1964 bis 2000 Leitender Redakteur Münchner Merkur und Bayerisches Fernsehen; im Ruhestand Interessen-Schwerpunkt: Heimatgeschichte

Hirsch, Stefan, von 1989 bis 2011 Bezirksheimatpfleger von Oberbayern, 2004-2011 Leiter der Fachberatung Heimatpflege des Bezirks Oberbayern in Benediktbeuern

Klingsbögl, Hubertus, Diplom-Wirtschaftsingenieur (FH), Leiter Presse- und Öffentlichkeitsarbeit der Hanns-Seidel-Stiftung e.V.

Korimorth, Alexandra, M.A., Studium der Neueren Deutschen Literatur, Theaterwissenschaften und Kommunikationswissenschaften, freie Journalistin, PR-Beraterin und Autorin

Kratzer, Hans, Redakteur in der Bayern-Redaktion der Süddeutschen Zeitung mit den Schwerpunkten Geschichte und bayerische Volkskunde

Lauer, Thomas, Architekt, Dipl. Ing. (univ.), Leiter der Bauberatungsabteilung beim Bayerischen Landesverein für Heimatpflege in München

Lehmeier, Annette, M.A., Studium der Politischen Wissenschaften, der Neueren Geschichte und der Neueren Deutschen Literatur; Journalistin und Publizistin mit Schwerpunkt Oberbayern

Miller, Christine, Diplom-Biologin, Dr. rer. nat., Leiterin des Wildbiologischen Büros Bayern, Autorin von »Wildtierkunde kompakt« (2008) und anderen Fachbüchern

Oberholzner, Werner, Dr. phil., Oberstudiendirektor, Leiter des Gymnasiums Tegernsee in Tegernsee

Pause, Michael, Buchautor (»Münchner Hausberge«), Redakteur und Moderator beim Bayerischen Fernsehen (»Bergauf-Bergab«) sowie Direktor des Bergfilm-Festivals Tegernsee

Ringler, Alfred, Diplom-Biologe, Vegetationsökologe, Verfasser von Almbüchern, u.a. des Kompendiums »Almen und Alpen – Höhenkulturlandschaft der Alpen«, Projektleiter des Landschaftspflegekonzepts Bayern (Bayerisches Umweltministerium)

Sollacher, Hans †, langjähriger Geschäftsleiter, Archivar und Ehrenbürger der Gemeinde Rottach-Egern, Kolumnist und Autor mit den Schwerpunkten Kultur, Geschichte, Brauchtum und Sprache des bayerischen Oberlands

Spiegler, Sandra, M.A., Studium der Kunstgeschichte, Klassischen Archäologie und Volkskunde, Geschäftsführerin und wissenschaftliche Mitarbeiterin im Olaf-Gulbransson-Museum, Tegernsee

Still, Sonja, M.A., Studium der Germanistik, Mediävistik, Romanistik und Allgemeinen Sprachwissenschaften, freie Journalistin für Fernsehen und Print sowie Buchautorin mit den Schwerpunkten Tourismus und Reise sowie Heimat und Tradition

Werner, Hans-Ulrich, Dr. Ing., langjähriger Bereichsleiter für Wasserwirtschaft, Wasserbau und Grundbau bei Dorsch Consult

Wißmath, Peter, Dr. med. vet., Fischereidirektor a. D., 1981-2013 Fischereifachberater beim Bezirk Oberbayern; Geschäftsführer der Genossenschaft Oberbayerischer Berufsfischer und Teichwirte, Chefredakteur des Magazins »Fischer und Teichwirt«

Bildnachweis

Albertina, Wien 41 (l.), Lithographie von Robert Theer nach einem Gemälde von Johann Ender, ca. 1830
Alte Nationalgalerie Berlin 40
Altmann, Klaus 105 (o.), 139 (u.), 150 (u.), 170
Archiv Beni Eisenburg 148
Archiv des Erzbistums München und Freising 17 (l.), 24/25, 26/27, 30, 31, 35, 36
Archiv Halmbacher 149 (o.)
Archiv Hans Sollacher 137
Archiv Ludwig Hörth 104
Bachhuber, Andreas 21, 22
Bayerisches Armeemuseum Ingolstadt 41 (r.), Gemälde von Moriz von Kellerhoven, vor 1803
Bayerischer Rundfunk 131
Bayerisches Nationalmuseum 44
Bayerische Staatsbibliothek 33, 50
bergundtotschlag.wordpress.com 65 (o. l.)
BioLib.de 124 (l.)
Bodenbender, Jörg 8/9, 112/113
Borkholder, Peter 91
Brandl, Anton 34, 37
Bräustüberl Tegernsee 150 (o.), 160/161 (Fotos: Thomas Plettenberg)
Brenner, Leonhard 45
Erzbischöfliches Ordinariat München, Hauptabteilung Kunst 35
Faszination Handwerk e.V. 157 (Säckler, Goldschmied/Fotos: Thomas Plettenberg)
Förderverein Kunst & Kultur Rottach-Egern 73 (Ludwig Gschosmann, Seeprozession anlässlich der 1200-Jahrfeier des Klosters Tegernsee)
Foto Rammel Rosenheim 62
Gemeinde Gmund 132, 166
Götz, Roland 17 (r.), 23
Grögler, Wilhelm 16 (Detail aus einem Holzstich, 19. Jh.)
Halmbacher, Hans, Das Tegernseer Tal in historischen Bildern 101, 121
Hartl, Andreas 84
Hanns-Seidel-Stiftung Wildbad Kreuth 169
Hofmann, Georg 94/95, 96/97, 98 (obere Reihe), 99, 167 (o.)
Jod-Schwefelbad 120, 122, 123 (Foto: Thomas Plettenberg)
Kästner, Jens 119 o.
Klarner, Klaus 36
Knorr-Wedekind, Julie von 56/57
König, Bernhard (www.alpinisten.info) 115 (u.)
Kreuther Heimatbuch 54 (l.)
Kutter, Raimund 10/11
Langenscheidt, Ewald 18, 20
Lauer, Thomas 70 (u.)
Lehmeier, Annette 38, 78, 80

Leidorf, Klaus 48, 172
Ludwig-Thoma-Bühne 146 (l.)
Ludwig-Thoma-Haus Tegernsee 136
Mächler, Frank 125
Museum Tegernseer Tal 31, 52, 108, 109, 124 (r.), 144 (l.), 145, 149 (u.l.)
Nachlass Herbert Beck 5 (2.v.o.), 128/129, 138/139 (o. Mitte), 153
Nachlass J. Quirin Lindinger 138 (u.)
Naturkäserei TegernseerLand 81
Neue Pinakothek München 6/7
Olaf-Gulbransson-Museum 138 (o.l.), 140, 141, 143
Papierfabrik Louisenthal 92
Paulus, Karl-Heinz 102, 103 o.
Plettenberg, Thomas 4 (3./4.v.o.), 5 (1./3./4.v.o.), 12/13, 19, 32, 43, 47, 49, 55, 59, 60, 61, 67, 68, 69, 71, 72, 75, 76, 77, 79, 82/83, 86, 89, 90, 93, 103 (u.), 110, 114, 115 (o.), 116, 118, 132 (o.), 133 (u.), 134, 144 (r.), 151, 154, 155, 156/157, 158, 159, 168, 175
Reiser, Hans 139 (o.r.)
Ringler, Alfred 58
Ritschel, Bernd 15
Schönheitsfarm Gertraud Gruber 127
Schörghuber-Edition/SVM 42 Aus dem Bilderzyklus »Tegernsee und Umgebung«, nach der Natur gezeichnet von Franz Jaschke, 1827
Stecher, Karl 53
Stiftsbibliothek Admont 28
Tegernseer Tal Tourismus GmbH und Alpenregion Tegernsee Schliersee e.V. 64, 106/107 (Foto: Rolf Kaul), 117, 126, 135, 162, 163, 164, 165, 167 (u.), 171
Tegernseer Tal Verlag 46, 54 (r.), 63 (l.), 66, 70 (o.), 74, 111, 147 (Foto: R. Peter Bachhuber), 152 (nach einer Lithographie von Benno Gantner/Archiv Karl Roßkopf)
Tegernseer Volkstheater 146 (r.)
Versen, Ingrid 119
Vogel, Dieter 65 (u.), 98 (u.), 100, 142
Volksmusik in Bayern, Heft 4/2008 149 (u.r.)
Weingut Tegernseerhof 39
Wiegerling Werkstätten 29
Wikipedia Commons 63 (r.), 65 (o.r.), 130, 133 o.
Wißmath, Peter 14, 85, 87, 88
Wolff, Hartmut 51
Wolf, Rudi 105 (u.)

Titelbild Jörg Bodenbender, Luftbildagentur, Grafenaschau

Die Herausgeber bedanken sich beim Museum Tegernseer Tal und dem Tegernseer Tal Verlag für die freundliche Unterstützung.

Register

Ableitenalm 58
Aindorfer, Kaspar, Abt 28
Almen und Almwirtschaft 58 ff.
Alpenregion der Schützen 75
Altmann, Klaus 139, 170
Asam, Georg 36
Attenhuber, Friedrich 49
Aueralm 119
Augentherapie 123

Bachforelle 84
Bad Wiessee 120 ff., 164 f.
Bahn zum Tegernsee 111
Banknoten 92 f.
Bauer in der Au (historischer Gutshof) 70
Bauernhäuser 68 ff.
Baumgartenschneid 115
Bayerisches Fleckvieh 65
Beck, Herbert 128 f., 138, 153
Blankenstein 15, 117
Bodenschneid 114 f.
Brandner Kaspar 131
Brauchtum 71 ff.
Bucheralm 61
Büttenpapier 92 f.

Corporations-Waldung von Kreuth 105

Dillis, Johann Georg von 6/7

Einfirsthöfe 69
Erdölförderung 121

Fischbacher, Johann 64 f.
Fischbruthaus Bad Wiessee 88 f.
Fische im Tegernsee 84 ff.
Fischfang 86
Fockenstein 119
Friedrich Barbarossa 28

Ganghofer, Ludwig 137
Gebirgsschützen 74 f.
Geologie 18 ff.
Geologischer Lehrgarten 19
Gmund 64, 166 f.
Großweißach 102
Gruber, Gertraud 127
Gschosmann, Ludwig 73
Gulbransson, Olaf 138, 140 ff.
Gut Kaltenbrunn 46 f.
Gymnasium Tegernsee 55

Handwerksberufe 156 f.
Hanns-Seidel-Stiftung 125
Haus auf der Tuften 134 ff., 163
Hecht 85
Herzog Luitpold in Bayern 48 f.
Herzogliches Brauhaus 160 f.
Heumilch 80 f.

Hirschberg 117
Hochwasserschutz 91
Hofmann, Georg 94 f., 167
Holztrift 101 f.
Hotel Bachmair am See 52
Hotel Überfahrt 52

Industriestandort 92 f.

Jägerschlacht von 1833 63 f.
Jennerwein, Georg 64 f.
Jod-Schwefelbad Wiessee 120 ff.

Kaltenbrunn 46 f.
Kiem, Pauli 149 f.
Kirche St. Quirinus, Tegernsee 34 ff.
Kirchweih 72
Kloster Tegernsee 24 ff.
Kobell, Franz von 131
Kobell, Wilhelm von 40
König Ludwig II., 111
König Max I. Joseph 41 ff., 46
Königin Karoline 41 ff.
Königsalm 59
Kräuter- und Molkekuren 124
Kreuth 168 f.
Kreuther Leonhardifahrt 76 ff.
Künstler vom Tegernsee 128 ff.

Lago di Bonzo 50 ff.
Lazarettstadt Tegernseer Tal
Leonhardifahrt von Kreuth 76 ff.
Lindinger, Quirin 138
Louisenthal 92

Macke, August 1
Maibaum aufstellen 72
Mangfall 92
Mann, Thomas 132
Max-Planck-Gesellschaft 49
Merian, Matthäus 24/25
Mohr, Sepp 74
Museum Tegernseer Tal 144 f.

Naturkäserei TegernseerLand e.G. 80 f.
Neureuth 115
Noë, Heinrich August 62, 109

Obermayer, Max 66 f.
Olaf-Gulbransson-Museum 142 f.
Oleum Sancti Quirini 17, 120

Palmbuschen 71
Pöttinger, Leonhard 62

Quirinus, Kirchenpatron 35

Reiser, Hans 139
Renaturierung 102 ff.
Ringkanalisation 90
Rosssteinnadel 115
Rosstag zu Rottach-Egern 79
Rotauge 85

Rottach 100 ff.
Rottach-Egern 79, 127, 170 f.
Ruf, Sep 143

Säkularisation 31 f.
Schalk 75, 153
Schildenstein 117
Schloss Ringberg 48 f.
Schloss Tegernsee 32, 42 ff.,
Schmied von Kochel 78
Schönheitsfarm Rottach-Egern 127
Schusterbauer in Festenbach 68
Seeprozessionen (Fronleichnam) 73
Seesaibling 85
Sendlinger Mordweihnacht 75
Sepp, Johann Nepomuk 78
Simmentaler Fleckvieh 64 f.
Söllbach 89, 100 ff.
Spielbank von Bad Wiessee 126
St. Leonhard 72, 76 ff.
St. Quirin 50, 120
Stadt Tegernsee 162 f.
Sternsinger 73
Stieler, Joseph 131
Stieler, Karl 131
Stieler-Haus 133
Stöger-Ostin, Georg 65, 132

Tegernseer Berge 112 ff.
Tegernseer Bräustüberl 161
Tegernseer Hof, Wachau 39
Tegernseer Hütte 118
Tegernseer Marmor 23
Tegernseer Schreib- und Malschule 130
Tegernseer Tal Verlag 147
Tegernseer Wein 38 f.
Theaterbühnen 146
Thoma, Ludwig 134 ff.
Tier- und Pflanzenwelt 96 ff.
Tourismus 106 ff.
Trachten 75, 152 ff.
Trinkkuren 109, 124

Urmeer Tethys 14
US-Streitkräfte 51 ff.

Villa Frankenburg 45
Volksmusikpflege 148 ff.

Waldfeste 158 f.
Wallberg 116, 171
Wallbergbahn 106 f., 110
Walther von der Vogelweide 130
Weil, Grete 132 f.
Weißach 100 ff.
Weißachau 103, 104 ff.
Wildbad Kreuth 108 f.
Wilderer 62 ff.

Zar Nikolaus I. 65
Zug zum See 111
Zwingmesse 62